HEYNE
BÜCHER

W0059648

Inhalt

Einführung

Die Konzepte, Methoden und Fertigkeiten, die in diesem Buch beschrieben sind, wurden in verschiedenen Effektivitätstrainingskursen getestet und laufend verbessert. Seit 25 Jahren werden die Kurse in 26 Sprachen durchgeführt und haben bisher über eine Million Teilnehmer zu verzeichnen.

Jeder dieser Kurse wurde für eine bestimmte Zielgruppe entwickelt. [Das begann 1962 mit der *Familienkonferenz* (*Parent Effectiveness Training, PET*) und setzte sich fort mit anderen Programmen für Lehrer, Manager und Ausbilder, Jugendliche, Büroangestellte, Frauen, Schulleiter, Verkäufer und verschiedene andere Berufsgruppen.]

Viele Absolventen erklärten, wir könnten Kurse ganz einfach als Beziehungskonferenz bezeichnen. Sie meinten damit, dass in diesen Kursen im Prinzip ein »System« von Fertigkeiten vermittelt wird, das sich in allen zwischenmenschlichen Beziehungen anwenden lässt. Tatsächlich werden unsere Kurse in Europa generell unter der Bezeichnung »Gordon-Methode« angeboten.

Die Erkenntnis, dass die »Gordon-Methode« allgemein gültig ist – universell anwendbar auf alle Beziehungen –, veranlasste unsere Organisation schließlich, einen Basiskurs zu entwickeln. An diesem von Linda Adams konzipierten Kurs kann *jeder teilnehmen*, der irgendwelche Beziehungen verbessern oder vervollkommnen möchte – egal, ob in der Familie, am Arbeitsplatz, in Religionsgemeinschaften oder in der Ausbildung.

Das vorliegende Buch enthält alles, was in diesem dreißigstündigen Effektifitätstraining vermittelt wird. Dem Leser wird jenes System nahe gebracht, das sich inzwischen weltweit bewährt hat – in Familien, in einigen der größten und erfolgreichsten Unternehmen Amerikas, in öffentlichen und privaten Schulen, in Krankenhäusern und Regierungsbehörden. Es handelt sich um das gleiche System, das auch der *Familienkonferenz* zugrunde liegt, einem Kurs, der in mehr als sechzig verschiedenen Untersuchungen gewürdigt wurde.

Die Leser von Linda Adams Buch werden neue und noch effektivere Verhaltensweisen entdecken, um ihr Leben besser in den Griff zu bekommen, ihre Bedürfnisse zu befriedigen, ohne andere an der eigenen Bedürfnisbefriedigung zu hindern, um Missverständnisse zu vermeiden, bessere »Helfer« zu werden und engere Beziehungen zu knüpfen.

Schließlich werden die Leser lernen, Beziehungskonflikte zu lösen, indem sie die sechs Schritte der Keiner-verliert-(oder Jeder-gewinnt-)Problemlösung befolgen. Ich bin überzeugt, dass die Anwendung dieser Methode in menschlichen Beziehungen nicht nur unerwartete persönliche Vorteile bringt, sondern auch einen kleinen Beitrag zum Weltfrieden leisten kann. Denn nur wenn Menschen lernen, ihre Konflikte im Alltag friedlich zu lösen, können wir hoffen, dass auch die Nationen lernen, in Frieden miteinander zu leben.

Hören wir den ehemaligen Direktor der Peace Academy Campaign, Milton Mapes, Jr.: »Unverhofft vereinen sich Erkenntnis und Wissen aus der Sozialwissenschaft und der Verhaltensforschung zu einem neuen Bereich von gewaltfreiem (friedlichem) Konfliktmanagement ... und es gibt neue Hoffnung.«

Meiner Meinung nach ist dieses Buch ein Beitrag zu neuer Hoffnung.

Thomas Gordon
Gründer von *Gordon Training International*

Vorwort der Autorin

Dieses Buch ist aus den Erfahrungen der letzten elf Jahre entstanden. Vor genau elf Jahren haben wir begonnen, einen Kurs anzubieten, den ich speziell für Frauen konzipiert hatte – *Frauenkonferenz* oder *Effectiveness Training for Women* (ETW). Seither haben mehr als 30 000 Frauen und einige Männer an dem Kurs teilgenommen, nicht nur in den USA, sondern auch auf amerikanischen Militärstützpunkten in Australien, Japan, Chile, Kanada, Irland, der Schweiz, Frankreich, Belgien, Holland, Schweden und Finnland.

Es war sehr hilfreich für mich, dass mir diese Frauen von ihren Erfahrungen berichteten: wie sie die Ideen und die Fertigkeiten, die ihnen im Kurs vermittelt wurden, in ihrem Leben haben umsetzen können. Viele Frauen haben uns geschrieben und uns mitgeteilt, wie viel ihnen die Teilnahme an den Frauenkursen bedeutet hat. Für einige von ihnen war es das erste Mal, dass sie einen Kurs von Frauen für Frauen besuchten. Andere berichteten, ihnen sei erst dort bewusst geworden, wie ausschließlich sie von den Bedürfnissen anderer Menschen in Anspruch genommen würden und wie viel Mut sie brauchten, um an die Befriedigung eigener Bedürfnisse zu denken. Einige Frauen schilderten kleine Veränderungen in ihrem Leben, andere empfanden ihre Veränderungen als aufregend oder gar dramatisch.

Die meisten berichteten, ihre Partner, Kinder, Freunde oder Kollegen hätten positiv auf ihre verstärkte Selbstenthüllung und ihr gesteigertes Selbstbewusstsein reagiert, allerdings machten einige auch gegenteilige Erfahrungen: Manche Menschen in ihrem Leben lehnten diese Veränderungen ab.

Viele Frauen sagten, der Prozess sei nicht leicht, ihnen fehle die nötige Praxis und Erfahrung. Daher habe ihnen das Modellverhalten und das Training der Kursleiterin sowie die Unterstützung durch andere Kursteilnehmerinnen, Angehörige und Freunde sehr geholfen.

Immer wieder erhielten wir Anrufe und Zuschriften von Kursleiterinnen und -teilnehmerinnen, die uns nahe legten: »Männer brauchen diese Kurse ebenfalls.« Nachdem sie 1979 ihren ersten Frauenkurs gegeben hatte, rief mich Kursleiterin LaVerne McWilliams an und sagte: »Ich habe kürzlich einen ETW-Kurs mit 25 Frauen abgeschlossen. Jetzt rufen die Ehemänner an und bitten mich, einen Kurs für sie zu veranstalten.« Sechzehn Männer und zwei halbwüchsige Söhne haben teilgenommen. Wir erkannten, dass Männer ein ebenso starkes Interesse an unseren Kursen hatten, wenn vielleicht auch aus anderen Gründen als Frauen. Aber sie sind genau wie Frauen durch ihre Erziehung auf bestimmte Verhaltensweisen festgelegt und in ihren Möglichkeiten eingeschränkt.

1987 entwickelte ich einen Kurs, den wir Effektivitätstraining für private und berufliche Persönlichkeitsentwicklung nannten. Unter anderem bestanden die Teilnehmergruppen aus Männern und Frauen, nur aus Männern und aus Mitarbeitern großer Arzt- und Zahnarztpraxen (natürlich bieten wir weiterhin Frauenkurse an).

Ein Kursteilnehmer aus Australien erzählte mir einmal, die Lektüre der *Frauenkonferenz* gefalle ihm sehr, er habe aber den Schutzumschlag entfernt, weil er nicht wolle, dass sein Mitbewohner sehe, was er da lese. Daraus gewann ich die Überzeugung, es sei an der Zeit, dieses Buch so zu überarbeiten, dass es Männer nicht mehr ausschließt. Das vorliegende Buch ist das Ergebnis.

1. Wie Sie als Mensch mehr Selbstverwirklichung finden

Wenn ich nicht für mich bin, wer wird für mich sein?
Wenn ich nur für mich bin, was bin ich dann?
Wenn nicht jetzt – wann sonst?
Babylonischer Talmud

Zu Beginn des zwanzigsten Jahrhunderts wäre es Ihnen als Frau bei einem Blick in Vergangenheit oder Zukunft schwer gefallen, sich als unverwechselbare und besondere Persönlichkeit zu begreifen. Ihr Leben hätte sich vermutlich nicht sonderlich von dem Ihrer Mutter oder Großmutter unterschieden, und Sie hätten erwartet, dass das Leben Ihrer Tochter im Großen und Ganzen wie Ihres verlaufen würde. Die begrenzten Wahlmöglichkeiten, die Frauen offen standen, machten ihre Lebensqualität mit an Sicherheit grenzender Wahrscheinlichkeit vorhersagbar. Ohne Rücksicht auf Unterschiede in Fähigkeiten, Interessen oder Ansprüchen folgten die Frauen einem vorgezeichneten Weg von der Kindheit bis ins hohe Alter.

Hier und da besaß eine Ausnahmefrau – eine Margaret Mead oder Marie Curie – den Mut, Richtungen einzuschlagen, die als außerordentlich untypisch für Angehörige ihres Geschlechts galten. Doch zumeist lebten Frauen so, wie sie immer gelebt hatten – definiert durch ihre Beziehungen zu anderen. Vielen von uns geht es immer noch so.

Wenn Sie sich in erster Linie durch Ihre Beziehung zu anderen verstehen, machen Sie es sich sehr schwer, ein entschiedenes Gefühl für Ihre Identität zu entwickeln oder ernsthaft darüber nachzudenken, was für ein Mensch Sie gern wären (um sich dann in diese Richtung zu entwickeln).

Bei Männern verläuft die soziale Konditionierung anders, aber gleichfalls stark reglementiert und rigid. Während Frauen dazu erzogen werden, angenehm, hilfsbereit, passiv, einfühlsam und selbstlos zu sein, lernen Männer, dass sie ihre Gefühle verbergen, sich aggressiv und kompetitiv verhalten und vor allem gute Ernährer sein müssen, um ihre Männlichkeit unter Beweis zu stellen. Wie wir in den letzten zehn Jahren feststellen konnten, werden Männer durch ihre Sozialisation ähnlich eingeengt wie Frauen. Oft trauen sie sich nicht, ihre Gedanken, Gefühle und vor allem Ängste mitzuteilen, weil sie nicht schwach erscheinen wollen. Dabei gibt es genügend Anzeichen dafür, dass das Leben vieler Männer nicht als befriedigend, erfüllt – oder gesund bezeichnet werden kann. Männer sterben früher, nehmen sich häufiger das Leben und neigen eher zu Alkohol- oder Drogenmissbrauch. Viele haben Probleme in ihren Beziehungen zu Frau und Kindern; andere fühlen sich in einem Beruf gefangen, der ihnen nicht gefällt, aber trotzdem unverzichtbar erscheint.

Heute haben wir dank der Veränderungen in unserer Gesellschaft gelernt, *wovon* wir *Freiheit* wünschen – als Frauen von der Kontrolle unseres Lebens durch andere, von der Abhängigkeit von anderen, von der Behandlung als politisch und gesellschaftlich zweitklassige Bürger, von allzu bescheidenen Ansprüchen.

Auch Männer haben gelernt, wovon sie befreit sein wollen: vom Zwang, den Lebensunterhalt zu verdienen und erfolgreich zu sein, vom Verlangen, sich selbst und ihre Männlichkeit ständig unter Beweis zu stellen, und davon, ihre Gefühle und Ängste zu unterdrücken.

Hören wir, wie ein Mann seine Erfahrungen beschreibt: »Abgesehen von Urlaub und kurzzeitiger Arbeitslosigkeit bin ich 45 Jahre lang jeden Tag zur Arbeit gegangen, um mich und meine – erst größer und dann wieder kleiner werdende – Familie zu ernähren. Es war wichtig und befriedigend für mich, diesen Beitrag zu leisten und ein produktives Leben zu führen. Doch es gab Zeiten, da wünschte ich mir sehnlichst, auszusteigen, einen Menschen zu haben, der eine Zeit lang für *mich* sorgte, der mir die Möglichkeit gab, loszulassen, den Ernst des Lebens zu vergessen, einmal eine Zeit lang andere Dinge zu tun und befreit zu sein von der ständigen drückenden Verantwortung, das Geld für alle und alles zu verdienen.«

Jetzt eröffnet sich uns eine neue Art von Freiheit, die *Freiheit zu* – die Freiheit, unser Leben zu gestalten und die Sorte Mensch zu werden, die uns vorschwebt. Jetzt können wir wählen. Das kann Freude machen, aber auch Angst. Die Angst ist offensichtlich mit dem Risiko verbunden, das immer gegeben ist, wenn wir uns zwischen Alternativen entscheiden und unsere Entscheidungen selbst verantworten müssen. Doch eben dieser Prozess der Wahl und der Selbstbestimmung bringt uns in Fühlung mit uns selbst und verleiht uns unsere Identität.

So übernehmen wir Verantwortung für unser Leben und erreichen die Ziele, die uns wichtig sind.

Dieses Buch will einen gedanklichen Rahmen und eine Reihe von Techniken bereitstellen, mit deren Hilfe wir dieses Ziel erreichen und gleichzeitig ausgewogene und befriedigende Beziehungen zu anderen unterhalten können. Schritt für Schritt werden Sie lernen, dass

- Sie Ihr Leben unter Kontrolle bekommen können;
- Sie sich für die Befriedigung Ihrer Bedürfnisse einsetzen und gleichzeitig die Bedürfnisse anderer respektieren können;
- Sie einige Probleme und Konflikte durch ehrliche Selbstdarstellung verhindern können;
- Sie anderen wirksam und verständnisvoll entgegentreten können, wenn deren Verhalten Sie an der Befriedigung Ihrer eigenen Bedürfnisse hindert;
- Sie mit Ihrer Angst vor mehr Selbstenthüllung und Direktheit fertig werden können;
- Sie Konflikte lösen können, ohne Beziehungen zu schaden;
- Sie Wertkonflikte erfolgreich lösen können;
- Sie jemand anderem bei einem Problem helfen können, indem Sie ihm zuhören;
- Sie Ziele setzen und Pläne machen können, um diese zu erreichen.

Ein wichtiger erster Schritt ist, dass Sie Ihr Leben unter Kontrolle bekommen und mehr Verantwortung für die Befriedigung Ihrer Bedürfnisse übernehmen – dies gilt besonders für Frauen, die den größten Teil ihrer Zeit und Energie darauf verwenden, sich um die Bedürfnisse anderer zu kümmern.

In Kapitel 2 werden einige Möglichkeiten beschrieben, die Ihnen offen stehen, um mehr Kontrolle über Ihr Leben zu gewinnen: Sie müssen sich Ihre Bedürfnisse und Wünsche deutlicher bewusst machen und sich dazu entschließen, Ihre Freiheit zu nutzen, indem Sie Entscheidungen erwägen, auswählen und in die Tat umsetzen, die Ihnen bei der Befriedigung Ihrer persönlichen Bedürfnisse helfen.

Wenn Sie Klarheit über Ihre Bedürfnisse, Wünsche, Wertvorstellungen und Ziele gewonnen haben, können Sie darangehen, entsprechend zu handeln. Das ist ein wesentlicher Teil dessen, was gemeint ist, wenn es heißt, dass Sie Ihr Leben selbst kontrollieren sollen, und doch ist es ein schwieriger Schritt für einen Mann, dessen Identität mit seinem Beruf und dem Geld, das er verdient (oder nicht verdient), verknüpft ist. Da er sich als Haupternährer versteht und diese Rolle auf Lebenszeit übernommen hat, ist es für ihn schwer vorstellbar, sich nach einem anderen, befriedigenden Beruf umzusehen, in dem er vielleicht weniger verdient, oder mit seiner Frau zu erörtern, ob sie einen finanziellen Beitrag zum Lebensunterhalt leisten könnte. Es ist schwierig für die Frau, die ihr Selbstgefühl aus ihrer Identität als Ehefrau und Mutter bezogen hat. Da sie sich bislang in erster Linie als jemand verstanden hat, von dem man erwartet, dass er den Bedürfnissen anderer dient, ist sie jetzt, da es gilt, die eigenen Bedürfnisse zu befriedigen, unsicher und verwirrt. Vielleicht fühlt sie sich sogar schuldig, weil sie ihre Bedürfnisse und Bestrebungen von denen der Familie trennt. »Egoistisch und unweiblich«, lautet eine häufige Reaktion bei Frauen, die sich das erste Mal die Frage stellen, ob sie für sich selbst entscheiden und ihr Leben kontrollieren sollen.

Eine der Fertigkeiten, die in der *Frauenkonferenz* gelehrt werden, um das Gefühl für innere Kontrolle und Verantwortung zu stärken, ist die ehrliche Selbstenthüllung (oder Selbstbehauptung).* Ehrliche Selbstenthüllung heißt deutliche, aufrichtige und vorbehaltlose Kommunikation über die eigene Person, ohne es deshalb an der Achtung für den anderen fehlen zu lassen.

Mehr Kontrolle über Ihr Leben bedeutet nicht, dass Sie sich von anderen isolieren oder distanzieren. Wir sind alle mehr oder weniger auf unsere Beziehungen zu anderen angewiesen, weil sie unsere Bedürfnisse befriedigen – unsere Bedürfnisse nach Liebe, Freundschaft, Spaß, Sex, Hilfe und vielen anderen Dingen.

In späteren Kapiteln werden Sie sehen, wie viel Nutzen all Ihren Beziehungen aus der offenen, aufrichtigen und ungeschminkten Darstellung Ihrer Meinungen, Überzeugungen und persönli-

---

* Die Termini »ehrliche Selbstenthüllung« und »Selbstbehauptung« sind hier und im folgenden in ihrer Bedeutung austauschbar.

chen Wertvorstellungen erwächst. Und wir werden erklären, wie Sie das ohne Herabsetzung anderer machen können.

Ein anderes wichtiges Ergebnis einer genaueren Kenntnis Ihrer Bedürfnisse und Wünsche wird in der Entdeckung bestehen, wie viel Ihrer *Zeit* Sie damit verbringen, die Bedürfnisse anderer zu befriedigen. Wenn auch kooperatives Verhalten gewiss wünschenswert ist, so steht das, was wir für andere tun, manchmal in keinem Verhältnis zu dem, was wir für uns tun. Fällt es Ihnen häufig schwer, nein zu sagen, wenn andere Menschen Sie bitten, Dinge zu tun, die Sie eigentlich nicht tun wollen, so liegt es in Ihrem Interesse, reagierende Ich-Botschaften zu senden, eine Kommunikationsfertigkeit, die anderen deutlich macht, dass ihre Forderung für Sie nicht akzeptabel ist.

Um einige der unerfreulichen und häufig überflüssigen Konflikte mit den Menschen in Ihrem Leben zu vermeiden, schlagen wir die vorbeugende Ich-Botschaft vor, die Ihnen hilft, künftige Bedürfnisse mitzuteilen – besonders wenn das, was Sie wünschen oder brauchen, andere in Mitleidenschaft zieht. Es ist, wie wir betonen, bei jeder Ich-Botschaft wichtig, dass Sie vom Mitteilen aufs Zuhören umschalten, wenn andere anzeigen, dass sie nicht zu Rande kommen mit dem, was Sie sagen. Ferner lässt es sich in all Ihren Beziehungen zu anderen – zu Kindern, Partnern, Freunden, Eltern, Mitarbeitern, Vorgesetzten – nicht vermeiden, dass deren Verhalten, wenn es sich auf die Befriedigung eigener Bedürfnisse richtet, Ihren legitimen Bedürfnissen in die Quere kommt. Beispielsweise macht Ihnen die Art, wie Ihr Mann fährt, Angst: ständig mäkelt Ihre Mutter an Ihnen herum; einer Ihrer Mitarbeiter ist schon eine Woche mit einem Bericht in Verzug, den Sie brauchen; Ihr Chef hat es sich zur Gewohnheit gemacht, Ihnen noch so spät Arbeit aufzuhalsen, dass Sie Ihren Bus versäumen.

Was machen Sie in solchen Situationen? Ihre unfreundlichen Gefühle hinunterschlucken und grollen? Den anderen sagen, wie gedankenlos und rücksichtslos sie handeln? Keines von beidem ist sehr nützlich. Aber es gibt eine Alternative. Sie können die Initiative ergreifen und den anderen mit seinem nichtakzeptablen Verhalten so einfühlsam konfrontieren, dass Ihre Beziehung keinen Schaden nimmt. In Kapitel 7 wird diese Methode ausführlich dargestellt und erläutert. Sie heißt konfrontierende Ich-Botschaft – eine stärkere Form der Selbstenthüllung.

Die Vorstellung, sich selbst zu enthüllen, ruft häufig heftige Angst hervor. Habe ich das Recht, für meine Bedürfnisse einzutreten? Verliere ich die Achtung der anderen? Gehen sie in die Defensive? Denken sie, ich sei selbstsüchtig? Wie sich Angst bewältigen lässt, die mit ehrlicher Selbstenthüllung einhergeht, wird in einem folgenden Kapitel behandelt.

Konflikte ergeben sich unausweichlich aus dem Zusammenleben und der Zusammenarbeit mit anderen Menschen. Die Leute in Ihrer Umgebung möchten das eine, Sie etwas anderes. Es kommt zu einer Kollision der Wünsche. Wer soll gewinnen?

Wenn Sie auf Kosten des anderen gewinnen, *wird er* grollen und wütend sein. Wenn Sie verlieren und der andere gewinnt, *werden Sie* grollen und wütend sein. In jedem Fall kann die Beziehung darunter leiden. In Kapitel 10 werden wir die Jeder-gewinnt-Methode zur Lösung interpersonaler Konflikte beschreiben, einen Problemlösungsprozess in sechs Schritten, der zu beiderseitig akzeptablen Lösungen führt: Keiner fühlt sich als Gewinner oder Verlierer. Folglich gibt es weniger Groll, weniger Machtkämpfe und mehr Motivation für alle, die Lösung zu verwirklichen.

Das Kapitel über Wertkollisionen kann Ihnen helfen, zu erkennen und zu verstehen, wie wichtig sie sind. Sie werden einige Methoden zur Lösung wertbezogener Probleme kennen lernen und mit verschiedenen wirksamen Verfahren bekannt werden, die Ihnen bei dem Versuch helfen, andere zur Änderung ihrer Wertvorstellungen zu bewegen.

Kapitel 13 bringt einen grundsätzlichen Wechsel der Blickrichtung. Es geht nicht mehr um Fertigkeiten zur Lösung von Problemen, die *Sie* besitzen – das heißt, nicht mehr um Fertigkeiten, bei denen Sie anderen aktiv entgegentreten, sie zur Mitarbeit an Konfliktlösungen bewegen oder bei denen Sie als Helfer und Berater agieren. In all Ihren zwischenmenschlichen Beziehungen werden Sie in Situationen geraten, in denen andere Menschen – ganz unabhängig von Ihnen – besorgt, verletzend, frustriert, ärgerlich oder niedergeschlagen sind. Die *anderen* Menschen haben ein Problem in ihrem Leben. Allseitig befriedigende Beziehungen setzen voraus, dass jeder bereit ist, Gehör zu schenken, als Zuhörer oder Berater aufzutreten, anderen dabei zu helfen, Lösungen für *ihre* Probleme zu finden. Doch häufig drängen wir unseren Rat und unsere Lösungen auf, statt zuzuhören. Wir predigen und moralisieren, wir unterbrechen den Kommunikationsfluss durch Fragen, Urteile oder beruhigende Bemerkungen.

Wir werden beschreiben und erläutern, wie Sie als effektiver »Berater« den Menschen in Ihrem Leben helfen können. Bei einiger Übung werden Sie feststellen, dass diese Fertigkeiten wirklich funktionieren können, vorausgesetzt, Sie sind mit sich selbst im Reinen und bereit, Zeit und Aufmerksamkeit zu investieren, wenn andere mit sich selbst nicht so recht im Reinen sind.

In Kapitel 14 bieten wir Ihnen schließlich einige Anregungen und Methoden, die Ihnen helfen können, detaillierte Pläne zur Erreichung Ihrer Ziele auszuarbeiten. Ihre Planung und die Zielsetzung wird mehr Erfolg haben, wenn Sie Ihre Ziele nach bestimmten Kategorien ordnen und eine Methode genauer Planung lernen, die Ihnen bei der Realisierung dieser Ziele hilft. Deshalb schlagen wir Ihnen ein systematisches Verfahren vor, mit dem Sie zwischen kurzfristigen und langfristigen Zielen unterscheiden können, außerdem eine sechs Schritte umfassende Methode, die Ihnen erlaubt, die Ziele zu erreichen. Natürlich werden Sie nicht von heute auf morgen in Ihrem persönlichen Leben und in Ihren zwischenmenschlichen Beziehungen effektiver, und niemand kommt je ans höchste Ziel – ein rundum vollkommener Mensch zu sein. Wer Kompetenz für die Problemlösung und Zielsetzung im persönlichen Bereich erwirbt und die Fähigkeit erlernt, die erforderlich ist, um befriedigende, belohnende Beziehungen anzuknüpfen und zu unterhalten, befindet sich stets in einem Prozess – und in einem nie endenden dazu.

Eine Absolventin meines ETW*-Kurses beschreibt ihren eigenen Lernprozess mit folgenden Worten:

»Der Kurs hat bewirkt, dass ich mehr Klarheit über *mich selbst* gewonnen habe – und über die Art und Weise, wie ich auf verschiedene Situationen im Alltag reagiere. Ich bin mir deutlicher bewusst, welche Bedürfnisse ich habe und wie wichtig es für mich ist, zum Ausdruck zu bringen, was ich anderen Menschen gegenüber denke und empfinde. Dafür bin ich mit mir selbst einverstandener und zufriedener. Ich glaube, ich hatte erwartet, der Kurs würde mich persönlich verändern, doch neue Beziehungsmuster und Denkweisen lassen sich nur schwer entwickeln. Ich stelle fest, dass es Zeit kostet, sich zu verändern. Um diese Fertigkeiten zu lernen, muss man sie trainieren und anwenden. Ich habe noch einen langen Weg vor mir, doch ich verdanke dem Kurs Einsichten, Fertigkeiten und ein besseres Verständnis meiner selbst.«

Ein weiterer Kursteilnehmer berichtet von den folgenden Erfahrungen:

---

* Effectiveness Training for Women (Training zur weiblichen Selbstverwirklichung)

»Ich besitze eine kleine Druckerei. Ich habe mein ganzes Leben lang mit Menschen zu tun gehabt und hielt meine Kommunikationsfähigkeit für ziemlich gut. Im Kursus wurde mir jedoch klar, dass ich ein miserabler Zuhörer und kein sehr geschickter Problemlöser bin. Jetzt merken sogar meine Frau und die Kinder den Unterschied. Ich fühle mich einfach vollständiger als Mensch.«

2. Mehr Kontrolle über Ihr Leben

Sich selbst zu erkennen ist die erste aller Pflichten.
La Fontaine, Fabeln

Ein Grundkonzept der »Frauenkonferenz« ist die Vorstellung, man müsse sein Leben selbst kontrollieren. Das Wort »Kontrolle« hat viele negative Nebenbedeutungen und beschwört häufig das Bild eines Menschen herauf, der das Leben eines anderen kontrolliert, doch wir definieren »Kontrolle« ganz anders. In unserem Zusammenhang bedeutet es, dass Sie aktiv zur Befriedigung Ihrer Bedürfnisse beitragen, Entscheidungen treffen und für die Verwirklichung Ihrer Ziele tätig werden können – vor allem in Situationen, in denen die Erfüllung Ihrer Wünsche nicht von der Mitarbeit oder Beteiligung anderer Menschen abhängt.

Ihr »Freiheitsspielraum« bei der Kontrolle über Ihr Leben

Natürlich haben Sie keine *vollständige* Kontrolle über alle Bereiche Ihrs Lebens – Sie können sie gar nicht haben. Ihr persönlicher Spielraum ist jener Bereich in Ihrem Leben, in dem Sie die Freiheit besitzen, unabhängige, einseitige Entscheidungen über solche Fragen zu fällen, die nicht von der Mitarbeit oder Beteiligung eines anderen abhängen.

Sie haben die Freiheit, Lösungen zu erwägen, auszuwählen und zu realisieren, durch die Sie persönliche Bedürfnisse befriedigen. In Ihren Freiheitsspielraum kann fallen:

1. dass Sie Ihre Überzeugungen hinsichtlich einer bestimmten Frage ändern;
2. dass Sie neue Fertigkeiten lernen;
3. dass Sie sich mehr Zeit für Entspannung und Zerstreuung nehmen;
4. dass Sie entscheiden, ob, wie viel und was Sie lesen, was für Musik Sie hören wollen;
5. dass Sie sich nach einem besseren Arbeitsplatz umsehen;
6. dass Sie sich einer bestimmten religiösen Gruppe oder politischen Partei anschließen;
7. dass Sie wählen, welche Sportart Sie betreiben wollen;
8. dass Sie entscheiden, welchen Arzt (und welche anderen Fachleute) Sie in Anspruch nehmen wollen.

In vielen anderen Fällen sind Sie nicht nur in irgendeiner Weise auf die Mitarbeit anderer angewiesen, sondern wirken mit Ihrer Entscheidung auch auf sie ein. Deshalb haben Sie normalerweise nicht so viel Freiheit, unabhängige Entscheidungen zu fällen. In solchen Fällen werden wahrscheinlich andere Menschen mit Ihnen gemeinsam Entscheidungen erwägen, auswählen und verwirklichen. Zu diesen Situationen gehören:

1. dass Sie kündigen;
2. dass Sie die Urlaubspläne Ihrer Familie ändern;

3. dass Sie das Büro umräumen, welches Sie mit einem Mitarbeiter teilen;
4. dass Sie zu Hause eine Party geben;
5. dass Sie die Familienersparnisse in Immobilien investieren;
6. dass Sie den Umzug der Familie in eine andere Stadt beschließen;
7. dass Sie mehr Gehalt haben möchten;
8. dass Sie ein Kind adoptieren.

Der entscheidende Unterschied zwischen diesen beiden Kategorien ist der Spielraum, der Ihnen zur Verfügung steht. Natürlich werden für jeden Menschen und für jede Beziehung die Punkte beider Listen anders aussehen. Wahrscheinlich haben Sie in allen Ihren Beziehungen – zum Mann, zu Ihren Kindern, Ihren Eltern, Ihren Freunden, Ihrem Chef – einen anderen Spielraum. Möglicherweise haben Sie sehr viel Spielraum in der Beziehung zu Ihrem Mann und sehr wenig Spielraum in der Beziehung zu Ihrem Chef oder umgekehrt. Und wenn Sie allein leben, haben Sie sehr viel mehr Spielraum, als wenn Sie mit anderen Menschen zusammenleben.

Wir können uns viele Entscheidungen vorstellen, die eigentlich auf die erste Liste gehören sollten, von vielen Menschen aber so behandelt werden, als gehörten sie auf die zweite – etwa der Eintritt in eine politische Partei oder die Suche nach einem besseren Arbeitsplatz. Häufig widerstrebt es uns, eine eigene Meinung zu vertreten, weil wir fürchten, einen Konflikt heraufzubeschwören, oder wir uns scheuen, Zeit für uns selbst zu beanspruchen, weil wir meinen, sie müsse anderen geopfert werden. So fühlen wir uns veranlasst, entsprechende Entscheidungen einzuschränken.

Während wir zwar einsehen, dass uns viele reale Einschränkungen daran hindern, unser Leben vollständig zu kontrollieren, so könnten doch viele von uns wesentlich mehr Verantwortung dafür übernehmen, dass ihren eigenen Bedürfnissen Rechnung getragen wird.

Wogegen wir uns wenden, ist die Einstellung vieler Menschen, sie hätten keine Kontrolle über die Dinge, die ihnen zustoßen. Sowohl Frauen als auch Männer kennen dieses Gefühl, wenn vielleicht in etwas anderer Form. Männer fühlen sich oft dem »Schicksal« ausgeliefert, weil sie aufgrund ihrer Sozialisation meinen, sie seien dazu gezwungen, ihr Leben lang einen ordentlichen, gesicherten Beruf auszuüben. Außerdem werden Männer dazu erzogen, ihre Gefühle für sich zu behalten, daher sind sie sich oft der eigenen Ängste und Unsicherheiten nicht bewusst. Die meisten Frauen hingegen fühlen sich dem »Schicksal« auf andere Weise ausgeliefert. Prinzipiell wird Frauen die Abhängigkeit anerzogen – die Abhängigkeit von Eltern, Männern, sogar Kindern. Uns wird beigebracht, keine Verantwortung für die Befriedigung eigener Bedürfnisse zu übernehmen. Unsere Sozialisierung hat uns zu der Überzeugung gebracht, wir würden höchste Befriedigung und Erfüllung darin finden, uns der Bedürfnisse anderer anzunehmen – der Bedürfnisse unserer Kinder, Männer, Chefs und Eltern. In dieser Rolle müssen wir auf die Bedürfnisse anderer *reagieren*, statt dass wir zur Befriedigung eigener Bedürfnisse die *Initiative ergreifen* können.

Was Wunder, dass so viele Frauen das Gefühl haben, sie hätten keine Kontrolle über ihr Leben.

Mehr und mehr von uns begreifen, dass das bloße Reagieren auf die Bedürfnisse anderer nicht ausreicht, um unser Bedürfnis nach persönlicher Leistung zu befriedigen. So übernehmen wir allmählich immer mehr Verantwortung für uns selbst. Unter anderem möchte dieses Buch die Bereitschaft stärken, persönliche Verantwortung zu übernehmen, und einige Fertigkeiten vermitteln, mit deren Hilfe es leichter fällt, wichtige Bedürfnisse zu befriedigen.

Ein Leben
mit mehr Kontrolle bringt Vorteile

Sie brauchen Mut, wenn Sie mehr Verantwortung für die Befriedigung eigener Bedürfnisse beanspruchen wollen. Denn viele von uns kennen die Sicherheit, wenn wir anderen gestatten, die Verantwortung für die Befriedigung vieler unserer Bedürfnisse zu übernehmen und Entscheidungen für uns zu treffen, wir wissen aber nicht, welchen Nutzen es hat, unser Leben selbst zu verantworten. Neben dem Nutzen, dass Ihre Bedürfnisse in größerer Zahl befriedigt werden, kommen Sie in den Genuss vieler anderer Vorteile. Einige davon sind:

- Wenn Ihr Mut und Selbstvertrauen wächst, in eigener Sache zu handeln, wird Ihr Selbstwertgefühl steigen und mit jeder neuen Situation hinzugewinnen.

- Mit der Zeit werden Sie eigenen Wahrnehmungen mehr Vertrauen schenken; Sie werden auf die Zustimmung anderer weniger angewiesen sein.

- Sie werden in Ihrem Selbstwertgefühl von anderen unabhängiger werden, weil Sie es aus eigenen Leistungen beziehen werden. Sie werden vom positiven Urteil anderer unabhängiger werden.

- Ärger, Angst und Niedergeschlagenheit werden Sie seltener empfinden, weil Sie sich mit mehr Erfolg, konkreter und spontaner selbst darstellen können.

- Sie werden weniger Feindseligkeit und Groll empfinden, wenn Ihre wichtigen Bedürfnisse in größerem Umfang befriedigt werden.

- Ihre Beziehungen zu anderen werden besser sein – effektiver, befriedigender. In dem Maße, wie Sie sich selbst als verantwortliche, initiative und handelnde Person erleben, wird Ihr Leben befriedigender werden.

Diese Vorteile belegen die Berichte von Frauen und Männern, die an dem Kurs teilgenommen haben:

»Ich glaube, dass ich heute entscheiden kann, was ich aus meinem Leben machen möchte, und dass die Entscheidung ganz und gar meine Sache ist. Ich kann niemand anderen verantwortlich machen und niemanden bitten, an meiner Stelle zu entscheiden, was ich lange Zeit getan habe. Ich habe noch einen weiten Weg vor mir, aber zum ersten Mal in meinem Leben habe ich das Gefühl, Licht am Ende des Tunnels zu sehen.«

»Vor dem Kurs habe ich mich als Fußabtreter gefühlt. Mit all den Fertigkeiten, die ich gelernt habe, geht es mir jetzt anders.

Mir ist klar, dass die Dinge, die ich so lange gedacht und für mich behalten habe, wichtig *sind*. Ich habe das Recht, meine Bedürfnisse zu äußern, und kann auch verlangen, dass Rücksicht auf sie genommen wird. Ich habe außerdem gelernt, dass, selbst wenn andere Bedürfnisse haben und ihre Berücksichtigung verlangen können, ich das Recht habe, *nicht* einfach beiseite zu treten und ihnen den Weg frei zu machen. Dass es einen Weg gibt, der beiden das Gefühl gibt, sie hätten ›gewonnen‹.

Ich bin wirklich mit *mir* als Mensch sehr viel einverstandener. Ich habe tatsächlich gelernt, mich zu mögen, weil ich mich heute nicht mehr bei dem Gedanken ertappe: ›Warum habe ich nichts gesagt, als ich die Möglichkeit dazu gehabt habe?‹ Heute besitze ich die Fertigkeiten und gedenke sie für den Rest meines Lebens zu benutzen.«

»Ich habe neues Selbstvertrauen und das Gefühl, meine Verhaltensweisen unter Kontrolle zu haben. Viele von ihnen erwachsen aus der Furcht, anderen meine Gefühle aufzuzwingen. Der Kurs hat mir ein enormes Gefühl persönlicher Macht gegeben. Es betrifft die Frage, wie ich mit meiner Umwelt fertig werde, aber noch wichtiger, wie ich mit ihr interagiere. Jahrelang habe ich mich meinen Bekannten gegenüber außerordentlich höflich und zurückhaltend gezeigt – zum eigenen Nachteil.

Passiv? Nein danke! Nie wieder!«

»Der Kurs hat mir geholfen, meinen Lebensstil zu erkennen, das heißt, ich habe begriffen, dass ich mich von Situationen mehr habe kontrollieren lassen, als mir recht war. Er hat mir gezeigt, dass *ich* mein Leben kontrollieren kann und es bereits mache, dass ich jede Stunde, jeden Tag und jedes Jahr die Verantwortung für meine Situation selbst trage. Der Kurs hat mir viele Wege dazu gezeigt – einige waren neu, andere, die vertraut waren, sind mir klarer geworden.«

Die Entscheidung, persönliche Verantwortung zu übernehmen, verlangt häufig einen Einstellungswandel. So aufregend und herausfordernd der Prozess einerseits ist, so erschreckend kann er andererseits sein. Sie bemerken, dass Sie letztlich selbst für Ihre Handlungen und Entscheidungen verantwortlich sind – dass es vielfach von Ihnen abhängt, ob Bedürfnisse, die Ihnen wichtig sind, erkannt und befriedigt werden.

Vielleicht hilft Ihnen die Erkenntnis, dass Sie schon immer Kontrolle hatten.

Bislang haben Sie sich entschieden, sie in einer bestimmten Weise auszuüben; jetzt treffen Sie in manchen Bereichen eine andere Wahl.

Wer kontrolliert Ihr Leben?

Um zu ermessen, wieweit Sie wichtige Bereiche Ihres Lebens kontrollieren, beantworten Sie die folgenden Fragen danach, *wie viel Kontrolle Sie tatsächlich besitzen* (nicht wie viel Sie gerne besäßen).

Ihr Körper

- Ist Ihr Körper Ihnen wichtig?
- Wie viel Kontrolle haben Sie über ihn?
- Kontrolle über Ihr Aussehen?
- Kontrolle über das, was Sie essen?
- Kontrolle über seine Funktion?
- Kontrolle über Ihre sportliche Betätigung?
- Kontrolle über das, was Ihr Arzt dazu sagt?
- Kontrolle darüber, wie viel Ruhe Sie sich gönnen?
- Möchten Sie mehr Verantwortung für Ihren Körper übernehmen? Und wenn, wie können Sie das tun?

Ihr Geld

- Ist Geld (und was es ermöglicht) wichtig für Sie?
- Wie viel Kontrolle über Geld haben Sie in Ihrem Leben?
- Wie viel Kontrolle haben Sie darüber, ob Sie Geld verdienen oder nicht?
- Wie viel Sie verdienen?
- Darüber, wie das Geld ausgegeben wird?
- Wenn Sie den Wunsch haben, in Ihrem Leben mehr Verantwortung für Geld und seine Verwendung zu übernehmen, wie können Sie das in die Wege leiten?

Ihre Arbeit

- Ist Arbeit wichtig für Sie?
- Wie viel Kontrolle haben Sie über die Arbeit, die Sie tun (zu Hause und draußen)?
- Was für eine Art von Arbeit Sie ausführen?
- Wie viel und wie hart Sie arbeiten?
- Wo Sie arbeiten?
- Wie können Sie mehr Verantwortung für die Arbeit und ihren Stellenwert in Ihrem Leben übernehmen?

Ihre Zeit

- Ist Ihnen Ihre Zeit wirklich etwas wert?
- Wie viel Kontrolle haben Sie darüber, wie Sie sie verbringen?
- Über die »Freizeit«, die Sie haben?
- Mit wem Sie Ihre Zeit verbringen?
- Über die Zeit, die für Sie bleibt?
- Über die Häufigkeit von Sex?
- Befriedigt Sie die Art und Weise, wie Sie Ihre Zeit verbringen?
- Wie können Sie mehr Verantwortung für die Art und Weise übernehmen, wie Sie Ihre Zeit verbringen?

Ihr Leben

- Bedeutet Ihnen Ihr Leben wirklich etwas?
- Wie viel Kontrolle haben Sie darüber, aus Ihrem Leben das zu machen, was Sie wirklich möchten?
- Über die Art und Weise, wie Sie augenblicklich leben?

- Wer zu diesem Leben gehört?
- Über künftige Pläne und Ziele?
- Wo Sie Ihr Leben verbringen?
- Wie könnten Sie mehr Kontrolle über Ihr Leben gewinnen?

Wenn Sie in irgendeinem dieser Bereiche weniger Kontrolle ausüben, als Ihnen lieb ist, stellen Sie sich die Frage, was Sie daran hindert, mehr Kontrolle zu übernehmen. Können Sie das ändern? Wenn nicht, warum nicht? Wenn doch, wie?

Mehr Kontrolle gewinnen setzt voraus, dass Sie sich Ihre Bedürfnisse und Wünsche bewusst machen

Wenn Sie sich Ihre persönlichen Bedürfnisse und Wünsche ein bisschen bewusster machen, tun Sie einen ersten Schritt dazu, mehr Verantwortung für Ihr Leben zu übernehmen. Zwar scheint der Gedanke, dass man seine Bedürfnisse und Wünsche kennt, selbstverständlich zu sein, doch er ist es keinesfalls – schon gar nicht für Frauen, die man dazu dressiert hat, sich um die Bedürfnisse anderer zu kümmern, fürsorglich zu sein, sich selbstlos Kindern, Familie und Chefs zu widmen. Eine Frau kann so lange versucht haben, den Bedürfnissen anderer gerecht zu werden, dass es schwierig, vielleicht sogar unmöglich für sie ist, mit gutem Gewissen an Ihre eigenen Bedürfnisse zu denken. Frauen sagen uns:

»Ich war immer bemüht, meinen Mann und meine Kinder zufrieden zu stellen. Ich habe nie sehr viel an mich gedacht.«

»Man hat mir die Überzeugung eingeimpft, es sei selbstsüchtig, Zeit für mich selbst zu verwenden und zu tun, wozu ich Lust habe – und ich habe Schuldgefühle, wenn ich es tue.«

Auch Männern fehlt es oft an der Fähigkeit, sich über ihre wichtigen Bedürfnisse und Wünsche klar zu werden. Da sie in dem Bewusstsein erzogen werden, während ihres gesamten Erwachsenenlebens arbeiten zu müssen, sind sie so damit beschäftigt, dass sie keine Zeit finden, darüber nachzudenken, was sie eigentlich vom Leben erwarten. Viele glauben, sie hätte keine andere Möglichkeit. Das zeigen Äußerungen wie die folgenden:

»Ich bin immer davon ausgegangen, dass ich eine Familie ernähren müsste. Mein Großvater hat es getan. Mein Vater hat es getan. Es war selbstverständlich.«

»Ich hatte schon sehr früh das Gefühl, ich müsse einen geeigneten Beruf finden – eine Sache, in der ich wirklich gut war, denn ich wollte heiraten, und da ging das nicht anders.«

Für viele Menschen ist ein wichtiger Schritt die Erkenntnis, dass sie das *Recht* haben, den Bedürfnissen Rechnung zu tragen, die ihnen am Herzen liegen. Ein zweiter Schritt ist, dass sie sich bewusst machen, welcher Art einige ihrer wichtigen Bedürfnisse sind. Beide Schritte verlangen häufig, dass sie sich Schicht um Schicht von jenen Forderungen und Erwartungen befreien, die ihnen die Gesellschaft aufzwingt. Das ist Herausforderung, Belohnung und ein wesentlicher Anfang auf dem Weg zu einem effektiveren Leben.

In unserem Kurs beginnen die Frauen damit, dass sie ihr Leben detailliert durchleuchten: was sie mit ihrer Zeit anfangen, was sie schätzen, mögen und nicht mögen, was sie gern ändern würden.

Wenn Sie sich bewusst machen, wie Sie Ihre Zeit Tag für Tag tatsächlich verbringen und was Sie davon halten, haben Sie einen Anhaltspunkt dafür, welche Ihrer augenblicklichen Bedürfnisse Berücksichtigung finden und welche nicht. Wir schlagen deshalb vor, dass Sie einige Tage lang Protokoll führen und genau festhalten, wie Sie Ihre Zeit verbringen. Zum Beispiel:

7.00 Uhr	Aufgestanden, geduscht, angezogen, Betten gemacht
7.30 Uhr	Kaffee gekocht, Hund gefüttert und ausgeführt, Frühstück gemacht
7.45 Uhr	Gefrühstückt, Zeitung gelesen
8.15 Uhr	Frühstücksgeschirr abgewaschen, Küche sauber gemacht, Sachen fürs Abendessen rausgelegt und präpariert
8.30 Uhr	Tochter zur Schule gebracht, Briefe eingesteckt, getankt, zum Einkaufen gegangen ...

Durch diese Übung können Sie wertvolle Einsichten darüber gewinnen, was Sie tatsächlich mit Ihrer Zeit anfangen, und erkennen, dass Sie einige Bedürfnisse haben, an die Sie vielleicht nicht gedacht oder auf die Sie keine Rücksicht genommen haben.

Das ist der erste Schritt auf dem Weg zur Fähigkeit, Veränderungen vorzunehmen, die Ihnen ermöglichen, eine größere Zahl Ihnen wichtiger Bedürfnisse zu befriedigen.

Dieser Prozess, der von Ihnen verlangt, über Ihre Bedürfnisse nachzudenken und sich klar zu machen, was Sie gerne ändern würden, kostet Zeit und Energie in unterschiedlichem Maße, je nachdem, wie weit Sie sich schon früher mit solcher Selbsterforschung befasst haben und wie weit Sie sich jetzt auf sie einlassen wollen. Möglicherweise stoßen Sie auf Bedürfnisse, deren Befriedigung unter Umständen nicht ohne Folgen für Ihre Beziehungen zu anderen bleibt.

Welcher Art Ihre Bedürfnisse sind, wie tief sie reichen, was für Veränderungen Sie anstreben und wie weit Sie gehen wollen, bleibt Ihrer persönlichen Entscheidung überlassen. Wir machen uns nicht dafür stark, dass Sie irgendein besonderes Bedürfnis oder einen besonderen Wunsch haben *sollten* oder *nicht* haben *sollten*. Wir schlagen Ihnen einen *Prozess* vor, der Ihnen hilft, Ihren persönlichen Bedürfnissen besser gerecht zu werden. Diese Bedürfnisse können vielfältig sein: emotional, psychologisch, materiell, körperlich, die Erholung betreffend. Dazu kann das Bedürfnis oder der Wunsch gehören:

- mehr Freizeit zu haben;
- zu heiraten;
- eine akademische Prüfung abzulegen;
- einen besseren Arbeitsplatz zu bekommen;
- sich scheiden zu lassen;

- etwas Neues zu lernen;
- sportlicher zu werden;
- mehr mit den Kindern zusammen zu sein;
- eine Arbeit anzunehmen, um Geld zu verdienen;
- eine Arbeit anzunehmen, um etwas zu leisten;
- keine Kinder zu haben;
- Zugang zu einer interessanten Gruppe zu finden;
- ein Kind haben;
- zu reisen;
- mehr Freunde zu haben;
- die Beziehung zu den Eltern zu verbessern.

Was immer zu Ihren persönlichen Bedürfnissen gehören mag – dies ist nur ein erster Schritt in einer hoffentlich nie endenden Reihe ähnlicher Bemühungen. In dem Maße, wie Sie sich zutrauen, einer größeren Zahl Ihrer Bedürfnisse Rechnung zu tragen – allein und in Ihren Beziehungen zu anderen –, werden Sie neuen Herausforderungen, neuen Situationen und neuen Problemen begegnen, und Sie werden Ihre Bedürfnisse weiterhin analysieren, einstufen und bewerten.

Beispielsweise mag es eine Zeit in Ihrem Leben geben, wo Sie das starke Bedürfnis verspüren, einen Universitätsabschluss zu machen, dann wieder möchten Sie vielleicht Kinder haben und viel Zeit mit ihnen verbringen. Zu einem anderen Zeitpunkt werden Sie möglicherweise den ausgeprägten Wunsch verspüren, sich beruflich zu verändern. Oder Sie werden es vielleicht – wie es immer häufiger geschieht – für notwendig halten, zu arbeiten, um Geld zu verdienen. Dann können Sie sich nach Berufen umsehen, die Sie in Zukunft gerne ausüben würden, und sich auf sie vorbereiten.

Wenn Sie eine Vorstellung davon haben, welche Bedürfnisse Sie in Ihrem Leben befriedigen möchten, ist der nächste Schritt, dass Sie lernen, wie Sie Ihr Leben effektiv verändern können – vor allem, wenn auch andere Menschen durch diese Veränderung betroffen sein werden. Wie wir gesagt haben, ist die ehrliche Selbstenthüllung eine der wichtigsten Möglichkeiten, persönliche Bedürfnisse zu befriedigen und Veränderungen herbeizuführen.

3. Ehrliche Selbstenthüllung: Wie sie gelingt

Durch Spontaneität finden wir wieder zu uns selbst. Befreit von überlieferten Bezugssystemen wird Spontaneität zu dem Augenblick persönlicher Freiheit, da wir einer Wirklichkeit begegnen, sie erforschen und entsprechend handeln. Sie ist eine Zeit der Entdeckung, des Erfahrens und des schöpferischen Ausdrucks.

Viola Spolin

Wenn Sie den Mut und die Fähigkeit besitzen, Ihre Gefühle und Gedanken so in die Sprache zu übersetzen, dass sie anderen und Ihnen selbst klar werden, verfügen Sie über eine wirksame und beglückende Kommunikationsweise. Der Kurs (und dieses Buch) gründet sich wesentlich auf den Wert der ehrlichen Selbstenthüllung und ihre Bedeutung für die Befriedigung Ihnen wichtiger Bedürfnisse. Bevor wir die Vorteile und Risiken dieser Methode erörtern, wollen wir betrachten, wie wir uns gewöhnlich über Bedürfnisse verständigen, die uns am Herzen liegen.

Ist es nicht üblich, dass wir uns mit anderen aufrichtig und offen verständigen – es sei denn, wir versuchten sie absichtlich und gezielt zu täuschen? Tatsächlich ist für die meisten von uns die freimütige und ehrliche Kommunikation mit anderen ungewöhnlich. In der Regel lassen wir im Umgang miteinander unsere Rolle und nicht unser wahres Selbst sprechen. Unser ganzes Leben lang werden wir darauf gedrillt, unser wahres Selbst – unsere Gedanken, Gefühle und Meinungen – zu verbergen. Von frühester Kindheit an wird uns eingebleut, dass wir uns anderen in akzeptabler und nichtakzeptabler Weise präsentieren können und dass wir uns an die akzeptablen Präsentationsweisen zu halten haben. Langsam, aber sicher bauen wir eine Fassade von Sicherheits- und Abwehrmechanismen auf, die anderen ein Bild von uns vermitteln, das sehr wenig mit dem Menschen zu tun hat, der wir wirklich sind.

Wenn wir die Verhaltensweisen übernehmen, die uns als akzeptabel beigebracht worden sind, erwerben wir damit Kommunikationsstile, die sich grob als nichtassertiv* oder als aggressiv klassifizieren lassen. Nur wenige Menschen verhalten sich entweder immer nichtassertiv oder immer aggressiv. Weit häufiger schwanken wir zwischen beiden Möglichkeiten. Einige von uns neigen dazu, sich nichtassertiv zu verhalten, bis sich eine Menge Groll in ihnen angesammelt hat. Dann reagieren sie häufig sehr aggressiv. Andere wiederum handeln aggressiv, bis ihre Schuldgefühle so heftig sind, dass sie sich in nichtassertives Verhalten flüchten. Beide Haltungen haben ihre Vorzüge, doch auch

---

* Nichtassertiv ist jemand, der es an der nötigen Selbstbehauptung fehlen lässt. Im psychologischen Sprachgebrauch heißt Selbstbehauptung gelegentlich auch Assertivität. (Anm. d. Übers.)

schwerwiegende Nachteile, wie sich bei näherem Hinsehen zeigen wird.

Was heißt es, nichtassertiv zu sein?

Nichtassertives Verhalten heißt, dass Sie Ihre Gefühle, Gedanken, Bedürfnisse, Wünsche, Meinungen anderen gegenüber nicht zum Ausdruck bringen – dass Sie nicht selbstbestimmt handeln, um Bedürfnisse zu befriedigen, die Ihnen wichtig sind.

Nichtassertive Menschen machen bewusste Anstrengungen, Konflikten aus dem Wege zu gehen, selbst um den Preis, dass sie darunter leiden müssen. Häufig ordnen sie ihre Bedürfnisse denen anderer unter. So werden sie von anderen ausgenutzt – beispielsweise entscheidet man für sie, hört nicht auf sie oder halst ihnen immer noch mehr Arbeit auf.

Furcht trägt wesentlich zu einem Großteil nichtassertiven Verhaltens bei:

- die Furcht, in einem Konflikt den Kürzeren zu ziehen; das Bedürfnis, das Gesicht zu wahren;
- die Furcht, bei anderen Missbilligung oder Widerspruch zu ernten; das Bedürfnis, um jeden Preis beliebt und anerkannt zu sein;
- die Furcht, abgelehnt oder übergangen zu werden, feststellen zu müssen, dass andere sich nicht darum kümmern, was Sie denken oder brauchen;
- die Furcht, den Arbeitsplatz zu verlieren oder nicht befördert zu werden;

- die Furcht, andere zu verletzen oder zurückzu-
  weisen.

Viele nichtassertive Menschen werden von ihrer
Angst so unter Druck gesetzt, dass sie noch nicht
einmal ihre harmlosesten Gefühle, Bedürfnisse und
Meinungen äußern. Wenn sie ihre Vorstellungen
oder Bedürfnisse doch zum Ausdruck bringen, geschieht es häufig auf so zurückhaltende Art, dass
sie von anderen nicht beachtet oder übersehen werden. Deshalb sind nichtassertive Menschen oft
böse, frustriert und voller Groll. Viel Zeit und Energie verschwenden sie damit, dass sie sich hinterher
wünschen, sie hätten etwas gesagt oder getan, um
die Aufmerksamkeit anderer auf sich zu lenken.

Wie können Sie feststellen, dass Sie sich nichtassertiv verhalten? Wenn es Ihnen nicht gelingt,
wichtigen Bedürfnissen Rechnung zu tragen, wenn
Sie Ihre Ziele nicht erreichen, *kann* nichtassertives
Verhalten daran schuld sein. Die verlässlichsten
Anzeichen dafür sind ständige Angst, Unzufriedenheit, Groll und Ärger – besonders nach Begegnungen mit anderen Menschen.

Zwei Beispiele:
Sie würden sich gern an der Aufstellung des
diesjährigen Haushaltsplans für Ihre Familie betei-
ligen, was in der Vergangenheit nicht der Fall war.
Sie erwähnen Ihrem Mann gegenüber nichts von
diesem Bedürfnis. Als Sie feststellen, dass er am
Haushaltsplan sitzt, regt sich Ärger und Angst in
Ihnen.

Sie haben das letzte Jahr in Ihrer Firma sehr hart gearbeitet und einige Neuerungen eingeführt. Dadurch läuft die Arbeit in Ihrer Abteilung besser. Obgleich Sie gerne eine Gehaltserhöhung hätten (und der Meinung sind, Sie verdienten eine), sagen Sie dem Chef nichts davon. Sie hoffen nach wie vor, er werde die Frage selbst aufs Tapet bringen. Das tut er nicht – und Sie stellen fest, dass Ihnen Frustration und Lustlosigkeit zu schaffen machen.

Nichtassertives Verhalten solcher Art findet sich meist bei Menschen in untergeordneten Positionen, denen der Mut genommen worden ist, Kontrolle und Verantwortung für das eigene Leben anzustreben. Es ist auch typisch für viele Frauen, weil sie zu häufig für Liebenswürdigkeit, Höflichkeit und Kooperationsbereitschaft belohnt worden sind.

Was heißt es, aggressiv zu sein?

Aggressives Verhalten heißt, dass man zwar für die Befriedigung seiner Bedürfnisse sorgt, dies aber auf Kosten anderer tut, dass man die Gefühle, Gedanken und Bedürfnisse anderer nicht beachtet oder ihnen krass zuwiderhandelt. Aggressive Menschen bringen im Unterschied zu nichtassertiven Zeitgenossen ihre Gefühle, Meinungen und Bedürfnisse offen zu Ausdruck, allerdings in einer Form, die anderen nicht Rechnung trägt, sie erniedrigt oder verletzt. Bei extremer Aggressivität werden Beziehungen belastet oder zerstört. Deshalb fällt es aggressiven Menschen im Laufe der Zeit immer schwerer, ihren Bedürfnissen Rechnung zu tragen, wenn sie dazu die Mitarbeit anderer brauchen. Eine andere Form aggressiven Verhaltens fällt zwar weniger ins Auge, ist dafür aber sehr viel häufiger: die passive Aggression, d. h., die eigenen Bedürfnisse werden dadurch befriedigt, dass man andere manipuliert, täuscht, ihr Bestreben, eigene Bedürfnisse zu befriedigen, sabotiert oder sich ihnen störrisch und stumm widersetzt.

Innere Anzeichen für aggressives Verhalten sind Schuldgefühle und Verwirrung. Wichtiger noch sind negative Reaktionen bei anderen – etwa wenn diese Sie meiden, Ihnen mit Groll begegnen, Sie isolieren oder Ihnen Ihr aggressives Verhalten mit gleicher Münze heimzahlen. Wenn Sie sich an der Aufstellung des Haushaltsplans beteiligen möchten, sagen Sie – im Falle aggressiven Verhaltens – zum Beispiel zu Ihrem Partner:

- »Ich will beim Haushaltsplan mitreden – ich hab es satt, immer übersehen zu werden!«
- Wenn Sie eine Gehaltserhöhung möchten, sagen Sie zu Ihrem Chef: »Wenn ich keine Gehaltserhöhung bekomme, sehe ich mich nach einer anderen Arbeit um!«

Was heißt es, assertiv zu sein?

Assertives Verhalten oder Selbstbehauptung heißt, dass Sie wissen, was Sie brauchen und wünschen. Sie machen dies anderen klar und handeln selbstbestimmt, um Ihre Bedürfnisse zu befriedigen, ohne dabei die nötige Achtung für andere vermissen zu lassen.

Vor allem verlangt assertives Verhalten ehrliche Selbstenthüllung: Assertive Menschen teilen sich aufrichtig und ungeschminkt mit. Sie äußern ihre Gefühle, Bedürfnisse und Gedanken und treten für ihre Rechte ein, doch geschieht es in einer Weise, die den Rechten und Bedürfnissen anderer keinen Abbruch tut. Assertive Menschen sind glaubwürdig, zuverlässig, offen und geradeheraus. Sie können für sich selbst eintreten und nehmen es selbst in die Hand, für ihre Bedürfnisse zu sorgen. Wenn nötig, bitten sie andere um Rat und Hilfe.

Wenn sie sich mit anderen in Konflikt befinden, sind sie bereit, sich um Lösungen zu bemühen, die beide Seiten zufrieden stellen. Da assertive Menschen zur Befriedigung ihrer Bedürfnisse häufig die Mitarbeit anderer brauchen und erbitten, sind sie zu Kooperation und Hilfe bereit, wenn andere versuchen, eigene Bedürfnisse zu befriedigen.

Dass Sie sich assertiv verhalten, erkennen Sie daran, dass Sie weniger Angst und mehr Zufriedenheit, mehr Selbstachtung und mehr Selbstvertrauen empfinden, außerdem daran, dass für die Bedürfnisse, die Ihnen wichtig sind, gesorgt ist. Andere werden häufiger positiv auf Sie reagieren. Einige Ihrer Beziehungen werden befriedigender sein.

Assertiv sind Sie, wenn Sie zu Ihrem Partner sagen: »Ich möchte mich dieses Jahr gern an der Aufstellung unseres Haushaltsplans beteiligen. Es gibt ein paar Dinge, die ich berücksichtigt haben möchte.«

Wenn Sie zu Ihrem Chef sagen: »Ich würde sehr gern über eine Gehaltserhöhung reden – ich finde, ich habe in diesem Jahr viel für unsere Abteilung getan.«

Nutzen ehrlicher Selbstenthüllung

Der wichtigste Nutzen, der Ihnen aus der Selbstenthüllung anderen gegenüber erwächst, ist, dass Sie in engem Kontakt mit sich selbst bleiben – mit Ihren Bedürfnissen, Meinungen und Gedanken. Anderen einen Gedanken mitteilen ist etwas ganz anderes als bloß über das betreffende Problem nachzudenken. Dadurch, dass wir etwas aussprechen, verändern wir es. Sie haben sicherlich schon einmal erlebt, dass ein Problem, über das Sie längere Zeit nachgegrübelt haben, größer und größer wurde und immer schlimmere Ausmaße annahm. Sie haben sich die Folgen ausgemalt und die Reaktionen anderer vorgestellt. Später, als Sie Ihr Problem jemand anderem mitteilten, sah es völlig anders aus.

Durch die Erfahrung der Selbstenthüllung lernen Sie sich selbst sehr genau kennen. Dadurch können Sie Ihr Handeln besser auf Ihre Empfindungen abstellen. Sie verbessern die Chance, sich auf neue und beglückende Weise zu entfalten. Es kann zu einem positiven Zirkel von Entwicklung und Veränderung kommen. Das ständige Bemühen um ehrliche Selbstenthüllung bringt noch einen anderen, verwandten Vorteil mit sich: Sie leben in der Gegenwart. Wenn Sie engeren Kontakt zu sich selbst halten, können Sie Ihre gegenwärtigen, aktuellen Bedürfnisse befriedigen.

Wenn Sie es an spontaner Kommunikation fehlen lassen, sind Sie gezwungen, in der Vergangenheit oder Zukunft zu leben. Sie sind in einen inneren Kampf verstrickt, damit beschäftigt, mit Ihren lästigen Gedanken, Gefühlen und Bedürfnissen fertig zu werden.

Überdies ermöglicht es Ihnen ehrliche Selbstenthüllung weitaus besser, für wichtige Bedürfnisse zu sorgen, wenn zu ihrer Befriedigung die Hilfe oder Mitarbeit anderer notwendig ist. Wenn andere Menschen wissen, was Sie brauchen und wünschen, sind sie besser in der Lage und bereitwilliger, mit Ihnen zusammenzuarbeiten und Ihnen dabei zu helfen, für bestimmte Bedürfnisse zu sorgen. Häufig machen wir den Fehler, anzunehmen, andere Menschen würden uns so gut kennen, dass sie wüssten, wie wir fühlen oder was wir wünschen.

Wir meinen, wir brauchten es ihnen gar nicht mitzuteilen. Versäumen wir es, nahestehenden Menschen unsere Bedürfnisse mitzuteilen, kann das dauerhaften Schaden anrichten: »Ich musste ihm nicht sagen, wie mir zumute war – wenn ich ihm wirklich was bedeutet hätte, hätte er es gewusst.«

»Fünfundzwanzig Jahre haben wir zusammengelebt, und sie hat gewusst, was es mir bedeutet hat, und sie hat sich nicht geändert. Jetzt ist es zu spät – mir ist es völlig egal geworden.«

Die Bereitschaft, anderen gegenüber Bedürfnisse und Wünsche zum Ausdruck zu bringen, ist von tiefgreifender Wirkung, wie die Berichte von Kursteilnehmern bezeugen:

- »Mein Mann weiß mehr von meinen Bedürfnissen und zeigt mehr Interesse daran, mir zu helfen, diesen Bedürfnissen Genüge zu tun. Er ist auch besser in der Lage, seine eigenen Bedürfnisse einzuschätzen – es gab Dinge, zu denen er Lust hatte, die er aber nicht tat.«

- »Mein Sohn besucht mich jetzt häufiger, nachdem ich ihm gesagt habe, wie traurig ich bin, dass er nicht kommt.«

- »Wenn ich jetzt vor Mitarbeitern spreche, trete ich bestimmter auf. Es fällt mir auch leichter, ihre Aufmerksamkeit zu fesseln.«

- »Da mein Chef sich jetzt klar macht, unter welchem Druck ich in der Außenstelle stehe, achtet er sorgfältig darauf, die Dinge, um die er mich bittet, nach ihrer Dringlichkeit zu ordnen. Er scheint ein bisschen vorauszuplanen, sodass ich nicht mehr so viele Eilaufträge bekomme.«

- »Kürzlich schrieb ich einen Leserbrief an eine Lokalzeitung, in dem ich die Leistungen eines Grundschullehrers meiner Tochter lobte. Die Zeitung druckte den Brief nicht nur ab, sondern die Redaktion verlieh mir auch einen Preis, weil sie den Brief ungewöhnlich gut fand. Dabei habe ich meine Meinung nur in einer vier Absätze langen deklarierenden Ich-Botschaft zum Ausdruck gebracht.«

- »Mein Freund achtet mich jetzt mehr, da ich in der Lage bin, ihm zu sagen, was ich meine, statt ihm immer nur zuzustimmen.«

Selbstenthüllung macht Sie auch zu einem interessanteren Menschen. Die Masken und Fassaden, auf die die Menschen verfallen, sind selten so interessant wie ihr wahres Selbst. Wenn wir es versäumen, unsere Bedürfnisse, Einstellungen und Meinungen genau darzustellen, verleugnen wir unsere Individualität. Unsere Begegnungen werden langweilig und oberflächlich. Das Besondere unserer Gedanken und Erfahrungen wird herausgefiltert.

Ein weiterer sehr wichtiger Vorteil ehrlicher Selbstenthüllung ist Ihre wachsende Selbstachtung. Es ist unglaublich, wie viel positiver Sie zu sich stehen, wenn Sie den Mut haben, anderen offen und ehrlich zu begegnen – vor allem wenn es um Gedanken und Probleme geht, die Ihnen sehr am Herzen liegen. Ihre Selbstachtung und Ihr Selbstvertrauen können weiter wachsen, weil die Selbstenthüllung mit jedem Erfolg leichter fällt. Das belegen die folgenden Aussagen von Teilnehmern meiner Kurse:

- »Es stellt einen Wendepunkt in meinem Leben dar. Die Fertigkeiten haben mir einen Sinn für persönliche Macht vermittelt. Ich habe aufgehört, das Opfer von anderer Leute Bedürfnisse zu sein.«
- »Die Leute scheinen sich in meiner Gegenwart wohler zu fühlen, weil ich ihnen sehr viel offener mitteile, was ich von den Dingen halte. Es ist

immer leichter gewesen, *nicht* assertiv zu sein –
passiv und passiv aggressiv. Jetzt, wo ich mir
über meine Gefühle im Klaren bin, bin ich mit
mir selbst zufriedener und bei anderen gelasse-
ner.«

- »Wenn ich jetzt mit meinem Partner spreche,
  habe ich keine Angst, zu sagen, was ich denke.
  Er hört mir zu, und dann reden wir darüber.«
- »Ich fühle mich jetzt als richtiger Mensch.«
- »Ich mag mich lieber.«
- »Ich habe mehr Selbstvertrauen, wenn es gilt,
  einen Plan auszuführen.«

Vieles spricht dafür, dass ehrliche Selbstenthüllung wechselseitig ist. Denn Ihre Bereitschaft zur
Selbstenthüllung gibt anderen die Möglichkeit,
ebenfalls ehrlich zu sein. Viele Ihrer Beziehungen
erfahren eine Vertiefung und Bereicherung. Viele
Missverständnisse lassen sich klären, künftige können vermieden werden. Da Sie gemeinsame Interessen entdecken und auf andere stoßen, die Ihnen
neu sind, kann sich der Horizont Ihrer Freundschaften und Tätigkeiten ausweiten. Da andere ehrlicher werden und sich selbst besser kennen lernen, können sie mehr Verantwortung für das
eigene Leben übernehmen und die Sorge für wichtige Bedürfnisse selbst in die Hand nehmen. Teilnehmer aus meinen Kursen berichten von solchen
Folgen ehrlicher Selbstenthüllung:

- »Menschen, die es gewohnt waren, mich einfach
  zu übergehen, hören jetzt genauer zu, wenn ich
  meine Bedürfnisse zum Ausdruck bringen.«

- »Meine Beziehungen zu bestimmten Menschen, die mir nahe stehen, sind besser geworden, seit ich gelernt habe, meine Gefühle deutlicher zu äußern, und seit ich sie ermutige, mir gegenüber ein Gleiches zu tun.«
- »Mein Sohn und ich können jetzt wieder offener miteinander reden. In unserem Leben hat es einige Probleme gegeben, und wir haben es immer vermieden, über unsere Gefühle zu sprechen. Jetzt haben wir einen Anfang gemacht.«
- »Heute äußert mein Mann seine Gefühle deutlicher, statt sie in sich hineinzufressen.«

Ehrliche Selbstenthüllung kann Beziehungen vor Schaden bewahren. Wie wir alle wissen, kann unaufrichtige Kommunikation zum Abbruch von Beziehungen führen. Sie ist ein Hauptgrund für viele Scheidungen.

Eine erfolgreiche Autorin berichtet uns, sie habe eine Abtreibung vornehmen lassen, und ihr Mann habe gesagt, er billige ihre Entscheidung. Erst hinterher habe sie erfahren, dass er tatsächlich nicht in der Lage gewesen sei, seine wirklichen Gefühle auszudrücken. Als er es schließlich tat, sagte er ihr, er habe sich in Wirklichkeit ein weiteres Kind gewünscht. Anschließend ging die Ehe in die Brüche. »Wir hatten andere Probleme«, erklärte sie, »aber ich glaube, die Abtreibung und die Unfähigkeit meines Mannes, seine wirklichen Gefühle auszudrücken, gehörten zu den Krisen, die unsere Trennung beschleunigten.«

In den Berichten von Frauen und Männern zeigen sich gleichermaßen die Vorteile ehrlicher Selbstenthüllung:

- »Mein Mann und ich verstehen uns *viel, viel* besser.«
- »Ich finde, meine Beziehung zu einigen Leuten ist ehrlicher geworden, besonders zu solchen, mit denen ich vorher Konflikte hatte.«
- »Ich sitze nicht mehr da und brüte über irgendwelchen Dingen, die mich an meiner Frau ärgern. Ich rede es mir von der Seele.«

Risiken der Selbstenthüllung

Ehrliche Selbstenthüllung kann Meinungsverschiedenheiten und Konflikte zutage fördern. Häufig handelt es sich um Meinungsverschiedenheiten, die Sie in der Vergangenheit totgeschwiegen haben. Wenn Sie den Mut fassen, zu sagen, wie Sie über bestimmte Probleme denken oder fühlen, lassen Sie wenig Raum für Zweifel. Andere werden Sie dann vielleicht missbilligen oder sogar ablehnen. Möglicherweise debattieren oder streiten sie mit Ihnen. Obschon die Offenlegung solcher Meinungsverschiedenheiten oder Konflikte ein sehr positives Ergebnis der Selbstenthüllung sein kann, ist es möglich, dass die Beziehung in einigen Fällen darunter leidet, wie sich in den folgenden Beispielen zeigt:

- »Ich habe gegenwärtig mehr Konflikte mit anderen. So viele Menschen erwarten von mir, dass ich ihnen gefällig bin, und ich tu's nicht. Ich stelle fest, dass die Menschen in meiner Umgebung verwirrt sind. Ich bin entschlossen, mein Leben zu ändern. Ich bin der festen Überzeugung, dass ich auch für meine Bedürfnisse und Wertvorstellungen beanspruchen kann, dass man sie berücksichtigt.«

- »Jedes Mal wenn ich den Mut fasse, meine Meinung über die Rechte der Frauen zu äußern, fängt mein Freund eine Riesendebatte an und erzählt mir, dass ich unrecht habe.«

- »Mein Mann sagt es mir, wenn ich etwas sage oder tue, das ihn verletzt. Das schmerzt mich dann zwar, aber ich lerne ihn auf diese Weise kennen.«

- »Meiner Frau scheint es schwer zu fallen, mit meiner neuen Einstellung klarzukommen.«

Es besteht also die Gefahr, dass einige Ihrer Beziehungen sich ändern oder zu Ende gehen. Ihre Bereitschaft und Ihr Mut zur Selbstenthüllung können, besonders in Bereichen, in denen Sie früher keine Selbstbehauptung gezeigt haben, Veränderungen hervorrufen, die Sie nicht erwartet haben oder die zu bewältigen Sie nicht vorbereitet sind.

In vielen Beziehungen ist die Selbstenthüllung der Augenblick der Wahrheit, vor allem, wenn es zuvor wenig ehrliche Interaktion gab. Wenn ein Mensch schließlich den Mut fasst, seine ehrlichen Gefühle zu äußern, wird der schöne Schein der Vergangenheit zerrissen, und die Beziehung hat keine Überlebenschance:

- »Ich habe gedacht, Chris sei eine meiner besten Freundinnen, doch vor kurzem haben wir einige sehr ehrliche und eingehende Diskussionen gehabt. Ich habe festgestellt, dass wir tatsächlich kaum etwas gemeinsam haben.«
- »Mein Mann und ich haben nie über unsere Probleme gesprochen. Als er sich entschloss, mich zu verlassen, hat er mir gesagt, was er alles an mir nicht mag – da war es zu spät, noch etwas daran zu ändern.«

Natürlich müssen Sie, bevor Sie daran denken, anderen Ihre Gefühle und Bedürfnisse mitzuteilen, Vertrauen zu Ihren Gesprächspartnern haben. Sie werden sich schwerlich Menschen offenbaren, von denen Sie annehmen, sie könnten lachen über das, was Sie ihnen von sich erzählen, es kritisieren, nicht zur Kenntnis nehmen oder weitererzählen. Doch wenn Sie jemandem trauen, verlassen Sie sich darauf, dass diesem Menschen die Beziehung zu Ihnen etwas bedeutet.

Die Technik ehrlicher Selbstenthüllung: Ich-Botschaften

Im Kurs erfolgt die Selbstenthüllung in Form von Ich-Botschaften. Eine Ich-Botschaft ist eine Äußerung, die Sie beschreibt. Sie ist Ausdruck *Ihrer* Gefühle und Erfahrungen. Sie ist glaubwürdig, ehrlich und zuverlässig. Und da Ich-Botschaften nur Ihre innere Wirklichkeit wiedergeben, enthalten sie keine Wertungen, Urteile und Deutungen, die andere betreffen.

Da Sie sagen, was Sie wirklich fühlen, befinden sich Ihre sprachlichen und nichtsprachlichen (durch die Körpersprache ausgedrückten) Äußerungen in Übereinstimmung. Ihre Botschaften kommen glaubwürdig und zutreffend an. Sie ersparen dem Kommunikationspartner Verwirrung. In den meisten Fällen weckt das in anderen Achtung, Anerkennung und Kooperationsbereitschaft. Sie werden von diesen – und von sich selbst – als verantwortungsvoll, selbständig und tatkräftig erlebt, als jemand, der sein Leben unter Kontrolle hat.

Wir vermitteln vier verschiedene Varianten der Ich-Botschaft:

- deklarierende Ich-Botschaften*
- reagierende Ich-Botschaften
- vorbeugende Ich-Botschaften
- konfrontierende Ich-Botschaften

Da jede dieser Ich-Botschaften einem etwas anderen Zweck dient, haben wir sie hierarchisch geordnet, wobei wir uns nach dem Risiko und der Schwierigkeit richteten, mit denen sie gewöhnlich einhergehen. In diesem Kapitel wollen wir die grundlegende und risikofreieste, beschreiben – die deklarierende Ich-Botschaft.

---

* Im Kurs haben wir sie zuerst enthüllende Ich-Botschaft genannt. Da diese Bezeichnung redundant erschien, d. h. keine neue Information brachte, haben wir sie in deklarierende Ich-Botschaft umbenannt.

Deklarierende Ich-Botschaften

In deklarierenden Ich-Botschaften offenbaren Sie anderen Ihre Überzeugungen, Vorstellungen, Vorliegen, Abneigungen, Gefühle, Reaktionen, Interessen, Einstellungen und Absichten. Sie zeigen anderen, was in Ihnen vorgeht, wie die Dinge von Ihrer Warte aussehen. Sie beschreiben Ihre innere Wirklichkeit. Da deklarierende Ich-Botschaften anderen die Möglichkeit geben, Sie besser kennen zu lernen und besser zu verstehen, können diese sich ehrlicher mit Ihnen verständigen. Diese Botschaften veranlassen und ermutigen andere auch dazu, Ihnen eigene Erfahrungen mitzuteilen, wodurch die Beziehungen an Bedeutung und Tiefe gewinnen.

Den Menschen, zu denen Sie enge Beziehungen unterhalten, teilen Sie auf diese Weise wahrscheinlich täglich eine Menge über sich mit:

»Ich bin heute bestimmt aufgeregt.«

»Ich bin im Moment ein bisschen traurig.«

»Ich mag keine brutalen Filme.«

»Ich fahre gern Auto.«

»Mir hat es gefallen, wie unsere Mitarbeiterkonferenz heute gelaufen ist.«

»Ich spiele gern Tennis.«

»Ich bin müde.«

»Ich telefoniere nicht gern.«

»Mir ist die Zeit, die ich mit meiner Familie verbringe, sehr wichtig.«

»Es macht mir Spaß, mich über strittige Fragen zu unterhalten.«

»Heute Nachmittag ist es der reinste Stress.«

»Ich liebe dich.«
»Ich mag nicht fliegen.«
»Ich lege großen Wert auf deine Hilfe.«

Da deklarierende Ich-Botschaften Ausdruck Ihrer persönlichen Wahrnehmungen und Meinungen sind, ohne sich auf andere zu beziehen, besteht für andere im allgemeinen kein Anlass, mit Abwehr oder Widerstand zu reagieren. Trotzdem sollten Sie in der Lage sein, jede Art von Widerstand, auf den Sie stoßen können, konstruktiv zu bewältigen.

Widerstand gegen Ich-Botschaften

Die üblichen Reaktionen auf Ihre Ich-Botschaften werden Anerkennung, Zustimmung, Verständnis und sogar Begeisterung sein (besonders nachdem die Menschen Ihrer Umgebung sich an Ihr assertives Verhalten gewöhnt haben), doch gelegentlich müssen Sie damit rechnen, dass andere Ärger oder Abwehr zeigen.

Meist wird das der Fall sein, wenn viel auf dem Spiel steht. Wie oben gesagt, besteht bei deklarierenden Ich-Botschaften gewöhnlich die geringste Gefahr, dass Ihre Kommunikationspartner sich wehren oder bedroht fühlen. Wenn Sie zu den schwierigeren und riskanteren Ich-Botschaften übergehen (den reagierenden, vorbeugenden und konfrontierenden), ist der Widerstand anderer sehr viel häufiger.

Abwehr oder Widerstand zeigen an, dass dem anderen Ihre Ich-Botschaft unbehaglich ist. Es handelt sich um eine natürliche und unvermeidliche Reaktion auf das Gefühl der Bedrohung. Ihre Ich-Botschaften können andere gelegentlich überraschen, schockieren oder unvorbereitet treffen. Ich-Botschaften können andere ärgern, ängstigen, erschrecken und verletzen und können sie (zumindest anfänglich) dazu bringen, abwehrend und abweisend zu reagieren.

Wie erkennen Sie, dass sich der andere gegen Ihre Ich-Botschaft wehrt?

Wenn Sie eine Ich-Botschaft senden, erhalten Sie fast immer irgendeine Reaktion vom anderen. Einige deutliche sprachliche und nichtsprachliche Anzeichen für Widerstand sind:

Sprachlich	Nichtsprachlich
Schreien	Wortkarg werden
Streiten	Traurig oder verletzt aussehen
Sarkastische Bemerkungen	Weinen
Witzeln	Überrascht oder schockiert aussehen
Themawechsel	Lachen
Sich weigern, darüber zu sprechen	Den Raum verlassen
Widerspruch erheben	Maulen

Es folgen einige typische Dialoge:

Sie: »Mir hat es gefallen, wie unsere Mitarbeiterkonferenz heute gelaufen ist.«

Mitarbeiter: »Himmel, mir nicht! Ich war die ganze Zeit über frustriert und wütend.«

Sie: »Es macht mir Spaß, mich über strittige Fragen zu unterhalten.«

Ehemann: »Mir nicht! Du willst immer nur Recht haben!«

Sie: »Ich finde, eine Frau sollte das Recht haben, eine Abtreibung vornehmen zu lassen, wenn sie es möchte.«

Freundin: »Ich kann nicht glauben, dass du das ernst meinst! Abtreibung ist Mord.«

Wenn eine Ich-Botschaft solche Reaktionen bei jemand anderem hervorruft, muss er seinen Gefühlen erst Luft machen, bevor er fähig oder bereit ist, Ihnen zuzuhören.

Umschalten –
von der Selbstenthüllung auf Zuhören,
vom Zuhören auf Selbstenthüllung

Wenn Sie Ihre Bedürfnisse und Meinungen in Ich-Botschaften äußern und auf Widerstand stoßen, werden Sie durch weitere Selbstenthüllung so gut wie nie Ihren Zweck erreichen. Das Beharren auf Ihrem Bedürfnis oder Ihrer Meinung wird beim anderen in der Regel als aggressives oder gefühlloses Verhalten ankommen. Es treibt ihn noch weiter in die Defensive und verstärkt seine negativen Reaktionen auf das, was Sie ihm mitzuteilen versuchen. Er hört aus Ihrer Äußerung heraus: »Das möchte oder denke ich, unabhängig von dem, was du davon hältst.«

Um die Chance zu vergrößern, dass der andere Ihre Ich-Botschaft aufnimmt, müssen Sie auf seinen Ärger hören und deutlich machen, dass Sie ihn zur Kenntnis genommen haben. Assertives Verhalten unterscheidet sich von aggressivem durch die Bereitschaft, auf die Gefühle und Interessen des anderen einzugehen. Wenn Sie die negativen Gefühle des anderen nicht berücksichtigen, können Sie eine eindeutige Ich-Botschaft senden, ohne dennoch mehr zu sagen als: »Ich will mir unter allen Umständen Gehör verschaffen oder meine Bedürfnisse durchsetzen!«

Deshalb sollten Sie, sobald Sie den Widerstand des anderen bemerken, »umschalten«. Nachdem Sie Ihre Ich-Botschaft gesendet haben, gehen Sie dazu über, auf die Empfindung des anderen zu hören. Statt die Initiative zu behalten, reagieren Sie. Sie möchten jetzt auf die Gefühle des anderen eingehen. Sie möchten Interesse an ihm zeigen. Sie haben den ehrlichen Wunsch, seine Bedürfnisse zu verstehen. Er hört aus Ihren Äußerungen jetzt eine Einstellung wie die folgende heraus: »Dies ist meine aufrichtige Überzeugung. Doch ich will gern den Mund halten und dir zuhören, weil ich dich schätze und *deine* Meinung achte.«

Dieses zeitweilige Umschalten auf die Interessen des anderen schafft eine versöhnliche Atmosphäre. Es zeigt, dass Sie bereit sind, auf ihn einzugehen, und Interesse an ihm haben. Es macht ihm klar, dass Sie nicht die Absicht haben, Ihre Bedürfnisse auf seine Kosten zu befriedigen. Umschalten heißt *nicht*, dass Sie Ihre Bedürfnisse oder Überzeugungen aufgeben. Es ist vielmehr Ausdruck Ihrer Erkenntnis, dass das Eingehen auf den Widerstand des anderen ein wichtiger und unverzichtbarer Schritt auf dem Weg zur Befriedigung Ihrer eigenen Bedürfnisse ist, dass Sie den anderen schätzen und Ihnen auch an seinen Gefühlen gelegen ist.

Einmaliges Umschalten (aufs Zuhören) genügt dem anderen häufig, um seinen negativen Gefühlen Luft zu machen. In anderen Fällen kann es sich als notwendig erweisen, mehrfach zwischen Selbstenthüllung und Zuhören zu wechseln.

Ihre Bereitschaft, wirksam zuzuhören, liefert Ihnen beiden auch die Gelegenheit, Ihre Absichten und Bedürfnisse zu klären. Und wenn nötig, bereitet sie der Problemlösung den Weg. In Fällen geringen Widerstands genügt oft Ihre Bereitschaft und Fähigkeit, mit Einfühlungsvermögen und Achtung zuzuhören. Dann hat Ihre ursprüngliche assertive Botschaft, wenn Sie zu ihr zurückkehren, eine bessere Chance, gehört und akzeptiert zu werden. Anerkennung heißt nicht Zustimmung, sondern die Bereitschaft, einen anderen Standpunkt oder eine neue Situation zu tolerieren.

Wenn Sie von Selbstenthüllung auf Zuhören umschalten, schaffen Sie ein Gleichgewicht zwischen Ihrem Interesse an den eigenen Belangen und Ihrem Interesse an den Belangen anderer – ein Schlüssel zu effektiver Kommunikation und gegenseitigen Beziehungen.

Aktives Zuhören bei Widerstand

Aktives Zuhören ist eine besondere Weise, dem anderen zurückzugeben, was er gesagt hat, ihm zu zeigen, dass Sie zuhören, und zu überprüfen, ob Sie verstanden haben, was er meint.

Aktives Zuhören ist eine Neuformulierung der *Gesamtmitteilung* des anderen: der *Wörter* der Botschaft zuzüglich der begleitenden *Gefühle*. Beim Umschalten auf Aktives Zuhören müssen Sie sich zeitweilig in die Lage des anderen versetzen. Sie müssen versuchen, die Bedeutung seiner Gedanken und Gefühle zu erfassen, und ihm dann mitteilen, was Sie verstanden haben, um zu überprüfen, ob Sie Recht haben.

Aktives Zuhören umfasst folgende Schritte der Reihe nach:

1. Sie empfangen die – sprachlich und nichtsprachlich – »verschlüsselte« Botschaft.
2. Sie »entschlüsseln« die Botschaft und machen sich den Sinn dessen klar, was der andere Ihnen mitzuteilen versucht.
3. In einer Rückmeldung sagen Sie dem anderen, wie Sie seine Botschaft verstanden haben; im Grunde heißt dies nichts weiter als: »So verstehe ich deine Gefühle und Empfindungen. Habe ich Recht?«

4. Daraufhin reagiert er auf Ihr Aktives Zuhören, indem er Ihr Verständnis seiner Botschaft bestätigt oder klärt.

Nehmen wir das Beispiel, wo Sie Ihrem Partner erklärten: »Mir macht es Spaß, mich über strittige Fragen zu unterhalten:«

Ihr Partner verpackt seine Gefühle in eine sprachliche Botschaft (wir nennen es verschlüsseln) und sagt:

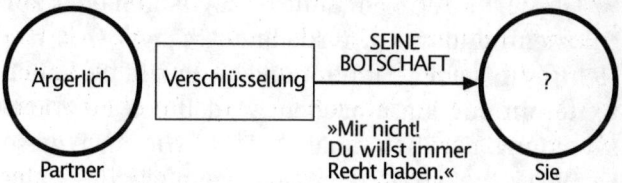

Dann versuchen Sie, seine Botschaft zu verstehen (entschlüsseln), um den Sinn seiner Mitteilung zu erfassen.

Nun zeigen Sie dem anderen in einer Rückmeldung, wie Sie seine Botschaft verstanden haben, wobei Sie im Grunde genommen sagen: »So verstehe ich deine Gefühle. Habe ich Recht?«

»Dich ärgert, wie ich mich verhalte,
wenn wir über solche Dinge reden.«
IHRE ANTWORT BEI AKTIVEM ZUHÖREN

Sie dürfen erwarten, dass Ihr Partner auf Ihr Aktives Zuhören reagiert, indem er bestätigt, dass Sie seine Botschaft verstanden haben: »Das ist richtig« oder »Genau das«.

Ob Sie mit Aktivem Zuhören fortfahren oder zur Selbstenthüllung zurückkehren, hängt von der Heftigkeit seiner Empfindungen ab. Da Sie auch weiterhin auf ihn eingehen, wird Ihnen eine Entscheidung darüber möglich sein. Wie sich diese Fertigkeit auswirkt, zeigt sich, wenn wir sie bei einer anderen Situation anwenden. Nehmen Sie an, Sie unterhielten sich mit Ihrer Freundin über den Bericht für den Bürgerverein des Wohnviertels und das Gespräch nähme folgenden Verlauf:

Sie: »Ich glaube, du hast da einen guten Bericht geschrieben, aber ich bin nicht der Meinung, dass Mietshäuser in unserem Wohnviertel gebaut werden sollten. Sein Charakter würde sich ändern, und für Eigenheimbesitzer wäre es verdorben.«
(ICH-BOTSCHAFT)

Freundin: »Das ist ein sehr einseitiger Standpunkt. Ich wundere mich wirklich, dass du so etwas sagst!« (WIDERSTAND)

Sie: »Ich merke, dass dich fuchst, was ich gesagt habe. Mich würde interessieren, warum du so denkst.« (UMSCHALTEN AUF AKTIVES ZUHÖREN)

Freundin: »Ich glaube, Mietwohnungen würden mehr alleinstehende und ältere Menschen anziehen, und das würde nach meiner Meinung unserem Wohnviertel ausgesprochen gut tun. Wir brauchen mehr Vielfalt.«

Sie: »Mit Menschen zusammenwohnen, die anderen Altersgruppen angehören und anders leben, das ist wichtig für dich.« (AKTIVES ZUHÖREN)

Freundin: »Ja, und es ist auch wichtig, weil ich möchte, dass meine Kinder mit anderen Menschen zusammenkommen.«

Sie: »Du meinst, es wäre von Vorteil für sie, wenn sie viele verschiedene Leuten kennen lernen würden.« (AKTIVES ZUHÖREN)

Freundin: »Genau. Ich glaube, Eigenheime könnten neben Mietshäusern stehen, dadurch würde das Viertel gewinnen.«

Sie: »Du meinst also, dass wir das Beste aus beiden Welten hier bei uns haben könnten.« (AKTIVES ZU-HÖREN)

Freundin: »Ja, das ist richtig.«

Sie: »Jetzt weiß ich, was du meinst. Doch mir gefällt gerade besonders gut an unserem Wohnviertel, dass es so ruhig und idyllisch ist. Ich glaube, ich habe Angst, dass sich das dann ändern würde.« (NEUE ICH-BOTSCHAFT)

Durch das Umschalten haben Sie die Diskussion so erweitert, dass sie dem grundsätzlichen Unterschied der Wertvorstellungen in dieser Frage Rechnung trägt. Betrachten wir die Situation, in der es um die emotional besetzte Frage geht, ob eine Frau sich einer Abtreibung unterziehen darf, und in der Sie mit Ihrer Freundin aneinander geraten. Sie könnten versucht sein zu versichern: »Ich meine das, wie ich es sage, und ich verstehe nicht, dass du dich so aufregst.«

Statt dessen schalten Sie um auf Aktives Zuhören:
Sie: »Was ich gesagt habe, regt dich wirklich auf. Das muss dir sehr an die Nieren gehen ...«
Freundin: »Aber ganz gewiss! Ich bin in der Überzeugung erzogen worden, dass das Leben ein heiliges Gut sei und um jeden Preis geschützt werden müsse.«
Sie: »Der Gedanke an eine Abtreibung verletzt also deine Grundüberzeugungen.«
Freundin: »Ja, und außerdem glaube ich, dass man sie heute zu leicht nimmt.«
Sie: »Du meinst, dass zu viele Frauen Abtreibungen vornehmen lassen, ohne vielleicht über andere Möglichkeiten nachzudenken.«

Sie schalten erneut um und kehren zu Ihrer assertiven Botschaft zurück.
Freundin: »Ja ... ich glaube einfach, dass es andere Lösungen gibt, als ein Leben zu beenden.«

Ohne dass eine der Beteiligten ihre Gefühle hätte verleugnen müssen, ist abermals ein Gespräch abgewiegelt worden, das sich zu einer erregten Auseinandersetzung hätte auswachsen können. Damit ist für diese und andere strittige Fragen, die sich noch ergeben können, die Grundlage für einen rationalen Meinungsaustausch geschaffen.

Aktives Zuhören ist nützlich, auch wenn es ein bisschen vom Wege abweicht, weil es dem Sender hilft, sich über seine eben geäußerten Gedanken oder Gefühle Klarheit zu verschaffen. Selbst wenn die Rückmeldung im Rahmen des Aktiven Zuhörens nicht ganz genau ist, hat der Sender die Möglichkeit, sie durch eine neue Botschaft zu korrigieren. Wenn die Antwort des Aktiv Zuhörenden richtig ist, kann er wieder zu assertivem Verhalten zurückkehren.

Denn wenn der andere das Gefühl hat, dass Sie auf ihn eingehen, ist er weit eher bereit, auf Ihre Meinung oder Ihr Bedürfnis zu hören, sobald Sie es erneut äußern.

Nachdem Sie auf Widerstand mit Aktivem Zuhören reagiert haben, hat sich Ihr Verständnis des anderen häufig vertieft, oder Sie haben etwas entdeckt, dessen Sie sich vorher nicht bewusst waren. Möglicherweise veranlasst Sie die neue Information, Ihre ursprüngliche Ich-Botschaft etwas zu modifizieren. Sie kann auch deutlich machen, dass es zwischen Ihnen beiden einen Konflikt gibt, der sich nicht durch Selbstenthüllung oder Zuhören lösen lässt. (Wir werden in einem späteren Kapitel erörtern, wie sich solche Konflikte lösen lassen.)

Vielen Menschen kommt Aktives Zuhören beim ersten Versuch unnatürlich, künstlich und mechanisch vor. Da es sich von unseren normalen Reaktionsweisen unterscheidet, ist es schwer zu lernen. Doch wenn Ihre Einstellung zum andern von Anerkennung bestimmt ist, wird das zu spüren sein – und Aktives Zuhören wird natürlicher werden.

Fassen wir zusammen: Denken Sie daran, dass der Erfolg Ihres Bestrebens, andere dazu zu bringen, Ihnen zuzuhören (und damit Ihnen zu helfen, Ihre Bedürfnisse zu befriedigen), nicht nur von Ihrer Fähigkeit abhängt, sich ehrlich und deutlich zu äußern, sondern auch von Ihrer Bereitschaft und Ihrem Vermögen, anderen zuzuhören und ihnen Gelegenheit zu geben, sich selbst zu äußern.

In diesem Kapitel haben wir Aktives Zuhören als wirksames Mittel beschrieben, den Widerstand des anderen abzubauen und dadurch der Befriedigung Ihrer eigenen Bedürfnisse einen Schritt näher zu kommen. In Kapitel 13 werden wir die Verwendung von Aktivem Zuhören in einem ganz anderen Zusammenhang vorführen: Wie Sie lernen können, ein erfolgreicher »Helfer« zu werden.

4. »Nein« sagen lernen

Echte Verantwortung gibt es nur, wo es wirkliches
Antworten gibt.
Martin Buber

Wenn Sie sich eingehend mit Ihren Bedürfnissen, Wünschen und Wertvorstellungen befasst haben und Ihnen klarer geworden ist, welche Richtung Sie einschlagen wollen, wird Ihnen aufgehen, wie viel Zeit und Energie Sie Tätigkeiten widmen, die mit Ihren persönlichen Bedürfnissen nichts zu tun haben. Viele Menschen berichten, wie sehr sie von dieser Entdeckung überrascht wurden:

- »Mein ganzes Leben lang habe ich es hingenommen, dass die Situationen mich beherrscht haben, ohne mir klar zu machen, dass ich sie verändern kann.«
- »Meine Zeit und Energie werden ständig von anderen ausgebeutet.«
- »Am Ende eines jeden Tages hat sich diese Unzufriedenheit eingestellt angesichts all der Dinge, die ich gern getan hätte und nie getan habe.«

Nachdem Sie analysiert haben, wie Sie Ihre Zeit tatsächlich verbringen, werden Sie entdecken, welchen Anteil der Ihnen täglich zur Verfügung stehenden Zeit Sie in die Bedürfnisse und Wünsche anderer investieren. Und ein Großteil dieser Tätigkeiten steht in keiner Beziehung zu Ihren eigenen Bedürfnissen und Wünschen. Bei einigen Menschen beläuft sich dieser Anteil auf 80 Prozent, und einige entdecken zu ihrem Entsetzen, dass es sogar 100 Prozent sind!

Warum lassen wir zu, dass unser Leben so vereinnahmt wird? Warum sagen wir so oft ja, wenn wir nein sagen möchten? Eine Antwort drängt sich sofort auf: Ja sagen ist leichter und angenehmer; nein sagen ist schwer und häufig schmerzlich. Wir wollen dies näher untersuchen und danach fragen, *warum* es – besonders für Frauen – so schwer ist.

Solange es Menschen gibt, kämpfen sie darum, ihre eigenen Bedürfnisse wie die der Gemeinschaft zu befriedigen. Jeder von uns besitzt seine einzigartige und besondere Innenwelt. Gleichzeitig ist jeder von uns eines der Teile, die sich zum Ganzen addieren (und sich in dieses einfügen) – in die Gesellschaft oder das Gesellschaftssystem, in dem wir leben. Natürlich leben wir innerhalb eines Systems und profitieren von ihm; wir verdanken dem System etwas – doch wie viel? Und wie versöhnen wir die Konflikte zwischen den Bedürfnissen des Systems und unseren eigenen?

Wenn wir traditionelle Rollen und Zwänge in Frage stellen, gewinnen diese Probleme eine neue Dringlichkeit. Jahrhundertelang war die Rolle der Frau weitgehend vorgezeichnet und in ihren Wahlmöglichkeiten begrenzt. Unsere individuellen Bedürfnisse sind oft gegenüber der sozialen Gruppe – der Familie, der Kirche, der Gemeinschaft – als sekundär eingestuft worden. So haben wir auf die

Ansprüche dieser sozialen Institutionen häufig mit einem bedingungslosen Ja reagiert. Wir sind so durchdrungen gewesen vom Grundsatz der Dienst- und Pflichterfüllung anderen gegenüber, dass wir häufig unsere Verpflichtung und Verantwortung uns selbst gegenüber aus dem Auge verloren haben.

Heute haben wir mehr Wahlmöglichkeiten. Wenn wir unser Leben unter Kontrolle bekommen, uns in jeder Hinsicht entfalten und behaupten wollen, müssen wir die Frage, warum wir ja sagen, wenn wir nein meinen, genauer betrachten. Solange wir unsere Motive nicht verstehen, besteht die Gefahr, dass unsere Sorge für uns selbst hinter unsere Sorge für andere zurücktritt.

Warum wir »ja« sagen

Wenn Sie jemand bittet, etwas zu tun, was Sie lieber nicht tun würden, verspüren Sie vielleicht den heftigen Impuls, »nein« zu sagen, müssen dann aber oft feststellen, dass der Impuls mit Angst verknüpft ist. Sie stehen unter dem Zwang, nachzugeben, zu zeigen, dass Sie liebenswürdig, gefällig, kooperationsbereit sind. »Nein« sagen löst negative Gefühle aus, von denen viele ihren Ursprung in unserer Erziehung haben. Irgendwo tief in uns lebt das »liebe kleine Mädchen«, das immer tat, was man von ihm erwartete. Sonst galt es als »selbstsüchtig« und unzuverlässig. Warnend hielt man ihm vor: »Die Leute werden dich nicht mögen.«

Viele Kräfte, die auf uns einwirken, geben uns das Gefühl, der Preis für »nein« sagen sei – tatsächlich oder vorgeblich – zu hoch. Hier sind einige Gründe, warum wir »ja« sagen, wenn wir lieber »nein« sagen würden.

Gründe	Beispiele
Überraschung	»Also in Ordnung ... Ich denke, ich könnte es machen.« »Ich habe für morgen noch keine Pläne, aber ich glaube, es wäre möglich.«
Der Wunsch, zu gefallen, das Bedürfnis, Billigung zu finden	»Ich möchte, dass sie mich mag.« »Ich hätte sie gern glücklich gemacht.«
Die Furcht, andere zu verletzen	»Es hätte sie so gekränkt, wenn ich nein gesagt hätte.« »Ich fürchte, ich verletze seine Gefühle, wenn ich nicht gehe.«
Angst vor Strafe oder Verlust	»Er wird es mir nie verzeihen.« »Sie werden uns nie wieder einladen.«
Schuldgefühle	»Wie soll ich mit mir selbst weiterleben?« »Ich finde mich so selbstsüchtig.«

Gründe	Beispiele
Autoritätsabhängigkeit	»Die da verstehen mehr von diesen Dingen als ich.« »Ich muss es tun, sie ist meine Chefin.«
Gegenseitigkeit	»Vielleicht brauche ich einmal dasselbe.« »Eine Hand wäscht die andere.«
Konformität gegenüber kulturellen Erwartungen	»Ich glaube an Kooperationsbereitschaft.« »Was werden die anderen denken?«
Identifikation	»Was wäre, wenn ich an ihrer Stelle wäre?« »Ich kenne das Gefühl nur zu gut.«
Pflichtgefühl	»Es ist meine Pflicht als Mitbürger.« »Ich schulde es meiner Familie.«
Märtyrertum	»Ich werde darunter leiden.« »Irgendwie werde ich es schon hinkriegen.«
Machtbedurfnis	»Dadurch habe ich die Möglichkeit, mit ein paar wichtigen Leuten zusammenzukommen.« »Wenn ich ablehne, werden sie denken, dass ich der Sache nicht gewachsen bin.«

Das Überraschungsmoment spielt eine wichtige Rolle in Fällen, in denen Sie »ja« sagen, statt – wie Ihnen lieber wäre – »nein« zu sagen, oder in denen Sie nicht wissen, was Sie wollen. Da Sie unvorbereitet oder unsicher sind, sagen Sie »ja«, ohne Ihre Bedürfnisse wirklich zu berücksichtigen.

Oft ruft das Groll oder Ärger in Ihnen hervor und beeinflusst Ihre Einstellung zum anderen negativ. Sehen wir uns einige typische Bitten genauer an:

»Würdest du heute Nachmittag bei mir babysitten?«
»Können wir heute Abend auf ein paar Minuten bei euch vorbeikommen?«
»Wir sind dieses Wochenende fort. Könntet Ihr solange unseren Hund füttern?«
»Können wir uns eure Filmkamera für den nächsten Urlaub ausleihen?«

Nur weil jemand etwas von Ihnen erbittet, müssen Sie nicht sofort zustimmen. Statt dass Sie automatisch »ja« sagen (oder gegebenenfalls »nein«), könnten Sie angemessenere Antworten wählen.

»Darüber muss ich nachdenken. Ich rufe in ein paar Minuten zurück.«
»Ich würde es gern mit der ganzen Familie besprechen. Ich lasse es dich so bald wie möglich wissen.«

Dadurch verschaffen Sie sich Bedenkzeit und können eine Entscheidung treffen, ohne unter diesem Zwang zum Nachgeben zu stehen.

Wenn Sie sich dann dazu entschließen, der Bitte des anderen zu entsprechen (oder nicht), können Sie sicher sein, dass es in verantwortlicher, selbstbestimmter Weise geschieht; Sie können mit Ihrer Entscheidung zufrieden sein, und Ihr Verhältnis zum anderen ist nicht getrübt.

Einige der sonstigen Gründe, die uns veranlassen, auf die Bitten anderer einzugehen – der Wunsch, andere nicht zu verletzen, Pflichtgefühl, Gegenseitigkeit, Identifikation –, können sich durchaus positiv auf unsere Entwicklung als Individuen oder gesellschaftliche Wesen auswirken. Es gibt aber Situationen, wo sie uns eher in eine nichtassertive Position drängen, sodass uns die Initiative entgleitet und wir das Gefühl verlieren, unser Leben selbst zu kontrollieren. Der Wunsch, als »netter« Mensch zu gelten, für jemand gehalten zu werden, der sich um andere kümmert und hilfsbereit ist, ist legitim. Und wenn Ihre Sorge um andere echt ist, kann sie ein mächtiges Motiv sein, den Bitten und Forderungen nachzukommen, die an Sie herangetragen werden.

Doch denken Sie daran, dass Sie auch das Recht haben, für Ihre eigenen Bedürfnisse zu sorgen, in einer Weise zu wählen und zu entscheiden, die Ihr Leben sinnvoll und befriedigend macht.

Vor allem muss Ihnen daran gelegen sein, ein geeignetes *Gleichgewicht* zwischen Unabhängigkeit und Wechselseitigkeit herzustellen. Stellen Sie sich folgende Fragen:

- Wie kann ich mein Leben so organisieren, dass ich meinen Bedürfnissen Genüge tue und meine Ziele erreiche?

- Wie viel Zeit, Energie und Mühe muss ich aufwenden, um meinen Bedürfnissen zu genügen und meine Ziele zu erreichen?
- Was bin ich bereit, für andere zu tun?
- Wie viel Zeit, Energie und Mühe bin ich bereit, für die Bedürfnisse anderer aufzuwenden?
- Möchte ich mehr für andere tun?

Jeder von uns wird andere Antworten finden. Auch Ihre eigenen Antworten werden vermutlich auf verschiedenen Altersstufen ganz anders ausfallen.

Solange Ihre Kinder heranwachsen, werden Sie vielleicht größere Bereitschaft zeigen, auf die Bitten der Schule, des Elternbeirats, der Pfadfinder oder ähnlicher Organisationen einzugehen. Auf anderen Altersstufen werden Sie eher daran interessiert sein, sich für kulturelle, erzieherische oder politische Aktivitäten einzusetzen. Entscheidend ist, dass Sie in jedem Lebensabschnitt das Ihnen gemäße Gleichgewicht finden – das Gleichgewicht, das Ihren besonderen Bedürfnissen entspricht.

»Nein« sagen mit reagierenden Ich-Botschaften

Die Kommunikationsfertigkeit, die wir in der *Beziehungskonferenz* zur Beantwortung nichtakzeptierbarer Bitten anderer vermitteln, ist die reagierende Ich-Botschaft – eine Botschaft, die deutlich nein sagt, wenn »nein« Ihren wahren Gefühlen entspricht. Die richtige Ich-Botschaft besteht aus zwei

Teilen: (1) der selbstenthüllenden (oder assertiven) Botschaft und (2) der Mitteilung darüber, welche Folgen die Bitte für Sie hätte.

1. Ihre Selbstenthüllung (Selbstbehauptung)

Dieser Teil der Botschaft bringt deutlich zum Ausdruck, dass Sie die Bitte ablehnen. Er kann verschiedene Formen annehmen:

»Nein, ich möchte es nicht.«
»Ich habe mich dagegen entschieden.«
»Ich habe beschlossen, es nicht zu tun.«

Diesen Aussagen ist ein wesentliches Element gemeinsam: Sie teilen unmissverständlich mit, dass Sie eine bewusste Wahl, eine bewusste Entscheidung getroffen haben.

Obgleich jeder seinen eigenen Stil und Tonfall finden wird, ist unbedingt darauf zu achten, Äußerungen wie die folgenden zu vermeiden:

»Ich kann nicht.«
»Das wird nicht gehen.«
»Ich habe im Moment zu viel zu tun.«

Solche Äußerungen vermitteln den Eindruck, dass Sie Ihr Leben nicht kontrollieren, dass Ihre Entscheidungen und Handlungen nicht Ihrer Verantwortung unterliegen. Ihr »Nein« hört sich an, als sei es nicht Ihre eigene autonome Entscheidung, als sei es Ihnen von außen aufgezwungen. So klingt es zögernd und vorläufig. Es verlockt die Menschen dazu nachzufassen. Obwohl Sie vielleicht überhaupt keine Lust haben, die Bitte zu erfüllen, vermittelt Ihre unangemessene Botschaft ein gewisses Maß an Anerkennung. Ganz anders die reagierende Ich-Botschaft.

»Ich habe beschlossen, es nicht zu tun«, lässt keinen Zweifeln daran, dass die Entscheidung von Ihnen stammt. Die ausweichende Antwort »Ich kann einfach nicht« fordert die Frage »Warum nicht?« heraus. Wenn Sie sagen: »Ich habe im Moment zu viel zu tun«, geben Sie damit unter Umständen zu verstehen, dass Sie es später tun könnten. Sie lassen die Möglichkeit zu einem: »Wie wär's zu einem anderen Zeitpunkt?« Nun befinden Sie sich in einem Dilemma: Willigen Sie in die nach wie vor nichtakzeptierbare Bitte ein, oder schieben Sie die Verantwortung weiterhin von sich, indem Sie sich neue Ausreden und Lügen einfallen lassen?

2. Die Bitte mit nichtakzeptierbarer Auswirkung

Der zweite Teil der Ich-Botschaft teilt mit, warum Sie sich dazu entschließen, »nein« zu sagen. Nicht in jedem Fall müssen für die Entscheidung, eine Bitte abzulehnen, Gründe angeführt werden. Verantwortlich »nein« zu sagen genügt manchmal, vor allem wenn Sie den anderen nicht sehr gut kennen. Für viele Teilnehmer in unseren Kursen bedeutet es schon eine wohltuende Erfahrung, wenn sie zu der Äußerung »Ich habe beschlossen, nicht zu gehen« fähig sind, ohne weitere Gründe oder Erklärungen hinzuzufügen.

In den meisten Fällen ist es hingegen ratsam, dass Sie Ihre Entscheidung begründen, um zu vermeiden, dass der andere den Eindruck gewinnt, Sie seien grob, willkürlich oder aggressiv, und um ihm klar zu machen, dass Ihre Entscheidung bewusst und im Interesse bestimmter legitimer Interessen gefallen ist. Im Grunde teilen Sie ihm mit:

»Ich habe mich entschieden, auf deine Bitte nicht einzugehen, aber ich schätze unsere Beziehung und bin der Überzeugung, dass du die Gründe für meine Entscheidung respektieren wirst.« Wenn Sie die Gründe für Ihre Entscheidung darlegen, trägt es auch zur Klärung und Festigung Ihrer Entscheidung bei. Ein Schritt zu größerer Selbsterkenntnis.

Die nichtakzeptierbaren Auswirkungen einer Bitte können sich als die materiellen oder immateriellen Konsequenzen darstellen, die Sie erwarten, falls Sie der Bitte nachkommen würden. Nehmen wir an, jemand bittet Sie, einen erheblichen Teil Ihrer Zeit in Aktivitäten zu investieren, die Sie gar nicht interessieren. Zu den materiellen Folgen könnten zählen: Geldverlust, Zeit, die anderen Beschäftigungen verloren ginge, Gesundheitsschäden, Nachteile für die Familie oder andere Beziehungen. Zu den immateriellen Auswirkungen könnten gehören: Kummer, Zwang, Langeweile. All diese möglichen Konsequenzen würden – ob materiell oder immateriell – in Ihre Entscheidung, nein zu sagen, Eingang finden. Ihre reagierende Ich-Botschaft könnte lauten: »Nein, ich habe beschlossen, dieses Jahr nicht im Komitee mitzuarbeiten. Ich habe es fünf Jahre lang gemacht. Jetzt bin ich es müde.« Es folgen reagierende Ich-Botschaften, mit denen Sie nichtakzeptierbare Bitten beantworten können:

- »Nein, ich möchte jetzt wirklich kein Geld verleihen; es gibt da ein paar persönliche Dinge, für die ich es brauche.«
- »Nein, ich habe beschlossen, eine Zeit lang keine Treffen zu besuchen, weil ich etwas Wichtiges vorhabe, dem ich meine ganze Aufmerksamkeit widmen möchte.«
- »Nein, wir möchten keine Zeitschriften kaufen, weil wir schon mehr abonniert haben, als wir lesen können.«
- »Nein, ich habe beschlossen, in der nächsten Woche nicht mit dir einkaufen zu gehen: ich möchte gern etwas Zeit für meine Familie haben.«
- »Nein, ich möchte heute Mittag nicht auswärts essen; ich versuche abzunehmen, und wenn ich in einem Restaurant bin, ist die Versuchung zu groß.«
- »Nein, ich habe beschlossen die Schädlingsbekämpfung ihrer Firma nicht mehr in Anspruch zu nehmen, weil wir immer noch Ameisen haben.«
- »Nein, ich möchte nicht an einer Verkaufsveranstaltung für Tupperware teilnehmen, weil ich schon viel davon habe und weil ich sie nicht im Geschirrspüler waschen kann.«

Sehr häufig werden solche eindeutigen, ehrlichen Botschaften mit Verständnis, Akzeptanz, sogar mit Erleichterung aufgenommen. Viele Menschen werden Sie dafür achten, dass Sie sich ihnen gegenüber

aufrichtig zeigen. Außerdem werden Sie es Ihnen –
was noch wichtiger ist – hoch anrechnen, dass Sie
ihnen zutrauen, mit einer Absage fertig zu werden.

Umschalten von reagierenden
Ich-Botschaften auf Aktives Zuhören

Nicht selten werden Sie – selbst wenn Sie auf denkbar angemessene und einfühlsame Weise »nein«
sagen – bei anderen auf eine negative Reaktion stoßen, besonders wenn Sie ihnen gegenüber bislang
immer »ja« gesagt haben.

Denken Sie daran, dass entscheidend und
grundlegend für die Art und Weise, wie Sie Ich-Botschaften verwenden, Ihre Bereitschaft und Fähigkeit
ist, auf Aktives Zuhören umzuschalten, wenn Sie
erkennen, dass für den anderen das, was Sie sagen,
ein Problem darstellt. In dem Maße, wie Sie lernen,
kompromisslosere Ich-Botschaften zu senden, wird
es für Sie immer wichtiger, umzuschalten und zuzuhören. Nur so können Sie Widerstand wahrnehmen, ihn verstehen und dem anderen zeigen, dass
Sie Verständnis für sein Empfinden haben, die Befriedigung seiner Bedürfnisse sei gefährdet.

In der folgenden Situation, die uns von einem
Kursteilnehmer geschildert wurde, können Sie erkennen, welche Bedeutung das Umschalten hat:

»Häufig braucht Pete eine Schreibkraft, wenn
seine Sekretärin frei hat. Dann fragt er mich gewöhnlich, ob ich einspringen kann, was ich auch
immer getan habe. Kürzlich habe ich beschlossen,

diese Extraarbeit nicht mehr zu übernehmen. Unser Gespräch nahm folgenden Verlauf:

Pete: »Würdest du diesen Bericht für mich tippen, Nancy? Meine Sekretärin hat frei.«

Nancy: »Nein, Pete. Ich habe beschlossen, keine solchen Tipparbeiten mehr für dich zu erledigen. Das gehört nicht zu meinen Aufgaben.«

Pete: »Was ist heute mit dir los? Das hast du doch immer getan.«

Nancy: »Du bist überrascht, dass ich heute so reagiere.« (UMSCHALTEN AUF AKTIVES ZUHÖREN)

Pete: »Ja, ich habe gedacht, wir sind Freunde und du hilfst mir gern.«

Nancy: »Meine Ablehnung lässt dich an unserer Beziehung zweifeln. Du fragst dich, ob ich dich getäuscht habe.« (AKTIVES ZUHÖREN)

Pete: »Ja.«

Nancy: »Nein, Pete, ich mag dich wirklich, und ich möchte mit dir befreundet bleiben. Ich habe nur keine Lust mehr zu einer Arbeit, für die ich nicht bezahlt werde.«

Mit reagierenden Ich-Botschaften »ja« sagen

Reagierende Ich-Botschaften können Sie auch verwenden, um »ja« zu sagen, wenn eine akzeptable Bitte an Sie herangetragen worden ist. Wenn Sie bewusst »ja« sagen (und Ihre Gründe dafür nennen), halten Sie Fühlung mit dem, was Sie wirklich empfinden, und geben dem anderen zu verstehen, dass

Sie ehrlichen Herzens in seine Bitte einwilligen. Er kann erkennen, dass Sie nicht widerwillig nachgeben. Wie die folgenden Beispiele zeigen, leistet diese Art positiver Selbstenthüllung einen Beitrag zu offenen und aufgeschlossenen Beziehungen mit anderen Menschen:

- »Ja, ich bin gern bereit, die Kampagne von Lorraine Nelsen* zu unterstützen. Ich glaube fest an das, wofür sie eintritt, und würde ihr gern helfen.«

- »Ja, ich komme morgen gern zum Mittagessen. Ich möchte gerne erfahren, was zurzeit in deinem Leben so passiert.«

- »Ja, ich helfe dir gern bei der Vorbereitung des Abendessens. Ich mache den neuen Salat, den wir so mögen.«

- »Ja, ich freue mich, dass ich dir diese Woche helfen kann, mit deiner Arbeit fertig zu werden. Das gibt mir die Möglichkeit, mich für alles, was du für mich getan hast, zu revanchieren.«

- »Ja, ich komme morgen Abend gern zu eurem Treffen. Da habe ich die Möglichkeit, besser zu verstehen, womit du dich beschäftigst.«

Wenn Sie lernen, reagierende Ich-Botschaften auf Bitten anderer zu senden (um entweder »ja« oder »nein« zu sagen), denken Sie daran, dass Ihnen vor allem daran gelegen sein muss, ein Gleichgewicht zwischen Ihrer Sorge für sich selbst und der für andere zu schaffen.

---

* Sozialarbeiterin in Colorado

5. Wie sich mancher Konflikt verhindern lässt

Die Entfaltung des Selbst ist eine Konsequenz des Seins.
Sidney Jourard

Obschon viele Menschen auf unbestimmte Art frustriert sind und ihnen ihr Leben unerfüllt vorkommt, werden ihnen die Gründe für ihre misslichen Gefühle nie recht fassbar. Sie beneiden andere, deren Leben produktiv zu sein scheint, doch sie rationalisieren (eine Lieblingsentschuldigung ist »Pech« oder »So läuft es eben bei mir«), wenn es gilt, mangelnde Leistung oder Befriedigung im eigenen Leben zu erklären.

Häufig lässt sich dieser Mangel unmittelbar auf die Unfähigkeit des Betreffenden zurückführen, seine Wünsche und Bedürfnisse klar und deutlich mitzuteilen. Wenn Sie lernen, reagierende Ich-Botschaften zu verwenden, fällt Ihnen der ehrliche Umgang mit Bitten, die Sie eigentlich abschlagen möchten, leichter. Sie haben mehr Kontrolle über den Einsatz Ihrer Zeit und Energie. Denn natürlich ist die Befreiung von nichtakzeptierbaren Aufgaben, Belastungen und Verpflichtungen ein wichtiger Meilenstein auf dem Weg zu mehr persönlicher Freiheit.

Doch die Freiheit *von* – von der Pflicht, Ihre Zeit Dingen zu widmen, die Ihnen keine Befriedigung und Erfüllung bringen – ist nur die halbe Antwort. Die andere Hälfte repräsentiert die Freiheit *zu* – die Möglichkeit, Ihre Zeit, Energie und Fähigkeit in einer Weise einzusetzen, die Sie als sinnvoll empfinden und die Sie an die Ziele führt, die Sie sich gesetzt haben. Wenn Sie diese positive Form von Freiheit anstreben, werden Sie unausweichlich in Situationen geraten, in denen Sie das Verständnis, die Hilfe, die Mitarbeit und die Teilnahme anderer Menschen brauchen werden. Wenn Sie in einem solchen Fall die Mitarbeit anderer wünschen, müssen diese die Beziehung zu Ihnen als wechselseitig empfinden – sie müssen das Gefühl haben, Sie seien Ihrerseits bereit, ihnen bei ihren Bedürfnissen zu helfen. Ihre Beziehungen zu anderen werden stets viele Veränderungen und Wandlungen erleben. Einmal werden Sie Hilfe leisten können, ein anderes Mal werden Sie welche suchen. In all diesen Wechselfällen ist Ihre zuverlässigste Orientierungshilfe die Fähigkeit, mit Ihren Bedürfnissen und Wertvorstellungen in Fühlung zu bleiben, und das Bemühen, auf die anderer einzugehen.

Vorbeugende Ich-Botschaften

Wenn Sie ein Bedürfnis haben, zu dessen Befriedigung Sie in irgendeiner Form auf die Mitarbeit oder Hilfe eines anderen Menschen angewiesen sind, ist die rückhaltlose Offenbarung dieses Bedürfnisses das, was wir vorbeugende Ich-Botschaft nennen. Sie ist eine ehrliche Selbstenthüllung, die Sie den Menschen näher bringt, zu denen Sie in Beziehung stehen und die Ihnen bei der Befriedigung Ihrer Bedürfnisse helfen können. Wie bei allen Ich-Botschaften handelt es sich um eine assertive Äußerung, die klar und eindeutig ist und nichtassertive wie aggressive Untertöne vermeidet. Denken Sie daran, dass der andere besser fähig und eher bereit ist, Ihnen bei der Sorge für Ihre Bedürfnisse zu helfen, wenn er ein klares Bild von Ihren Wünschen hat.

Die vorbeugende Ich-Botschaft verdankt ihren Namen der Tatsache, dass sie vielen Konflikten und Missverständnissen *vorbeugen* kann – Ihre Botschaft setzt andere rechtzeitig davon in Kenntnis, was Sie brauchen und wünschen werden. Wenn Sie den anderen über Ihre Bedürfnisse informieren, fällt es ihm leichter, Anteil an Ihnen zu nehmen. Er ist später weniger überrascht und auf mögliche, ihn betreffende Veränderungen vorbereitet, die Sie vorhaben.

Eine Kurs-Teilnehmerin beschreibt, wie wirksam sie vorbeugende Ich-Botschaften gegenüber Müttern in ihrer Gruppe verwendet hat:

»Ich habe viel Zeit in Gruppen wie Pfadfindern, Elternbeirat usw. investiert. Da ich ein Kleinkind habe, musste ich eine Menge Geld fürs Babysitten ausgeben, und diese Ausgabe hat mich gewurmt. Ich ärgerte mich darüber, dass ich immer ja sagte, während die anderen Mütter zu Hause blieben. Das Hauptärgernis war für mich, dass es mich so viel Geld kostete. In der Form ehrlicher Selbstenthüllung (VORBEUGENDE ICH-BOTSCHAFT) informierte ich einige der Eltern über meine Sonderausgaben und

bat sie, auf meinen jüngeren Sohn in der Zeit aufzupassen, in der ich mich mit ihren Kindern be-
schäftigte. Die Folge war, dass ich auch weiterhin
solche freiwilligen Aufgaben übernehmen konnte
und dass ich diese Arbeit genoss, ohne dass mich
die Kosten fürs Babysitten wurmten, denn die anderen Mütter waren sehr gern bereit, auf meinen
Sohn aufzupassen.«

Ein anderer Kurs-Teilnehmer schildert ein Gespräch, das er mit seinen Eltern geführt hat:

»Bislang fühlte ich mich verpflichtet, Weihnachten bei meinen Eltern in meiner Heimatstadt zu
verbringen. Dieses Jahr beschloss ich, zu Hause zu
bleiben. Ich machte deutlich, was ich ihnen gegenüber empfand (Schuld) und dass ich das Bedürfnis
hätte, zu Hause zu bleiben und sie zu einem anderen Zeitpunkt zu besuchen. Ich erfuhr, dass sie
die ganze Zeit darauf gedrungen hatten, das Weih-
nachtsfest mit mir zu verleben, weil sie Angst hatten, ich würde mich sonst einsam fühlen! Sie schienen erleichtert zu sein, mich nicht ›unterhalten‹ zu
müssen, und nahmen sich stattdessen eine kleine
Reise vor.«

Eine Teilnehmerin berichtet von ihrer Erfahrung
in der Familie:

»Wenn ich müde von der Arbeit nach Hause
komme, ist mir nicht danach, sofort das Abendessen zu machen. Aber alle sind hungrig! Ich habe mit
allen dreien in meiner Familie gesprochen und ihnen gesagt, dass sie doch auch müde von der Arbeit
oder aus der Schule kämen und dass es mir nicht
anders ginge. Von mir aus könnten wir nach einer

kurzen Ruhepause das Abendessen gemeinsam vorbereiten, oder sie könnten sich selbst etwas machen, wenn sie nicht zu müde seien. Wenn ich jetzt nach Hause komme, ist das Abendessen manchmal schon in Arbeit, das Haus ist aufgeräumt (herrlich!), und gelegentlich führt uns auch mein Mann oder mein ältester Sohn ins Restaurant zum Abendessen aus.«

Immer wider stellen wir fest, dass Menschen, wenn sie die Fertigkeiten ehrlicher und wirksamer Selbstenthüllung lernen, erstaunt und hoch erfreut sind, einer ganz neuen Kooperationsbereitschaft bei anderen zu begegnen. Sie begreifen, dass diese Anerkennung, Unterstützung und Hilfsbereitschaft in ihnen und in anderen schon immer bereitgelegen hat. Sie wurde nur nicht geweckt. Eine vielen Menschen vertraute Erfahrung kommt im folgenden Gesprächsausschnitt vor:

»Aber ich habe ja gar nicht gewusst, dass es dir so geht! Warum hast du mir das nicht gesagt?«
»Du hast mich nie danach gefragt.«

Wie viele unbefriedigte Bedürfnisse, unerfüllte Beziehungen und nicht verwirklichte Ziele lassen sich wohl auf den Umstand zurückführen, dass »du mich nie danach gefragt« hast oder zu spät gefragt hast oder so gefragt hast, dass »ich« vor den Kopf gestoßen worden bin, statt die Möglichkeit zu bekommen, Freundschaft oder Kooperationsbereitschaft an den Tag zu legen? Eine effektive vorbeugende Ich-Botschaft besteht gewöhnlich aus zwei Teilen:

1. Ihre Selbstenthüllung (Selbstbehauptung), also Äußerung Ihres Bedürfnisses

»Ich möchte in die Schule zurück.«

»Ich brauche ein bisschen Ruhe.«

»Ich würde mich gern ein bisschen amüsieren.«

»Ich wäre dankbar, wenn wir dieses Wochenende zu Hause bleiben könnten.«

»Mein Entschluss steht fest: Ich möchte eine bessere Arbeit haben.«

2. Die Gründe für das Bedürfnis (erwünschte Konsequenzen)

»Ich möchte ..., weil ...«

Wichtig ist, dass Sie die Gründe für Ihr Bedürfnis darlegen, damit sich Ihre Botschaft nicht autoritär oder aggressiv anhört. Unschwer lässt sich vorstellen, wie Ihr Mann reagiert, wenn Sie ihm mitteilen:

»Ich habe beschlossen, wieder zu arbeiten, also wirst du mir in Zukunft bei der Hausarbeit mithelfen müssen!«

Eine vorbeugende Ich-Botschaft hingegen könnte lauten:

»Ich habe beschlossen, wieder zum Arbeiten zu gehen, weil ich gerne etwas gegen unsere steigenden Ausgaben tun würde. Außerdem muss ich irgendetwas Produktives tun, bei dem ich die Möglichkeit habe, meine College-Ausbildung zu nutzen. Dann brauche ich allerdings deine Hilfe bei der Hausarbeit.«

Die erste Botschaft klingt aggressiv und ultimativ; die zweite kommt als durchdachte Selbstenthüllung an.

Es wird Ihnen nicht leicht fallen, vorbeugende Ich-Botschaften erfolgreich zu senden, wenn Sie nicht

- wissen, was Sie wünschen oder brauchen und warum dies der Fall ist;
- den Entschluss fassen, die Verantwortung für die Befriedigung Ihrer Bedürfnisse selbst zu übernehmen;
- Ihr Bedürfnis der Person gegenüber, deren Mitarbeit Sie brauchen, assertiv zum Ausdruck bringen können;
- bereit sind, umzuschalten und zuzuhören, wenn der andere sich abwehrend verhält.

Vorbeugende Ich-Botschaften sind besonders nützlich, wenn jemand Sie vorher an der Befriedigung Ihrer Bedürfnisse gehindert hat und Sie einen erneuten Versuch mit einer deutlicheren Botschaft zu machen wünschen. Sie eignet sich auch bei jemandem, den Sie noch nicht richtig kennen (Sie möchten sicher gehen, nicht aggressiv oder anspruchsvoll zu erscheinen).

Unsere Erfahrung hat gezeigt, dass die vorbeugende Ich-Botschaft viele Vorteile hat, nicht nur für Sie, sondern auch für die, die mit Ihnen zu tun haben.

Dazu gehören:

- Ihre Bedürfnisse und Gefühle bleiben in Ihrem Bewusstsein, in Ihrer Verantwortung und unter Ihrer Kontrolle.

- Andere erfahren, welche Bedürfnisse Sie haben und wie sehr sie Ihnen am Herzen liegen.
- Sie geben ein Beispiel für Offenheit, Freimütigkeit und Ehrlichkeit, wodurch entsprechendes Verhalten bei anderen ermutigt wird.
- Sie verringern die Gefahr, dass sich künftig Konflikte und Spannungen aus unbekannten oder nicht mitgeteilten Bedürfnissen entwickeln; so vermindern Sie das Überraschungsmoment, das häufig auch engste Beziehungen erschüttert.
- Sie übernehmen volle Verantwortung für die Pläne, die Sie gemacht haben, und kümmern sich um künftige Bedürfnisse.
- Ihre Beziehungen bleiben intakt, weil sie sich auf Freimut und Ehrlichkeit gründen.

Es folgen einige Beispiele für gute vorbeugende Ich-Botschaften:

- »Ich würde mich gern mit Ihnen verabreden, damit wir planen können, was wir auf der Konferenz vorbringen wollen, dann würde ich mich vorbereitet fühlen und dort weniger Angst haben.«
- »Ich würde es gerne sehen, dass du mir sagst, wenn du nach der Schule nicht nach Hause kommst, damit ich mir dann keine Sorgen machen muss.«
- »Ich möchte, dass wir uns überlegen, was noch zu tun ist, bevor wir ins Wochenende fahren. Dann können wir wirklich alles in Ruhe erledigen.«

- »Ich würde gern wissen, wann du die Kinder zurückbringst, weil ich mir für heute einen Opernbesuch vorgenommen habe.«
- »Ich würde gern wissen, worüber wir morgen auf unserem Treffen sprechen wollen. Dann kann ich die nötigen Unterlagen mitbringen.«
- »Ich möchte gern wissen, wann wir zu Abend essen, weil ich ein langes Telefongespräch vorhabe.«
- »Wenn Sie sich mit dem Major treffen, wäre ich gerne dabei, weil ich helfen könnte, ein paar Ideen zu entwickeln, wie wir uns an einem solchen Einsatz beteiligen könnten.«
- »Ich fürchte, dass du heute Abend nicht rechtzeitig zum Essen nach Hause kommst und wir dann nicht pünktlich zum Theater kommen. Ich finde es schrecklich, bei einem Stück die Anfangsszene zu verpassen.«

Du-Botschaften vermeiden

Deklarierende, reagierende und vorbeugende Ich-Botschaften bringen alles zum Ausdruck – wer Sie sind und was Sie denken, fühlen, schätzen oder brauchen. Sie teilen anderen mit, was in Ihnen vorgeht, und schaffen ein Klima der Kooperationsbereitschaft, nicht des Widerstands. Solche Botschaften künden davon, dass Sie sich selbst kennen und diese Kenntnis auch in Ihr Handeln einbringen wollen. Da sie *Ihr* inneres Erleben ausdrücken, beurteilen und interpretieren sie nicht die Gefühle oder Verhaltensweisen des *an-deren.*

Wenn wir unsere Gefühle und Bedürfnisse mitteilen möchten, geschieht es zu häufig, dass wir den anderen Menschen herabsetzen oder ihm Vorwürfe machen. Solche Mitteilungen nennen wir »Du-Botschaften«; es handelt sich um negative Urteile oder Einschätzungen des anderen. Obschon sie meist verwendet werden, wenn es gilt, Ärger, Verwirrung, Angst oder Betroffenheit auszudrücken, sind sie ganz gewiss keine Botschaft im Dienst ehrlicher Selbstenthüllung, weil sie nicht Ihre eigenen Gefühle, Bedürfnisse oder Interessen zum Ausdruck bringen. Unabhängig davon, wie sie beabsichtigt sind, klingen Du-Botschaften aggressiv und anklägerisch, weil ihre konkrete Aussage lautet: »Es ist dein Fehler!« oder »Du hast die Schuld!«

Solche Botschaften bergen die Gefahr, Beziehungen zu schädigen, weil sie die Selbstachtung des anderen beeinträchtigen und Schuldgefühle hervorrufen können.

Wie reagieren *Sie*, wenn Sie von anderen Menschen Du-Botschaften wie die folgenden empfangen?

»Du kommst zu spät.«

»Du bist *so* faul!«

»Warum bist du so gemein?«

»Du bist unüberlegt.«

»Du bist rechthaberisch.«

»Du bist unordentlich.«

»Du bist ja verrückt.«

»Du bist unglaublich verantwortungslos!«

»Du solltest dich zu Hause nicht so rar machen.«

»Du solltest dich mit mir absprechen, bevor du Entscheidungen triffst.«

Für die meisten Menschen bedeutet es einen Schock, wenn sie zum ersten Mal entdecken, wie viel Raum Du-Botschaften in ihren normalen Gesprächen einnehmen. Stets haben sie geglaubt, ehrlich zu sagen, was sie denken! »Nie wäre mir eingefallen«, so betonen sie, »irgendjemandem Schuldgefühle einflößen zu wollen. Ich habe das am eigenen Leib oft genug erfahren müssen!« Warum sind Du-Botschaften dann so häufig? Ebenso wie wir dazu neigen, »ja« zu sagen, wenn wir »nein« meinen, scheinen wir uns leichter in Du-Botschaften ausdrücken zu können. Sie gehen uns leichter von der Zunge, weil sie auf keinerlei Selbsterkenntnis angewiesen sind und die Verantwortung anderen in die Schuhe schieben. Sie sind auch ein leichtes, dem ersten Impuls gehorchendes Mittel, um uns an Menschen zu rächen, die uns verletzt haben. Du-Botschaften schaffen noch andere Probleme:

- Sie übernehmen keine Verantwortung für Ihre Gefühle.
- Gewöhnlich erreichen Sie mit ihnen Ihre Zwecke nicht; tatsächlich wecken Du-Botschaften Widerstand und Abwehr in anderen.
- Sie können zu destruktiven Argumenten oder Beschimpfungen führen.
- Der Gesprächspartner ist häufig bestrebt, sich zu rächen oder Vergeltung zu üben.
- Sie erwecken den Eindruck, dass Ihnen die Gefühle des anderen gleichgültig sind.

Da es so wichtig ist, Beziehungen nicht durch Du-Botschaften zu belasten, wollen wir einige Beispiele in der gegenüberstehenden Tabelle für typische Du-Botschaften nennen und ihnen in denselben Situationen Ich-Botschaften gegenüberstellen.

Situation	Du-Botschaft	Ich-Botschaft
Sie würden Ihren Geburtstag in diesem Jahr gern feiern.	»Nie führst du mich an meinem Geburtstag zum Essen aus.«	»Ich würde mich wirklich freuen, wenn wir meinen Geburtstag dieses Jahr in einem Restaurant feiern würden, statt zu Hause zu essen.«
Ihr Partner schlägt vor, einen unbenutzten Kellerraum zu einem Hobbyraum zu machen.	»Wie gedankenlos du sein kannst! Du weißt doch, dass ich vorhatte, den Raum als Dunkelkammer zu benutzen.«	»Ich hatte wirklich damit gerechnet, in diesem Raum eine Dunkelkammer einrichten zu können.«
Eine Kollegin nimmt häufig das einzige Besprechungszimmer der Firma in Beschlag.	»Sie haben kein Monopol auf das Besprechungszimmer!«	»Mir stehen einige wichtige Treffen ins Haus, für die ich das Besprechungszimmer brauche. Setzen wir uns zusammen und arbeiten wir einen Belegplan aus.«

Betrachten wir einige weitere Punkte, die man bei Du-Botschaften berücksichtigen sollte. Eine Du-Botschaft wird nicht dadurch automatisch in eine Ich-Botschaft verwandelt, dass ihr ein »Ich meine« oder »Ich glaube« vorausgeschickt wird. Nehmen wir an, Sie sagen zu Ihrer Kollegin:

»Ich glaube, Sie sind gedankenlos, wenn Sie das einzige Besprechungszimmer hier im Hause ständig in Beschlag nehmen. Ich meine, Sie sollten sich klar machen, dass auch andere Leute, die hier arbeiten, einen Ort brauchen, wo sie Treffen abhalten können.«

Auch wenn Sie Ihre Botschaft mit »Ich« beginnen, sagen Sie in Wahrheit doch: »Sie sind gedanken- und rücksichtslos; Sie kümmern sich kaum um andere.« Verständlicherweise wird die Kollegin Ihnen böse sein und wenig Neigung verspüren, sich kooperativ zu verhalten.

Du-Botschaften können auch gewisse Gefühlsregungen verbergen, die Sie für eine ehrliche Gegenüberstellung bräuchten. In dem Beispiel mit Ihrer Kollegin haben Sie vielleicht das Gefühl, dass diese mehr Privilegien genießt als Sie. Darunter mag sich das Empfinden verbergen, man wisse Ihren wahren Wert nicht zu schätzen; in einer noch tieferen Schicht wurzelt vielleicht das Gefühl, Sie seien den Anforderungen nicht gewachsen oder die Arbeit sei unbefriedigend. Wenn Sie auf andere mit Fingern zeigen (statt die eigenen Gefühle zu ergründen), verspielen Sie unter Umständen die Chance, sich selbst besser und umfassender kennen zu lernen.

Umschalten von vorbeugenden Ich-Botschaften auf Aktives Zuhören

Wie alle Formen ehrlicher Selbstenthüllung bergen auch vorbeugende Ich-Botschaften konkrete Gefahren. Sie können an ein Thema rühren, auf das der Gesprächspartner nicht gefasst ist, und ihn so zu Abwehrreaktionen veranlassen. Oder Sie geraten in einen so tief greifenden und heftigen Konflikt, dass zu seiner Bewältigung aufwendigere und zeitraubendere Problemlösungsmethoden erforderlich sind. (Die Problemlösungsmethode in sechs Schritten werden wir in Kapitel 10 erörtern.)

Wenn andere das Gefühl haben, sie müssten ihr Verhalten verändern und auf Sie und Ihre Bedürfnisse abstellen, so ist es nur natürlich, wenn diese Menschen Widerstreben zeigen. Sollten Sie auf eine solche Reaktion stoßen, dann denken Sie daran, wie wichtig es ist, dass Sie sogleich von Selbstenthüllung auf Aktives Zuhören umschalten.

Eine Kurs-Teilnehmerin schickte uns die folgende Niederschrift eines Gesprächs, in dem sie auf Widerstand stieß. Es wird auch deutlich, wie sie auf den Widerstand eingeht:

»Ich hatte gerade eine neue Stelle angetreten und wusste nicht genau, was in meinen Verantwortungsbereich fiel. So beschloss ich, zu meinem Chef zu gehen und mir Klarheit darüber zu verschaffen.«

Kathleen: »Können wir uns irgendwann einmal zusammensetzen? Ich habe ein paar Dinge auf dem

Herzen, die ich gerne mit Ihnen besprechen würde.« (VORBEUGENDE ICH-BOTSCHAFT)

Chef: »Oh? Hat das nicht Zeit? Ist es so wichtig?«

Kathleen: »Das klingt, als seien Sie schlimm unter Druck.« (AKTIVES ZUHÖREN)

Chef: »Das bin ich wirklich – ich muss diese Artikel schreiben und nächste Woche zur Tagung.«

Kathleen: »Sie scheinen sich Sorgen zu machen, ob Sie noch alles schaffen.« (AKTIVES ZUHÖREN)

Chef: »Ja, genau.«

Kathleen: »Das verstehe ich. Andererseits muss ich wirklich ein paar wichtige Dinge mit Ihnen besprechen. Deshalb würde ich mich gern für einen Zeitpunkt nach Ihrer Rückkehr verabreden. Ginge das?« (WIEDERHOLUNG DER VORBEUGENDEN ICH-BOTSCHAFT)

Chef: »In Ordnung – das wäre großartig. Wie wäre es mit Montag früh in der Woche, in der ich zurück bin?«

Joanne, eine andere Kursteilnehmerin, schickte uns den folgenden Bericht, der schildert, was geschah, als sie in der eigenen Familie zu einer vorbeugenden Ich-Botschaft griff:

»Ich war daran interessiert, in eine neu gegründete Frauenorganisation einzutreten. Es war abzusehen, dass die Mitarbeit in dieser Gruppe viel von meiner Zeit beanspruchen würde. Die erste Reaktion meines Mannes war, dass er sich Sorgen machte, ich würde nicht mehr genügend Zeit für die Kinder finden, ich würde den Haushalt vernachlässigen, mir würde nicht genügend Zeit für die wirklich wichtigen Dinge bleiben!!! Mit Hilfe von Aktivem Zuhören versuchte ich, seine Gefühle zu ergründen und ihn ein bisschen zu besänftigen.«

Joanne: »Das klingt, als machtest du dir Sorgen, ich würde nicht mehr genügend Zeit für meine täglichen Pflichten finden.«

Mann: »Ja, das tue ich. Wie willst du dich um die Kinder kümmern?«

Joanne: »Das macht dir wirklich Kummer, nicht wahr?«

Mann: »Ja, und wie steht's mit mir? Wann werden *wir* noch Zeit füreinander haben?«

Joanne: »Ich sehe, dass dich diese Geschichte etwas ängstigt.«

Mann: »Ja, das tut sie ...«

»Ich versicherte ihm dann, dass er und die Familie mir in erster Linie am Herzen lägen und dass sie in keiner Hinsicht zu kurz kommen würden. Dann wiederholte ich, dass ich das Bedürfnis hätte, mich dieser neuen Organisation anzuschließen. Daraufhin er: ›Was hast du gesagt, worum es dabei geht?‹ Ich erklärte es, und er sagte: ›Nun, das hört sich äußerst interessant an. Das wird dir wirklich Spaß machen und könnte eine wichtige Aufgabe sein.‹ Dann sahen wir uns den Terminkalender an und prüften, wie viel Zeit ich tatsächlich brauchen würde, was ich für die Kinder vorgesehen hatte und wie meine sonstige Vorausplanung aussah. Es funktioniert wirklich!«

Die Zeit ist natürlich ganz wichtig, wenn Sie die Gefahren vorbeugender Ich-Botschaften weitgehend einschränken und die Wirksamkeit der Botschaften selbst erhöhen wollen. Je länger Sie andere über die Bedürfnisse, die Ihnen am Herzen liegen, im Unklaren lassen, desto schwerer wird es Ihnen fallen, Ihre Ziele zu erreichen. Deshalb legen wir so viel Wert darauf, dass Sie sich Ihre Bedürfnisse und Wertvorstellungen vor Augen führen und sie dann ohne unnötigen Zeitverlust und Aufschub in die Tat umsetzen.

6. Wer besitzt das Problem?

Warte mit deinem Rat, bis man dich um ihn bittet.
Erasmus

Während zwar vorbeugende Ich-Botschaften Konflikte verhindern können, *bevor* sie auftreten, so wissen wir doch alle, dass sich viele Beziehungsprobleme plötzlich und unerwartet einstellen, ohne dass man ihnen vorbeugen könnte. Auch kann selbst der eindeutigsten vorbeugenden Ich-Botschaft die Kooperation und Unterstützung versagt werden, auf die Sie angewiesen sind. Dann ist für Ihre Bedürfnisse nicht gesorgt – Sie haben ein Problem.

Bedenken Sie auch, was geschieht, wenn Ihnen Ihr Kind, Ihr Partner, ein Kollege oder eine Freundin mitteilt, er oder sie habe ein Problem – leide unter einem unbefriedigten Bedürfnis, sei verletzt oder enttäuscht, befinde sich in einem Dilemma, habe einen Verlust erlitten. Damit stellt sich Ihrer Beziehung ein ganz anderes Problem – eines, das der andere erfährt.

Da solche Probleme in *allen* Beziehungen absolut an der Tagesordnung sind – sie sind tatsächlich unvermeidlich –, brauchen Menschen, die in ihrem Leben belohnende und befriedigende Beziehungen unterhalten möchten, spezielle Fertigkeiten, um diese Probleme zu erkennen, wenn sie auftauchen, um sie genau zu definieren und um Lösungen dafür zu finden.

Ein breites Spektrum von Fertigkeiten ist erforderlich. Mache funktionieren nur bei einem Problemtypus, bei anderen nicht. Sie müssen die beste Fertigkeit für jede Problemform auswählen.

In unserem Kurs (wie in allen Gordon-Büchern) verwenden wir ein graphisches Modell, anhand dessen sich bestimmen lässt, welche besondere Fertigkeit oder besondere Gruppe von Fertigkeiten am geeignetsten ist. Wir nennen dieses Modell das Verhaltensrechteck. Das Verständnis dieses Rechtecks wird Ihnen dabei helfen, solche Beziehungsprobleme zu analysieren. Mit seiner Hilfe können Sie entscheiden, wer das Problem »besitzt« (Sie, der andere oder beide) und welche Fertigkeiten erforderlich sind, um das Problem zu lösen.

Das Verhaltensrechteck

Stellen Sie sich zu Anfang vor, die Fläche des rechts abgebildeten Rechtecks enthalte alle Verhaltensweisen eines Menschen, zu dem Sie eine Beziehung unterhalten – alles, was dieser Mensch sagt oder tut. Natürlich wird es hunderte solcher Verhaltensweisen geben, jede durch den Buchstaben »V« dargestellt.

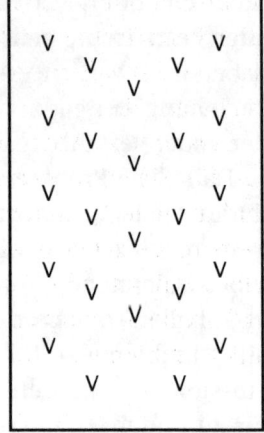

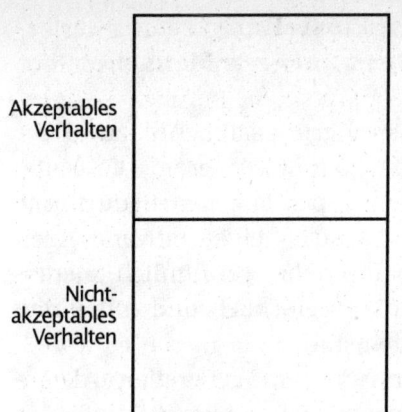

Akzeptables
Verhalten

Nicht-
akzeptables
Verhalten

Jetzt wollen wir das Rechteck in zwei Abschnitte unterteilen und den oberen Abschnitt die Zone akzeptablen Verhaltens nennen, den unteren Abschnitt die Zone nichtakzeptablen Verhaltens.

Der obere Abschnitt unseres Modells repräsentiert all jene Verhaltensweisen der anderen Menschen, die Ihnen als *akzeptabel* erscheinen. Akzeptabel sind all jene Verhaltensweisen, die Ihnen keine Probleme verschaffen. Sie akzeptieren das Verhalten eines anderen Menschen, wenn es Ihr Leben nicht beeinträchtigt oder Sie nicht an der Befriedigung Ihrer Bedürfnisse hindert. Ist dies der Fall, stehen Sie dem Verhalten des anderen positiv (oder neutral) gegenüber.

Der untere Abschnitt repräsentiert Verhalten, das für Sie *nicht akzeptabel* ist. Nicht akzeptabel sind all jene Verhaltensweisen, die Ihnen ein Problem verursachen – sie beeinträchtigen Ihr Leben oder Ihr Bestreben, für Ihre Bedürfnisse zu sorgen, und wecken in Ihnen Zorn, Angst, Missbehagen, Ärger und Sorge.

Faktoren, die Ihre Einstellung zum Verhalten eines anderen Menschen beeinflussen

Manche Menschen sind grundsätzlich dazu in der Lage, mehr als andere zu akzeptieren. Die Leute, die einen gut Teil ihrer persönlichen Bedürfnisse befriedigen (und mit sich selbst einverstanden sind), sind anderen gegenüber gewöhnlich toleranter als Menschen, die unglücklich und mit ihrem Leben nicht zufrieden sind.

Unabhängig von unserem generellen Akzeptanzniveau wird unsere tägliche Bereitschaft, das Verhalten anderer zu akzeptieren, von drei Faktoren beeinflusst:
dem Selbst,
der Umwelt,
dem anderen.

Wir wollen das eingehender erörtern.

Das Selbst

Ihre Stimmung – Ihre seelische und körperliche Verfassung zum Zeitpunkt der betreffenden Verhaltensweise – kann Ihre Einstellung zu diesem Verhalten nachhaltig beeinflussen. Nehmen wir an, Sie hätten einen herrlichen Morgen erlebt und wären rundum glücklich. Wenn Ihr Chef dann kommt und Ihnen irgendeinen Eilauftrag in die Hand drückt, sind sie gern bereit, ihn zu erledigen. Wenn Sie dagegen mit hartnäckigen Kopfschmerzen aufgestanden sind, werden Sie den Eilauftrag vermutlich ganz und gar nicht akzeptabel finden. Wenn Sie sich großartig fühlen, liegt das Verhalten des Chefs über Ihrer Akzeptanzlinie. Wenn Sie sich schlecht fühlen, rutscht dasselbe Verhalten unter diese Linie, wie aus der folgenden Abbildung zu ersehen ist:

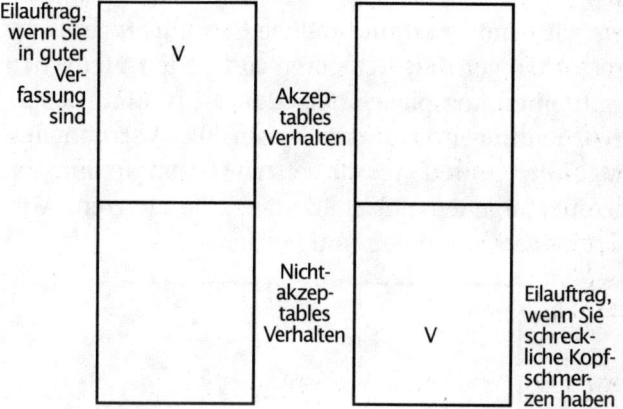

Die Umwelt

Auch Zeit und Ort eines Verhaltens sind wichtig. Sie können durchaus damit einverstanden sein, dass Ihr Kind auf den wenig befahrenen Straßen Ihres Wohnviertels Fahrrad fährt, es aber für nicht akzeptabel halten, dass es auf Straßen mit viel Verkehr fährt. (Siehe Abbildung oben).

In der Firma sind Sie während der Mittagspause unter Umständen gern bereit, sich von einer Kollegin die Geschichte ihrer Trennung anzuhören, während Sie es während der Arbeitszeit keinesfalls akzeptieren würden.

Der andere

Wie Sie zu einer bestimmten Verhaltensweise stehen, hängt auch unvermeidlich von der Frage ab, wer der andere ist und welche Gefühle Sie ihm entgegenbringen. Sie reagieren auf jeden Menschen mit einer komplexen Mischung aus Eindrücken, Empfindungen, früherer Erfahrung, vorschnellen Meinungen, tief verwurzelten Wertvorstellungen, wohlerwogenen Einschätzungen, Tendenzen, Vorurteilen, Stereotypen und Vorlieben.

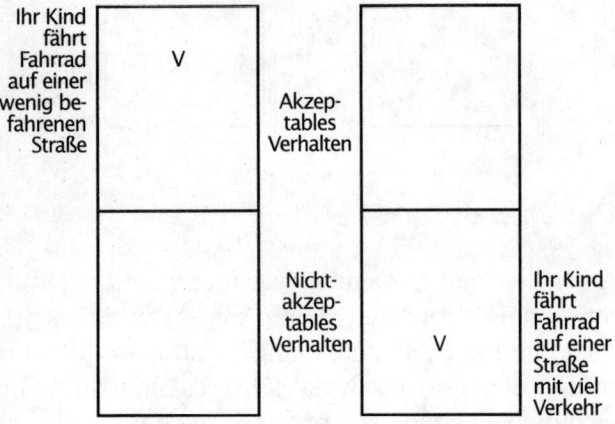

Wenn Sie irgendjemandem ein Etikett aufkleben (Dummkopf, Intelligenzler, extrovertierte Person, männlicher Chauvinist, Eigenbrötler, Betriebsnudel, Schnorrer), kann das in Ihnen negative Reaktionen aus lösen oder Sie geneigter machen, den anderen zu billigen.

Aus alledem folgt, dass Sie einige Menschen lieber mögen als andere. Offensichtlich kann Ihnen ein und dieselbe Verhaltensweise bei dem einen Menschen akzeptabel erscheinen und bei dem anderen nicht.

Wenn Sie eine gute Freundin zu einem Zeitpunkt anruft, der Ihnen nicht passt, werden Sie es wahrscheinlich als akzeptabel empfinden und beiseite legen, womit immer Sie beschäftigt sind, um mit ihr zu sprechen.

Werden Sie hingegen, wenn Sie beschäftigt sind, von jemandem angerufen, den Sie nicht leiden können, werden Sie nichtakzeptierendes Verhalten zeigen und höchstwahrscheinlich das Gespräch rasch beenden.

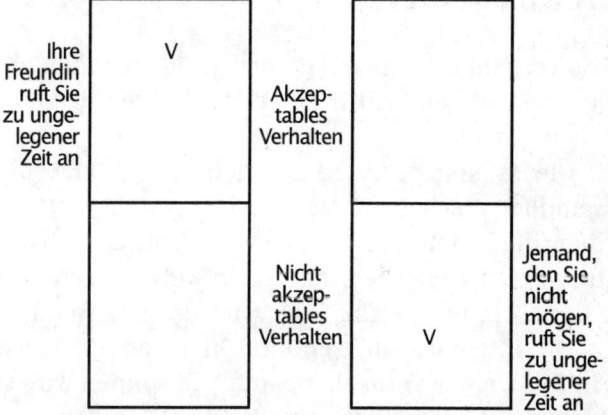

Diese drei Einflussfaktoren – Selbst, Umwelt und andere – bestimmen in zahllosen Variationen und

Kombinationen, was für Sie akzeptabel ist und was nicht. Deshalb bewegt sich die Linie zwischen den beiden Zonen ständig auf und nieder.

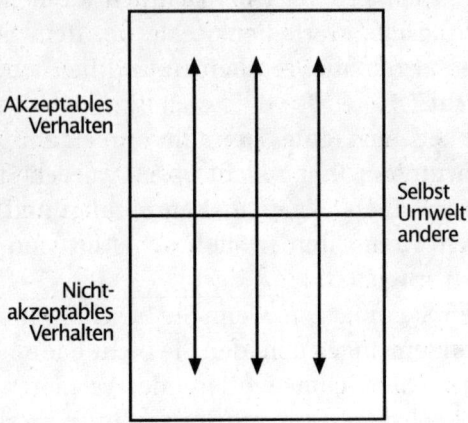

Problembesitz

Das Verhaltensrechteck ist auch geeignet, einen anderen wichtigen Begriff zu erklären – den des Problembesitzes.

Dieses Konzept mag auf den ersten Blick befremdlich erscheinen. Menschen hegen die Vorstellung, die Probleme lägen außerhalb ihrer selbst – in anderen Menschen, in der Umwelt, in den Verhältnissen, im System. Oder wir denken – wenn es um Besitz geht – an greifbare Dinge: an ein Haus, ein Auto, einen Fernsehapparat. Wie können wir etwas so Ungreifbares wie ein Problem besitzen, und warum ist dieser Begriff wichtig für das Verständnis von Problemen?

Die Frage nach dem Problembesitz ist besonders wichtig für Frauen, die aufgrund ihrer Situation häufig versucht sind, die Probleme von aller Welt zu lösen – die Probleme des Mannes, der Eltern, des Chefs und vor allem der Kinder. Häufig nehmen sie sich der Probleme anderer an, als wären es ihre eigenen. Wir neigen dazu, aus dem Auge zu verlieren, dass jeder von uns besondere Bedürfnisse und Ziele hat, die von denen anderer unabhängig sind. Betrachten wir die Frage des Problembesitzes und ihre Bedeutung für unsere Beziehungen etwas eingehender.

Wenn es kein Problem in der Beziehung gibt

Sie haben es dann nur mit Verhaltensweisen des anderen zu tun, die für Sie grundsätzlich akzeptabel sind – mit Situationen, in denen das Verhalten des anderen in den oberen Teil des Verhaltensrechtecks fällt, in die Zone akzeptablen Verhaltens. Sie möchten das Verhalten des anderen akzeptieren, weil es Ihr Leben nicht beeinträchtigt – es verursacht Ihnen keinerlei Problem. Der Handlungsspielraum zur Be-

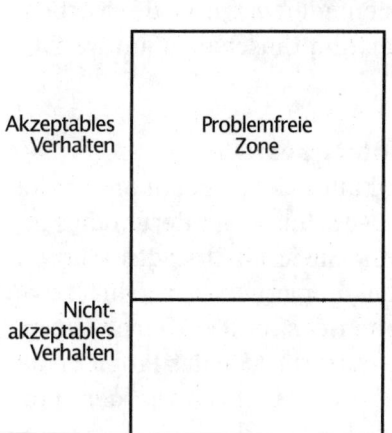

Akzeptables
Verhalten

Problemfreie
Zone

Nicht-
akzeptables
Verhalten

friedigung Ihrer Bedürfnisse ist nicht eingeschränkt (problemfreie Zone im oberen Feld).

Einige Beispiele für Situationen, die in die problemfreie Zone fallen, könnten sein:

- Ihr Partner und Sie führen ein interessantes und anregendes Gespräch.
- Die Kinder spielen leise; Sie lesen ein Buch.
- Sie arbeiten mit Ihrem Kollegen auf produktive und befriedigende Weise zusammen.

Immer wenn das Verhalten des anderen in die problemfreie Zone Ihres Rechtecks fällt, können Sie unbedenklich Ihre eigenen Ziele verfolgen oder – im Gespräch – Ihre Vorstellungen, Meinungen, Wünsche und Bedürfnisse äußern. Da Sie bereit sind, den anderen zu akzeptieren, sind Sie wahrscheinlich in der Stimmung, zuzuhören und Verständnis aufzubringen. Sie werden die Fertigkeiten verwenden, die Gegenstand der vorstehenden Kapitel waren: deklarierende, reagierende, vorbeugende Ich-Botschaften und Umschalten auf Aktives Zuhören.

Wenn Sie das Problem besitzen

Immer wenn das Verhalten des anderen Sie an der Befriedigung Ihrer Bedürfnisse hindert (oder *bereits* gehindert hat) und Sie feststellen, dass Sie verwirrt, aufgebracht, bekümmert oder ärgerlich sind, wenn Sie das Verhalten des anderen nicht akzeptieren, dann besitzen natürlich Sie das Problem. Im Verhaltensrechteck liegt »Sie besitzen das Problem« unterhalb der Akzeptanzlinie.

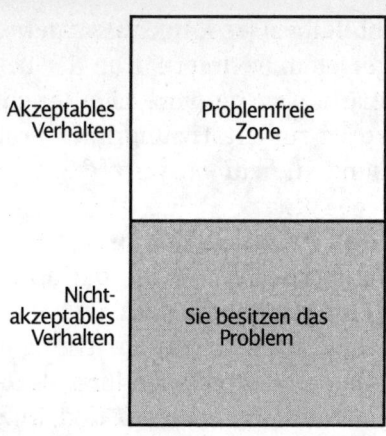

| Akzeptables Verhalten | Problemfreie Zone |
| Nicht-akzeptables Verhalten | Sie besitzen das Problem |

Es folgen einige Situationen, in denen Sie das Problem haben:

- Der Kollege, mit dem Sie das Büro teilen, ist ein starker Raucher, und der Rauch lässt Sie husten und niesen.
- Sie werden von Ihrem Vorgesetzten aufgehalten und versäumen einen Zahnarzttermin, für den Sie trotzdem bezahlen müssen.
- Ihre Tochter dreht ihr Stereogerät so laut auf, dass Sie Konzentrationsschwierigkeiten haben.

Sie werden daran gehindert, Ihre Bedürfnisse zu befriedigen. Deshalb liegt Ihnen daran, dass der andere sein nichtakzeptables Verhalten ändert. Um dieses Problem zu lösen, müssen Sie die Initiative ergreifen.

Ein geeignetes Mittel, um unter Umständen eine Verhaltensänderung des anderen zu bewirken, ist die Konfrontation – die entschiedene, nachdrückliche Selbstenthüllung. Der Entschluss, dem anderen entgegenzutreten, wenn er Sie an der Befriedigung Ihrer Bedürfnisse hindert, hilft Ihnen sehr, die Verantwortung für die Lösung Ihrer Probleme selbst in die Hand zu nehmen.

Wenn beide das Problem haben

Manchmal zeigt sich, dass Sie und der andere ein gemeinsames Problem haben, dass Sie beide in einen Konflikt verwickelt sind (die Beziehung besitzt das Problem). Beide erleben Sie in Ihrer Beziehung das Gefühl von Nichtanerkennung und Unzufriedenheit.

Gewöhnlich wird der Konflikt evident, wenn einer von Ihnen auf seine zu kurz gekommenen Bedürfnisse hinweist oder dem anderen entgegentritt. Solche Konflikte bilden wir im untersten Teil des Rechtecks ab:

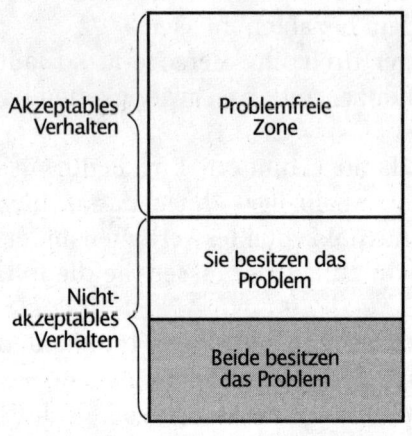

Einige Beispiele:

- Ihr Partner wünscht sich ein Kind, Sie nicht.
- Sie finden, dass Sie eine Gehaltserhöhung verdienen, Ihr Chef ist anderer Meinung.
- Ihr Kind wünscht sich sehnlichst ein Tier, Sie nicht.

Für solche Situationen sind Konfliktlösungsfertigkeiten erforderlich, wie sie später in den Kapiteln 10 und 11 behandelt werden.

Wenn der andere das Problem besitzt

Der andere besitzt das Problem, wenn er – ganz unabhängig von Ihnen – in seinem Lebensbereich unglücklich oder unzufrieden ist. Da ein solches Verhalten keine konkreten oder spürbaren Auswirkungen für Sie hat, können Sie es akzeptieren. Sie können den Wunsch verspüren, dem anderen zu helfen, oder auch nicht. In jedem Fall besitzen nicht Sie das Problem, sodass Sie sich von ihm distanzieren können.

Hier sind einige Probleme, die sich im Besitz des anderen befinden:

- Ihr Kind hat Probleme mit den Schularbeiten.
- Ihr Partner steht vor der Pensionierung und macht sich Sorgen, weil er nicht weiß, was er mit seiner Zeit anfangen soll.
- Ihre Freundin ist mit ihrem Beruf unzufrieden.

Den Problembesitz jemand anders zu überlassen, das kann ein beruhigendes und befreiendes Erleb-

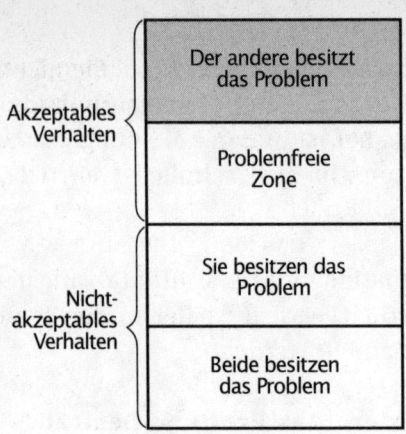

Akzeptables Verhalten	Der andere besitzt das Problem
	Problemfreie Zone
Nicht-akzeptables Verhalten	Sie besitzen das Problem
	Beide besitzen das Problem

nis sein. Es bedeutet, dass Sie sich nicht mehr für die Lösung der Probleme von ihr oder ihm verantwortlich fühlen müssen. Andere Vorteile:

- Sie werden von dem lästigen Gefühl befreit, alle Antworten kennen zu müssen.

- Sie überlassen es dem anderen, seine Probleme selbst zu lösen, was ihm hilft, Unabhängigkeit, Verantwortlichkeit und Vertrauen in die eigenen Wahrnehmungen und Urteile zu gewinnen.

- Wenn Sie einerseits die Verantwortung für Ihr Leben, Ihre Bedürfnisse und Ihre Probleme selbst übernehmen, so lassen Sie andererseits anderen die gleiche Freiheit.

- Oft sind Ihre Lösungen für jemand anders nicht sonderlich geeignet.

- Wenn Sie für einen anderen dessen Probleme lösen wollen, laufen Sie Gefahr, dass er Ihnen einen Vorwurf macht, wenn Ihre Lösungsvorschläge nicht greifen.

- Es lässt sich nur schwer erkennen, was sich hinter dem Problem verbirgt, das jemand anders zu schaffen macht. Wenn Sie Ihre Lösungen sofort parat haben, hindern Sie den anderen unter Umständen daran, Zugang zu einem tiefer liegenden Gefühl oder Problem zu finden.
- Wenn Sie sich die Probleme eines anderen zu eigen machen und Lösungen für sie vorschlagen, wird er möglicherweise zunehmend abhängig von Ihnen.

Den Kursteilnehmern wurde ihre Neigung bewusst, die Probleme anderer lösen zu wollen:

»Die Menschen sind manchmal überrascht, wenn ich die Dinge nicht mehr für sie regle in Situationen, in denen ich das früher getan hätte. Stattdessen helfe ich ihnen heute, zu erkennen, wer hier wirklich das Problem besitzt, und lasse sie entscheiden, was sie dagegen tun wollen.«

»Ich bin immer der Meinung gewesen, Eltern sollten für ihre Kinder Antworten parat haben, die diesen bei der Lösung ihrer Probleme helfen. Nun wird mir klar, dass es ein Fehler ist, wenn man sie ihre Probleme nicht allein lösen lässt; lassen wir ihnen die Freiheit, eigene Wege zu gehen, aber bieten wir ihnen auch Hilfe.«

In Kapitel 13 werden wir zeigen, wie Sie jemand anders aktiv bei der Lösung eines Problems helfen können, ohne Lösungen anzubieten, Ratschläge zu erteilen oder dem anderen Verantwortung zu entziehen.

Unterschiedliche Fertigkeiten für unterschiedliche Probleme

Das Verhaltensrechteck veranschaulicht Ihre Beziehung zu einem bestimmten Menschen und die Probleme, die auftreten können.

Außerdem erinnert es daran, dass der Problembesitz Ihnen zufallen kann, dem anderen oder Ihnen beiden. Dieser Begriff des Problembesitzes ist von entscheidender Bedeutung, weil bestimmte Fertigkeiten erforderlich sind, wenn Sie das Problem besitzen, andere Fertigkeiten, wenn Ihr Kommunikationspartner das Problem besitzt, und wieder andere, wenn Sie beide das Problem gemeinsam haben.

Die folgende Tabelle stellt jene drei Haltungen einander gegenüber, die den drei verschiedenen Problemtypen entsprechen:

Wenn beide das Problem besitzen
Beide praktizieren ehrliche Selbstenthüllung und Konfrontation
Beide müssen genau auf die Gefühle des anderen hören
Beide möchten auf die Bedürfnisse des anderen eingehen
Beide beteiligen sich am Problemlösungsprozess
Lösungen vorzuschlagen fällt in die Verantwortung beider
Beide müssen die endgültige Lösung akzeptabel finden

Wenn Sie das Problem besitzen	Wenn der andere das Problem besitzt
Sie verwenden Konfrontationstechniken	Sie verwenden Helferfertigkeiten
Sie übernehmen die Verantwortung für die Befriedigung Ihrer Bedürfnisse	Sie überlassen dem anderen die Verantwortung für die Befriedigung seiner Bedürfnisse
Sie beginnen die Kommunikation	Der andere beginnt die Kommunikation
Sie üben Einfluss aus	Sie beraten
Sie möchten sich selbst helfen	Sie möchten dem anderen helfen
Sie möchten den »Ton angeben«	Sie sind »Resonanzboden«

7. Wenn Sie das Problem besitzen

Verdrängter Ärger kann eine Beziehung so gewiss wie das grausamste Wort vergiften.
Joyce Brothers

... Vielleicht haben wir nicht recht verstanden, dass Ärger bloß der Deckmantel unseres Gefühls für eine Kränkung ist. (Gerechter Zorn tut gut ... Kränkungen nicht.)
Charlotte Painter

- Ihr Partner unterbricht Sie ständig in der Öffentlichkeit.
- Ihr Kollege trifft gelegentlich einseitige Entscheidungen in Fragen, die auch Sie betreffen.
- Ihre Freundin hat sich Geld geliehen und versprochen, es zurückzuzahlen, hat ihr Versprechen jedoch nicht gehalten.
- Ihre Mitarbeiterin kommt häufig zu spät zur Arbeit.
- Ihr Chef setzt Sie oft nicht davon in Kenntnis, wenn er die Stadt verlässt.
- Ihr Kind kommt nicht rechtzeitig aus der Schule.

In all diesen Situationen hat der andere Ihre Bedürfnisse oder Rechte bereits durch sein Verhalten so geschmälert, dass sein Verhalten für Sie nicht akzeptabel ist.

Vorbeugende Ich-Botschaften sind offensichtlich ungeeignet, wenn der andere Ihnen *bereits* ein Problem verursacht hat. Als Mittel ehrlicher Selbstenthüllung müssen Sie jetzt die konfrontierende Ich-Botschaft verwenden.

Die konfrontierende Ich-Botschaft versetzt Sie in die Lage, negative Gefühle konstruktiv zum Ausdruck zu bringen. Obgleich sie den anderen Formen ehrlicher Selbstenthüllung gleicht (sie ist aufrichtig, ehrlich und unmittelbar), unterscheidet sie sich in gewisser Hinsicht und in komplexer. Denn durch sie konfrontieren Sie den anderen mit den negativen Gefühlen, die sein Verhalten in Ihnen auslöst.

Konfrontierende Ich-Botschaften

Wenn das Verhalten eines anderen Sie an der Befriedigung Ihrer Bedürfnisse hindert (oder bereits gehindert hat), besitzen *Sie* das Problem. Dann müssen Sie eine Ich-Botschaft senden, die nachdrücklicher als die bereits oben erörterten ist. Sie möchten Ihre negativen Gefühle und zu kurz gekommenen Bedürfnisse in das Blickfeld rücken. Letztlich ist es Ihr Ziel, die Situation so zu verändern, dass Ihre Bedürfnisse entsprechend berücksichtigt werden.

Effektive Konfrontation trägt den Rechten und Bedürfnissen des anderen ebenso Rechnung wie Ihren eigenen. Im Idealfall möchten Sie also Folgendes mitteilen:

- dass Sie Ihre Bedürfnisse nach Möglichkeit durch eine Änderung im Verhalten des anderen berücksichtigt sehen möchten;
- dass Sie die Selbstachtung des anderen wahren möchten;
- dass Ihnen an der Fortsetzung der Beziehung liegt.

Der andere wird weit eher bereit sein, sein Verhalten zu modifizieren, wenn Ihre konfrontierende Botschaft folgende Elemente enthält:
- ihre Gefühle;
- verdeutlichen, welche seiner Verhaltensweisen für Sie ein Problem bedeuten;
- erklären, inwiefern Sie sich durch dieses Verhalten beeinträchtigt fühlen.

Eine Botschaft, die diese drei Elemente beinhaltet, nennen wir eine konfrontierende Ich-Botschaft. Wir müssen sie im Folgenden noch ein bisschen näher betrachten.

Gefühle zum Ausdruck bringen

Der andere wird sein nichtakzeptables Verhalten eher verändern, wenn er weiß, welche Gefühle es in Ihnen auslöst. Es wird Ihnen nicht leicht fallen, Ihre Gefühle in konfrontierenden Ich-Botschaften zu offenbaren, da negative Gefühle verpönt sind und den meisten von uns beigebracht worden ist, sie für sich zu behalten. Doch wenn Sie versuchen, Ihre Gefühle unter Verschluss zu halten, werden Sie nur unklare und verwirrende Botschaften senden. Elemente nichtakzeptablen Verhaltens werden wahrscheinlich spürbar sein.

Wenn Sie Gefühle durch konfrontierende Ich-Botschaften ausdrücken, sollten diese vor allem genau und anschaulich sein. Sie sollten der Intensität Ihrer Gefühlsverfassung möglichst entsprechen. Wenn Sie wirklich ärgerlich sind, ist es nicht ratsam, dass Sie sich zurückhalten und den Eindruck erwecken, als seien Sie nur etwas verstimmt (»Es ist zwar nicht sehr wichtig, aber ...« oder »Ich hoffe, es stört dich nicht, aber ...«). Wenn Sie Ihre Gefühle beschönigen, erhält der andere nicht die Information, die er braucht, um zu verstehen, wie sehr Sie sich durch sein Verhalten beeinträchtigt fühlen. Eine Übertreibung Ihrer Gefühlsregungen ist ebenso irreführend. Wenn Sie Ihren Ärger heftiger erscheinen lassen, als er tatsächlich ist, nur um einen Vorteil herauszuschlagen, erscheint Ihre Botschaft möglicherweise als Überreaktion. Der andere weiß nicht genau, wie Sie tatsächlich empfinden, und wird nicht geneigt sein, sein Verhalten zu ändern. Für weitere Situationen wird er daraus die Lehre ziehen, Ihrer Glaubwürdigkeit sei zu misstrauen.

Sie müssen sich auf Ihre Gefühlsregungen konzentrieren und sicher sein, dass Ihr Gefühlsausdruck Ihrer Gefühlslage entspricht. Da Gefühle vielschichtig sind, fällt es häufig schwer, sich Klarheit zu verschaffen. Ärger – bei Konfrontation vermutlich das häufigste Gefühl – erwächst oft aus einem anderen Gefühl, das ein tiefer liegendes, grundsätzliches Bedürfnis widerspiegelt.

Ärger dient häufig dazu, Vergeltung zu üben, sich an jemandem zu rächen, der einen gekränkt hat. Oft ist Ärger ein abgeleitetes Empfinden, das verborgene und heikle Gefühle wie Furcht, Ablehnung, Kränkung oder Verlegenheit verdeckt.

Meist fällt es uns leichter, Ärger zu zeigen, als andere wissen zu lassen, wie verletzlich wir sind – wie uns die Dinge, die sie tun oder sagen, ängstigen, verletzen oder zurückstoßen.

Nehmen Sie an, Ihr Partner kommt ungewöhnlich spät von der Arbeit nach Hause und Sie haben sich Sorgen gemacht, er oder sie habe einen Autounfall gehabt. Wenn er oder sie dann nach Hause kommt und berichtet, noch ein Bier mit einem Kollegen getrunken zu haben, werden Sie vielleicht aus der Haut fahren und ihm oder ihr vorwerfen: »Warum hast du mich nicht angerufen? Wie kann man so gedankenlos sein! Das Essen ist im Eimer!« Diese Botschaft verschweigt das tiefer liegende Gefühl der Angst. Eine angemessenere Ich-Botschaft müsste etwa lauten: »Ich habe mir wirklich Sorgen gemacht, es könnte dir etwas zugestoßen sein – ich bin so glücklich, dass du wohlbehalten zurück bist!«

Nicht, dass Ärger nie geäußert werden sollte. Tatsächlich können Sie dadurch, dass Sie Ihren ärgerlichen Gefühlen Luft machen, tiefer liegenden Gefühlen besser auf die Spur kommen. Nachdem der Ärger heraus ist, rückt die Kränkung oder das Empfinden, abgelehnt zu werden, eher in den Blick.

Ärger ist eine normale Reaktion bei jemandem, der daran gehindert wird, seine Bedürfnisse zu befriedigen. Vor allem vielen Frauen ist die Erfahrung vertraut, dass man einem Großteil ihrer wichtigen Bedürfnisse jede Möglichkeit zur Befriedigung vorenthält. Zum Teil liegt das an Stereotypen, Beschränkungen, Diskriminierung und ähnlichen Faktoren in unserer Gesellschaft.

Man hat uns beigebracht, dass Ärger etwas Schlechtes ist – wir dürfen keinen empfinden; und wenn es doch der Fall ist, dürfen wir ihn ganz gewiss nicht äußern. Da andere Menschen so negativ auf Ärger und andere unfreundliche Gefühle reagieren, versuchen wir, ihn zu unterdrücken. Doch weil wir solche Gefühle nicht verleugnen können, müssen wir auf irgendeine Weise mit ihnen fertig werden. Aus diesem Grunde teilen so viele Frauen ihren Ärger indirekt mit, statt die Konsequenzen offener Konfrontation in Kauf zu nehmen.

Zu den indirekten Formen, die Menschen wählen, um ihrem Ärger Luft zu machen, gehören:
- Krankheit – Kopfschmerzen, Asthma;
- Depression, Langeweile, Ruhelosigkeit, Angst;
- sarkastische Bemerkungen;
- Abbruch von Beziehungen;
- sich bei Dritten beschweren;
- Klagen, Kritik, Spott, Vorwürfe;
- die Praxis, andere »mit Schweigen zu strafen«;
- der Versuch, den anderen bei der Befriedigung seiner Bedürfnisse zu stören.

Wir wissen auch, dass den Menschen der Kragen platzt und sie aus der Haut fahren, wenn sie ihren Ärger nicht länger zurückhalten können. Da das oft unsere einzige Erfahrung mit Ärger ist, kann es nicht weiter verwundern, dass wir Angst haben, ihn zu äußern.

All diese Reaktionen sind selbstzerstörerisch und nützen Ihnen selbst so wenig wie Ihren Beziehungen zu anderen. Sie helfen Ihnen nicht dabei, Verantwortung für Ihre Gefühle zu übernehmen. Indirekte Ausdrucksweisen von Ärger verbrauchen eine Menge körperlicher und geistiger Energie, die besser dazu verwendet würde, sich dem Ärger direkt zu stellen. Auch nehmen Beziehungen auf lange Sicht mehr Schaden, wenn der Ärger unterdrückt oder indirekt ausgedrückt wird, statt offen geäußert zu werden.

Es ist von entscheidender Bedeutung, dass man eine neue Einstellung zum Ärger gewinnt (und anders mit ihm umgeht). Zu Beginn müssen wir

- unseren Ärger erkennen und akzeptieren;
- uns gestatten, ihn zu empfinden;
- lernen, ihn so auszudrücken, dass er keine Beziehung schädigt, die wir schätzen;
- versuchen, den tieferliegenden Gefühlen auf die Spur zu kommen, für die der Ärger manchmal steht.

Sie brauchen vor Ihrem Ärger keine Angst zu haben und nicht zu glauben, er sei anormal oder krankhaft. Sie haben das Recht, ärgerlich zu sein, wenn Sie gehindert werden, für Ihre Bedürfnisse zu sorgen. Die Erkenntnis, dass Ärger eine legitime Gefühlsregung oder Reaktion ist, bedeutet einen ersten Schritt, um mit ihm ins Reine zu kommen.

Nur wenn Sie ihn so behandeln, können Sie anfangen, ihn zu verstehen, ihn zu erkunden, an ihm zu wachsen. Wenn Sie ihn nicht offen und angemessen äußern, vermischt er sich ununterscheidbar mit allen negativen Gefühlen.

In dem Maße, wie Menschen den Mut fassen, Ärger auf angemessene Weise und frei von Vorwürfen auszudrücken, entdecken sie, dass viele andere Gefühle an ihm beteiligt sind. Ärger ist nur das offensichtlichste Gefühl. Er liegt an der Oberfläche. Nie können wir die anderen, tieferliegenden Gefühle negativer Art – und die vielen positiven Empfindungen, die aus ihnen erwachsen – erkennen, erleben und bewältigen, solange wir nicht den Mut finden, unseren Ärger auch auszudrücken.

Gewiss fällt es in einer Beziehung schwer, Ärger auszudrücken. Vermutlich ist es für keinen der Beteiligten erfreulich. Doch ist es weit besser, als den Ärger in sich hineinzufressen – krank zu werden, Depressionen zu haben, ständig Groll zu empfinden und letztlich die Beziehung zu beschädigen oder zu zerstören, statt einen Weg zu besserem Verständnis zu suchen und auszuhandeln.

Natürlich ist Ärger nicht das einzige Gefühl, das in Ihnen ausgelöst wird, wenn das Verhalten eines anderen für Sie ein Problem bedeutet. Wenn unsere Bedürfnisse zu kurz kommen oder bedroht werden, kann das die vielfältigsten Gefühle in uns wachrufen: Furcht, Trauer, Sorge, Enttäuschung, Bedauern, Kränkung, Ablehnung, Verwirrung, Eifersucht, Verdruss, Entrüstung und viele andere mehr. Der Schlüssel zur eindeutigen Mitteilung solcher Gefühle ist unsere Fähigkeit, unsere eigenen Regungen zu erkennen und sie als Ich-Botschaften auszudrücken:

»Ich bin wirklich enttäuscht.«
»Ich habe Angst.«
»Ich mache mir Sorgen.«
»Ich bin verärgert.«
»Ich bin gekränkt.«

Wenn Sie die Konfrontation mit solchen Ich-Botschaften beginnen, ist das ehrliche Selbstenthüllung – Sie offenbaren, was in Ihrem Innern vorgeht, statt dem anderen vorzuwerfen, er verursache Ihnen ein Problem, wie es in den folgenden Du-Botschaften geschieht:

»Du hast mich wirklich enttäuscht.«
»Du machst mir Angst.«
»Du hast mir Sorgen gemacht.«
»Du ärgerst mich.«
»Du kränkst mich.«

Wir wollen eine Situation beschreiben, die negative Gefühle in Ihnen weckt, weil das Verhalten eines anderen Ihre Bedürfnisse beeinträchtigt. An ihr soll gezeigt werden, wie man eine gute konfrontierende Ich-Botschaft sendet, die aus drei Teilen besteht:

Man hat Ihnen und Ihrem Kollegen, mit dem Sie eng an einem wichtigen Projekt zusammenarbeiten, ein gemeinsames Büro eingerichtet. Sie bemerken bald, dass Ihr Kollege lange Telefongespräche führt, in denen es um private und familiäre Angelegenheiten geht. Sie stellen fest, dass er bis zum Hals in schwierigen Familienproblemen steckt. Sie versuchen, sein Verhalten zu akzeptieren. Doch wächst Ihr Groll, als Sie merken, dass die Telefongespräche Sie in Ihrer Konzentrationsfähigkeit beeinträchtigen und dass Sie genötigt sind, einen Großteil seiner Aufgaben zu übernehmen, weil er zu viel Zeit für seine Privatgespräche opfert. Ihre konfrontierende Ich-Botschaft könnte wie folgt beginnen:

»Ich mache mir Sorgen, weil ...«
»Ich bin ehrlich frustriert und verärgert ...«
»Mich erschreckt, dass ...«
»Ich bin aufgebracht ...«
»Ich bin gekränkt, weil ...«

Beschreiben Sie das Verhalten, das Ihnen ein Problem verursacht

Dieser Teil der konfrontierenden Ich-Botschaft beschreibt einfach das nichtakzeptable Verhalten des anderen: was Sie an seinem Tun stört. Sein Verhalten erhält *kein* Etikett, wird mit *keinem* Urteil belegt. Wenn das Verhalten eines anderen Sie daran hindert, für Ihre Bedürfnisse zu sorgen, ist es bestimmt leicht und verführerisch, den anderen mit vorwurfsvollen Du-Botschaften herabzusetzen. Wie wir gesagt haben, wecken Du-Botschaften im anderen Abwehr, Groll und Ärger. Sie haben weit weniger Aussichten, den anderen zu einer Veränderung seines Verhaltens zu bewegen.

Wir wollen einige vorurteilsfreie Verhaltensbe-
schreibungen mit Du-Botschaften vergleichen:

Vorurteilsfreie Verhaltensbeschreibungen	Du-Botschaften, die ein Urteil enthalten
Ihr Mann unterbricht Sie.	»Du bist gedankenlos.«
Ihr Kind kommt nicht von der Schule nach Hause und ruft auch nicht an.	»Du bist unverantwortlich.«
Ihr Kollege zieht Sie bei Entscheidungen, die Sie mitbetreffen, nicht zu Rate.	»Ihnen liegt nichts an mir und meiner Meinung.«

Im Falles Ihres Kollegen, der die ganze Zeit telefoniert, nützt es wahrscheinlich nichts, wenn Sie sagen: »Ich bin frustriert und verärgert, weil Sie gedankenlos sind.«

Sagen Sie ihm lediglich, welche seiner Handlungen Sie stören: »Ich bin frustriert und verärgert,
wenn Sie so viel Zeit am Telefon verbringen.«

Stellen Sie sich das so vor: Ihr einziges Ziel ist
es, eine Veränderung seines Verhaltens herbeizuführen, nicht ihn zu bestrafen, ihm Schuldgefühle
einzuflößen oder ihn zu beschämen. Sie möchten
Ihre Arbeit fortsetzen und die Beziehung erhalten
Wenn Sie lediglich sein nichtakzeptables Verhalten
beschreiben, haben Sie weit bessere Erfolgsaus-
sichten als mit einer kritischen Botschaft, die ihn
zu Abwehr oder Widerstand veranlassen könnte.

**Erklären Sie,
inwiefern Sie dieses Verhalten stört**

Im dritten Teil einer effektiven konfrontierenden Ich-Botschaft wird ehrlich festgestellt, welche Konsequenzen das Verhalten des anderen hat. Inwieweit beeinträchtigt Sie das Verhalten, inwiefern stört es Ihr Leben?

- Es könnte Sie Zeit, Energie oder Geld kosten, die Sie liebend gern für andere Dinge aufwenden würden.
- Es könnte Sie daran hindern, etwas zu tun, das Sie tun müssen oder möchten.
- Es könnte Sie körperlich in Mitleidenschaft ziehen, Sie dazu zwingen, härter zu arbeiten, Sie ermüden, Ihnen Schmerz und Unbequemlichkeit verursachen.

Das sind greifbare, konkrete Konsequenzen – Auswirkungen, die andere leicht verstehen können. Zu den immateriellen Konsequenzen, die Ihnen entstehen können, gehören Auswirkungen wie Kummer, Furcht, Angst, Verwirrung, Enttäuschung. Der andere wird sein Verhalten eher verändern, wenn er erfährt, inwiefern Sie dieses Verhalten stört. Deshalb ist es besonders wichtig, die greifbaren Auswirkungen zu nennen. Die meisten Menschen können eine Information dieser Art verstehen und akzeptieren. Immaterielle Auswirkungen dagegen können manchmal auf Ablehnung stoßen:

»Immer machst du dir Sorgen.«
»Sei doch nicht so ängstlich.«

»Ich verstehe nicht, warum du jetzt enttäuscht bist.«

»Alles macht dich nervös.«

Wenn der Kollege, der so viel telefoniert, von Ihnen hört: »Ich bin frustriert und verärgert, weil Sie so viel Zeit am Telefon verbringen, *weil ich mich nicht konzentrieren kann und mit meiner Arbeit nicht weiterkomme*«, so ist es ihm klar geworden, inwiefern sein Verhalten Sie stört. Dadurch wird die Aussicht erheblich größer, dass er sein Verhalten ändern wird.

Es folgen einige gute Beispiele für konfrontierende Ich-Botschaften, die effektiv und dreiteilig sind:

An den Partner: »Ich bin gekränkt, wenn du mich unterbrichst, weil ich mit dem, was ich sagen möchte, nicht zu Ende komme. Ich habe dann das Gefühl, dass dir nichts an dem liegt, was ich zu sagen habe.«

An den Kollegen: »Ich bin wirklich ärgerlich darüber, dass die Preiserhöhungen nicht mit mir abgesprochen worden sind, weil sie sich auf meine Abteilung und ihre Erträge auswirken.«

An Freunde: »Das bringt mich ganz durcheinander, dass du mir das Geld nicht, wie abgemacht, zurückgezahlt hast, weil ich es für etwas anderes eingeplant habe.«

An Mitarbeiter: »Ich fühle mich betrogen, wenn Sie Ihre Arbeit nicht zum vereinbarten Zeitpunkt erledigen, denn ich bin es, der sich mit dem Ärger des Kunden herumschlagen muss.«

An den Chef: »Ich bin verärgert und frustriert, wenn Sie mir nicht mitteilen, wann Sie fort sind, weil ich dann die Arbeit für andere Mitarbeiter nicht planen kann.«

An das Kind: »Ich mache mir ehrlich Sorgen, wenn du nicht rechtzeitig aus der Schule kommst; ich kann mich dann nicht auf meine Arbeit konzentrieren.«

Hier beschreibt ein Teilnehmer das Ergebnis seiner konfrontierenden Ich-Botschaft:

»Letztes Weihnachten haben wir übermäßig viel Geld ausgegeben und hatten bis in den Mai Probleme, unsere Kreditkartenrechnungen zu bezahlen. Ein paar Male habe ich meiner Frau gesagt, ich könne nicht ertragen, dass so etwas noch einmal passiere. ›Ich möchte wirklich nicht, dass so etwas noch mal geschieht, weil ich das Gefühl habe, in einer Falle zu sitzen, wenn wir noch nicht einmal die Mindestsumme für die Kreditkarte abzahlen können, und ich weiß, dass es noch Monate dauert, bis es uns wieder besser geht.‹ Diesen Herbst haben wir einen Haushaltsplan aufgestellt, der zeigt, wie viel wir tatsächlich für Familie und Freunde ausgeben können. Wir waren beide der Meinung, dass wir unser Geldverhalten erheblich verändern müssten, wenn wir uns an den Plan halten wollten. Ich hatte das Gefühl, die Situation besser im Griff zu haben. Wir haben wirklich eingesehen, dass sich unsere ursprünglichen Vorhaben nicht mit dem Haushaltsplan vereinbaren ließen, daher haben wir andere Prioritäten gesetzt.

Ich war ehrlich überrascht, wie überzogen unsere Erwartungen waren.«

Wenn eine konfrontierende Ich-Botschaft nützt, hat das drei gute Gründe: Der andere ist bis zu einem gewissen Grade daran interessiert, wie sich sein Verhalten auf Sie auswirkt; er lässt sich davon überzeugen, dass das Verhalten für Sie eine (materielle und/oder immaterielle) Wirkung hat; das Bedürfnis des anderen, sein Verhalten beizubehalten, ist entweder nicht sehr ausgeprägt oder lässt sich auf andere Weise befriedigen. Wenn ihm also an Ihnen gelegen ist, wenn er Ihr Problem versteht, wenn er erkennt, welche Bedürfnisse Sie haben, und wenn er nicht in eine abwehrende Haltung gedrängt worden ist oder das Gefühl gewonnen hat, er werde manipuliert, dann wird er wahrscheinlich motiviert sein, sein Verhalten um Ihretwillen zu verändern.

Dieses neue Verhalten kann Ihren Hoffnungen genau entsprechen oder auch eine unerwartete Form annehmen. Wenn Sie sich auf ein Nachmittagsschläfchen gefreut haben und Ihre Kinder sich laut streiten, mag Ihre konfrontierende Ich-Botschaft sie dazu veranlassen, den Streit zu lassen und einzeln zu spielen – was Ihren Erwartungen genau entspräche. Sie können Sie aber auch mit einer eigenen Lösung überraschen – etwa indem sie sich in die Garage verziehen, wo sie ihren Streit fortsetzten können, ohne Sie zu stören.

Wenn eine unerwartete Lösung Ihren Bedürfnissen gerecht wird, ohne neue Probleme zu schaffen, sollten Sie froh darüber sein und dies Verhalten in Zukunft ermutigen. Wenn es Ihren Bedürfnissen nicht genügt, steht es Ihnen immer noch frei, Einspruch zu erheben. Doch sollten Sie dabei die Initiative und Aufmerksamkeit des anderen würdigen.

Ein Beispiel für eine konfrontierende Ich-Botschaft gibt dieser Teilnehmer:

»Ich bin leitender Angestellter einer Versicherungsgesellschaft und habe sechs Vertreter unter mir. Konfrontationen waren mir immer ein Gräuel. Entweder konnte ich mich nicht richtig verständlich machen oder ich habe meine Mitarbeiter einfach verärgert. Die Methode der Ich-Botschaft, die ich im Kurs gelernt habe, hat mir enorm geholfen. Ich äußere mich sehr viel offener und ehrlicher, und meine Vertreter reagieren nicht so verärgert, wenn ich sie konfrontiere.«

Ein anderer Teilnehmer beschreibt die folgende Situation, in der er den Leiter eines Kreditinstituts konfrontierte:

»Ich hatte mich bei einem Kreditinstitut, bei dem ich seit Jahren Mitglied war, um ein Darlehen bemüht. Zusammen mit dem Kreditantrag schickte ich eine Liste von Dingen, die als zusätzliche Sicherheit dienen sollten. Mein Antrag wurde abgelehnt. Ich schrieb dem Geschäftsführer einen Brief mit folgender Ich-Botschaft: ›Es ist mir peinlich, dieses Schreiben an Sie zu richten, doch ich fühle mich durch die Ablehnung meines Kreditantrags ungerecht behandelt. Ich bin seit zehn Jahren Mitglied in Ihrem Institut und mit meinen Zahlungen nie in Verzug geraten. Ihre Ablehnung lässt mich an meiner Mitgliedschaft zweifeln.‹ Vier Tage später rief mich ein Angestellter an und sagte: ›Ich weiß nicht, was passiert ist, aber der Geschäftsführer hat mich angerufen und mir mitgeteilt, dass Ihr Kreditantrag genehmigt wurde. Sie brauchen auch keine Sicherheiten. Ihre Unterschrift genügt völlig.‹«

Manchmal kann eine Konfrontation eine Beziehung belasten, vor allem wenn die Konfliktursachen schon lange unterschwellig am Werk sind. Vermutlich wird das Ergebnis trotzdem eine Verbesserung bedeuten. Eine Kursteilnehmerin schickte uns die folgende positive Stellungnahme zu einer Konfrontation, die sie mit ihrer Schwiegermutter erlebte:

»Meine Selbstachtung als Mensch ist gestiegen; mein versteckter Ärger hat abgenommen. Die Beziehung ist distanzierter geworden, aber das ist weiß Gott besser als die Feindseligkeit, die ich all die Jahre mit mir herumgetragen habe.«

Umschalten während der Konfrontation

Erinnern Sie sich, dass es gilt umzuschalten, wenn der andere auf Ihre Ich-Botschaft abwehrend reagiert? Sie sollten in Konfrontationssituationen (selbst wenn Ihre Ich-Botschaften die drei wesentlichen Elemente enthalten) noch eher darauf gefasst sein, auf Abwehr und Widerstand zu stoßen. Denn niemand hört gern, dass sein Verhalten nicht akzeptabel ist und sich auf das Leben des anderen negativ auswirkt.

In der Situation, wo Sie durch die privaten Telefongespräche Ihres Kollegen abgelenkt und verärgert werden, könnte der Dialog folgenden Verlauf nehmen:

Sie: »Ich bin ehrlich frustriert und habe Konzentrationsschwierigkeiten, wenn Sie telefonieren, und ich fürchte, ich kann das Projekt ohne Ihre Hilfe nicht termingerecht abschließen.«

Kollege: »Mir liegt das Projekt auch am Herzen, aber mir liegt auch an anderen Dingen. Wissen Sie, diese Arbeit ist nicht mein ganzes Leben.«

Sie: »Ich vermute, Sie wollen damit sagen, dass es augenblicklich Probleme in Ihrem Leben gibt, die Vorrang haben.«

Kollege: »Genau! Manchmal ist es schwierig, die familiären und beruflichen Probleme unter einen Hut zu bringen.«

Sie: »Das muss wirklich eine schlimme Zeit für Sie sein.«

Kollege: »Das macht mich kaputt! Meine jüngere Schwester lässt sich scheiden, und da gibt es Probleme mit den Kindern und – aber wissen Sie, ich möchte Ihnen nicht mit meinem Familienärger auf die Nerven fallen.«

Sie: »Das klingt, als sei Ihre Schwester sehr abhängig von Ihnen.«

Kollege: »Wir haben uns immer nahe gestanden. Aber schließlich ist es nicht Ihr Problem … und das Projekt ist wichtig für mich. Ich werde ihr sagen, sie soll die Anrufe einschränken. Ich kann sie während meiner Pausen von unten aus anrufen.«

In einer solchen Situation werden Sie, da beide Seiten ihre Gefühle mitteilen, unter Umständen mehrfach von konfrontierenden Ich-Botschaften auf Aktives Zuhören umschalten. Recht häufig werden Konfrontationen bei ehrlicher Selbstenthüllung und Zuhören einen Konflikt zutage fördern oder aufzeigen, von dessen Vorhandensein Sie beide nichts gewusst haben. Dann brauchen Sie Konfliktlösungsfertigkeiten. Diese werden wir in den Kapiteln 9 und 10 behandeln.

8. Mit Angst umgehen

*Die positiven Aspekte des Selbst entwickeln sich in dem
Maße, wie der Mensch sich angsterregenden
Erlebnissen stellt, sie durchsteht und überwindet.*
Rollo May

Bei der Beschreibung effektiven zwischenmenschlichen Handelns haben wir nachdrücklich darauf
hingewiesen, wie wichtig es ist, sich selbst zu erkennen und zu verstehen, Verantwortung für das
eigene Leben zu übernehmen und die eigenen Bedürfnisse, Wünsche und Probleme in Ich-Botschaften mitzuteilen, die die eigene Position klar zum
Ausdruck bringen, ohne anderen Vorwürfe zu machen oder sie anzuklagen.

Es mag Ihnen jetzt nicht nur möglich, sondern
sogar leicht erscheinen, die verschiedenen Ich-Botschaften zu senden und auf Zuhören umzuschalten. Vermutlich wissen Sie, *wie* ehrliche Selbstenthüllung praktiziert wird. Warum ist dann ein
scheinbar so einfaches Verfahren häufig so schwer
durchzuführen? Das Haupthindernis für ehrliche
Selbstenthüllung ist Angst: Wir werden von Angst-
gefühlen so überwältigt, dass wir handlungsunfähig und gelähmt sind. Neue Möglichkeiten sind immer mit einem gewissen Maß an Angst verknüpft.
Die Aussicht, jemand zu werden, der zu ehrlicher
Selbstenthüllung fähig ist, der Verantwortung für
das eigene Leben und seine Beziehung zu anderen

übernimmt, ruft Angst hervor, weil *Sie nicht wissen, was dabei herauskommt.* Angst steht in einer so unmittelbaren Beziehung zu Effektivität im zwischenmenschlichen Bereich, dass man ihre Rolle unbedingt verstehen muss. Dann können Sie sie kontrollieren und mehr Verantwortung für Ihr Leben übernehmen.

Was ist Angst?

Angst ist Furcht, Besorgnis, Bedrängnis, Unbehagen oder Unruhe, die uns überkommt, wenn wir in irgendeiner Weise das Gefühl haben, dass unsere persönliche Sicherheit bedroht sein könnte. Angstgefühle haben einen Signalcharakter: Ein Problem muss gelöst werden, irgendetwas stimmt nicht, wir müssen irgendetwas unternehmen, um unser psychologisches Gleichgewicht wieder zurückzugewinnen.

Da Angst ein so bedrängendes Gefühl ist, hat man uns gelehrt, sie zu vermeiden, sie nicht zur Kenntnis zu nehmen, ihr auszuweichen und sie zu leugnen. Wir alle haben unsere Erfahrung mit dem Versuch gemacht, mit der Angst auf diese Weise zu verfahren, und wir wissen, dass er nicht viel nützt. Die Angstgefühle verschwinden nicht, sie werden vielmehr umso schlimmer, je länger wir es hinauszögern, uns ihnen zu stellen und sie wirklich zu bewältigen!

Männer haben oft Probleme mit ihrer Angst. Sie haben gelernt, dass Ängstlichkeit ein Zeichen von

Schwäche ist. Männlich zu sein heißt für sie, ihre Angst zu überwinden.

Die folgende Situation, von der uns eine Kursleiterin berichtete, illustriert dieses Problem: »Kürzlich saß ich neben einem gut aussehenden jungen Mann im Flugzeug. Ich war erschöpft und wollte nicht unbedingt eine Unterhaltung beginnen, doch ich bemerkte, dass er beim Start die Hände buchstäblich in den Sitz krallte, ständig aus dem Fenster blickte und ungeduldig darauf wartete, ein Bier serviert zu bekommen. Als wir zur Landung ansetzten, unterhielten wir uns ein wenig. Er seufzte und sagte: ›Ich hasse das Fliegen. Ich wünschte, ich müsste nie vom Boden abheben.‹ Ich antwortete: ›Fliegen macht Sie also nervös ...‹ Schnell erwiderte er: ›Nein, nicht nervös. Ich vertrage es nur nicht so gut‹, und ich sagte: ›Ach so, Sie meinen, es wird Ihnen schlecht.‹ Und wieder sagte er: ›Nein, mir wird nicht schlecht. Ich fliege einfach ungern.‹«

Wenn Männer ihre Ängste und Unsicherheiten (und andere Gefühle) verdrängen, entfremden sie sich nicht nur von Frau und Kindern oder Mitarbeitern, sondern auch von sich selbst. Zuzugeben, dass man Ängste und Unsicherheiten hat, ist der erste Schritt, sic zu überwinden.

Erinnern Sie sich an die Situationen, da Sie von einer Begegnung gekommen sind und sich viel schlechter als vorher gefühlt haben, weil der Mut zum Handeln Sie im Stich gelassen hat. An wie viele verpasste Gelegenheiten können Sie sich erinnern, an wie viele Chancen, Freundschaft oder

Liebe zu gewinnen, eine neue Stellung zu finden oder interessante Erfahrungen zu machen – Chancen, die Sie nicht zu nützen wussten, weil Sie unfähig waren zu sagen, was Sie fühlten? Die Worte, die vielleicht alles verändert hätten, blieben ungesagt, wollten nicht heraus, weil Zweifel und Verwirrung sie daran hinderten. »Panisch bin ich gewesen«, denken Sie später. Wie jemand gesagt hat, ist das traurigste Wort, das die Sprache kennt: »Es hätte sein können«, und Angst ist häufig für solche verpassten Gelegenheiten verantwortlich.

Wir wissen alle, dass Angst sich auch in Körpersymptomen niederschlägt: feuchte Hände, kalter Schweiß auf der Stirn, schweißnasse Unterarme, zitternde Hände oder Knie, ein Flattern in der Magengegend, angespannte Nackenmuskeln, angespannte Lippen, Kiefer oder Schläfen, eine zittrige oder sich überschlagende Stimme, rascher Herzschlag, ein trockener Mund, schnelles flaches Atmen, Verdauungsstörungen, Migräne, Erschöpfung. In solcher Verfassung sind wir völlig unfähig, unseren Wünschen entsprechend zu handeln oder zufriedenstellende Beziehungen zu unterhalten. Eine Kursteilnehmerin berichtet von ihrer Erfahrung mit der Angst:

»Ich komme aus einer sehr zurückhaltenden Familie, wo nie irgend jemand seine Gedanken oder Gefühle direkt geäußert hat. Als Kind habe ich gelernt, meinen Eltern zu erzählen, was sie hören wollten. Ich ließ sie für mich entscheiden und wurde, was sie von mir erwarteten. Ich übernahm dieses Verhalten in meine Ehe. Sieben Jahre lang versuchte ich, der Rolle der perfekten Hausfrau zu entsprechen. Mein Mann wurde durch seinen Beruf zu längeren Geschäftsreisen gezwungen, die gelegentlich Monate dauerten. In diesen Zeiten des Alleinseins begann ich mir darüber klar zu werden, dass ›ich‹ gar nicht existierte, dass ich mein ganzes Leben eine Verlängerung oder ein Abklatsch von jemand anderem gewesen bin. Diese Empfindungen, die sich da in mir regten, verwirrten mich sehr. Ich versuchte sie zu unterdrücken, weil sie mir Schuldgefühle einflößten. Wozu dieser Ärger und Groll, wo ich doch alles hatte? Ich bekam Migräneanfälle und verspürte Taubheit in Gesicht, Händen und Füßen. Ich litt unter Schlaflosigkeit und versteckte mich auf der Toilette, damit meine Kinder mich nicht weinen hörten. Davon überzeugt, an einer tödlichen Krankheit wie einem Gehirntumor oder multipler Sklerose zu leiden, ging ich von Arzt zu Arzt. Als alle Untersuchungen nichts erbrachten, fürchtete ich, ich sei geisteskrank. Glücklicherweise überwies man mich an einen Therapeuten, der mir sagte, dass ich unter ›Angstanfällen‹ litt. Da ich unfähig war, meine heftigen Gefühle sprachlich zu äußern, drückte mein Körper sie an meiner Stelle durch furchterregende Symptome aus. Als ich lernte, meine Gefühle zu erkennen, sie zu akzeptieren und angemessen auszudrücken, verschwanden die Körpersymptome.«

Viele Menschen unterschätzen die Bedeutung von Angst und ihre Auswirkungen. Sie nehmen an, wenn sie ihren alltäglichen Beschäftigungen nachgingen und sich nicht um die Ursache ihrer Angst kümmerten, würden diese Gefühle schließlich schon verschwinden, und sie selbst würden zu ihrem normalen Leben zurückkehren können, als hätte es diese Gefühle nie gegeben. Wenn das möglich wäre, wäre es nicht *so* wichtig, sich mit der Angst auseinander zu setzen und sich ihr direkt zu stellen. Solche Gefühle legen sich nämlich nicht automatisch. Wenn wir die angstauslösenden Probleme nicht lösen, können die Folgen schwerwiegend sein, wie das vorstehende Beispiel beweist. Wenn Sie das Warnsignal der Angst fortgesetzt missachten, werden Sie immer häufiger auf uneigentliche Weise reagieren – nicht Sie selbst sein. Schließlich verlieren Sie allmählich den Kontakt mit sich selbst und der übrigen Welt.

Positive Einstellung zur Angst

Statt dass Sie sich von der Angst zu Handlungsunfähigkeit verurteilen lassen, können Sie aus ihr eine Gelegenheit zu persönlicher Entfaltung machen. Es ist sogar möglich, das Gefühl von Angst mit freudiger Erregung zu begrüßen, weil es ein Signal ist, das Sie herausfordert, eine neue Entwicklungsstufe zu erklimmen.

In seinem Buch *Der Begriff der Angst* sagt Kierkegaard: »Immer ist Angst so zu verstehen, dass sie auf Freiheit gerichtet ist.« Freiheit ist das Ziel persönlicher Entwicklung, und Kierkegaard definiert Freiheit als Möglichkeit. Doch immer wenn

Sie sich Mögliches vor Augen führen, ist Angst ein Teil dieser Erfahrung. Je größer die Möglichkeit, desto größer die potenzielle Angst. Individualität hängt von der Fähigkeit ab, sich der Angst zu stellen und sie entschlossen durchzustehen.

Wer das Vorhandensein von Angst als eine Gelegenheit zu persönlicher Entfaltung versteht, wird eher dazu in der Lage sein, sich mit der Angst auf neue und effektivere Weise auseinander zu setzen.

Dabei können Ihnen die folgenden drei Schritte helfen:

1. Erkennen und akzeptieren Sie die Angst
Denken Sie daran, dass Ihnen Angst eine Möglichkeit persönlicher Entfaltung signalisiert – eine Gelegenheit für Sie, sich weiterzuentwickeln. Empfinden Sie ihr Vorhandensein als erregend und motivierend. Sie können sich ihr konstruktiv stellen.

2. Entschließen Sie sich, das Angst auslösende
   Problem aktiv zu lösen
Denken Sie an die konstruktiven Möglichkeiten, sich der Angst zu stellen. Sie können nur gewinnen, weil auf lange Sicht die Gefahr oft weit größer ist, wenn Sie es versäumen, wirksam und verantwortlich zu handeln. Selbst wenn Sie dabei das Risiko eines Misserfolges oder der Missbilligung durch andere eingehen, würden Sie für die Entscheidung, nicht zu handeln, mit der Einbuße an Ihrem Selbstgefühl einen viel höheren Preis bezahlen.

3. Handeln Sie, um das Problem zu lösen

Es genügt nicht, wenn Sie sich vorstellen, sich ausmalen, wie gut es Ihnen tun würde, etwas Bestimmtes zu tun – Sie müssen handeln. Noch einmal sei es gesagt, Kraft und Mut stellen sich ein, wenn Sie handeln. Daraus erwächst Ihnen die Motivation, sich durch andere Situationen hindurchzuarbeiten.

Für Ihre Beziehung zu anderen besitzt Ihre Entschlossenheit, Angst erregende Situationen durchzustehen, noch eine weitere Dimension. Viele Menschen empfinden heute Angst, weil sich ihr Selbstbild von der Auffassung entfernt, die andere von ihnen haben. Dieses Bild entspricht nicht mehr den Erwartungen, die sich in den anderen herausgebildet haben. Viel Angst schafft der Konflikt zwischen dem Verhalten, das wir gerne zeigen möchten, und demjenigen, das – wie wir meinen – von uns erwartet wird. Wir denken, wir würden die Billigung anderer Menschen finden, wenn wir ihren Erwartungen entsprechen, und würden ihr Missfallen erregen, wenn dies nicht der Fall ist. Hören wir, was Teilnehmer zu berichten wissen:

- »Ich habe mich verändert, doch viele Menschen kennen mich so, wie ich früher war. Deshalb verspüre ich, wenn sie da sind, immer noch das Bedürfnis, wie einst zu handeln.«
- »Mir fällt es bei Menschen, die ich *neu* kennen gelernt habe, viel leichter, zu handeln, wie ich möchte.«

- »Es ist so schwer, mich zu ändern; vor allem, wenn es niemand zu wünschen scheint – mit Ausnahme von mir.«

Viele Menschen stellen fest, dass ihre Furcht vor der Missbilligung anderer häufig weitgehend unbegründet ist. Sie stellen fest, dass nicht wenige Menschen ihnen mehr Bewunderung und Achtung entgegenbringen, engere Beziehungen zu ihnen unterhalten, sie sogar lieber mögen, wenn sie den Mut zu ehrlicher Selbstdarstellung und eigenständigem Handeln aufbringen. Der Mut dieser Menschen, Risiken einzugehen und sich neuen Erfahrungen auszusetzen, wird von anderen bewundert; man nimmt sie sogar als Vorbild für das eigene Verhalten. Ein Beispiel stammt von einer Kursteilnehmerin, die mitteilt, was ihr eine Freundin kürzlich geschrieben hat:

»Am Freitag habe ich meinen College-Abschluss bestanden. Ist das riesig! Du wirst es vielleicht nicht wissen, aber deine Hartnäckigkeit, dein Abschluss waren es, die mich die vielen Tiefpunkte haben überwinden lassen. Es schien so rasch zu gehen, und du warst so schnell damit durch, dass ich wusste, ich würde es auch können.«

Was noch wichtiger ist: Wenn Sie den Mut finden, immer schwierigere Situationen durchzustehen, werden Sie feststellen, dass Sie von der Billigung anderer viel unabhängiger werden. Sie fangen an, Ihren eigenen Wahrnehmungen, Urteilen und Gefühlen größeres Vertrauen zu schenken, wenn Ihre Fähigkeit wächst, strapaziösen Situationen standzuhalten.

Sie können entscheiden,
wie Sie mit der Angst fertig werden

Jedes Mal wenn Sie Angst empfinden, entscheiden Sie, wie Sie mit ihr fertig werden wollen. Entweder leugnen Sie, dass Sie Angst haben, versuchen Sie, sie nicht zur Kenntnis zu nehmen, sie zu vermeiden, ihr aus dem Wege zu gehen, und hoffen, sie werde sich schon legen – oder Sie erkennen ihr Vorhandensein an und unternehmen aktive Anstrengungen, das Problem zu lösen, das die Angst hervorruft.

Hier sind einige der Konsequenzen:

Ihre Angsthierarchie

Wenn Sie sich Ihrer Angst stellen wollen, ist der erste Schritt, dass Sie eine Hierarchie – eine Prioritätsliste – jener Situationen entwerfen, die Angst in Ihnen hervorrufen.

Wenn Sie auf eine Angst erregende Situation passiv reagieren	Wenn Sie auf eine Angst erregende Situation aktiv reagieren
Die Entscheidung, Angst nicht durchzustehen, heißt, dass Sie für die Befriedigung Ihrer Bedürfnisse keine Verantwortung übernehmen.	Wenn Sie die Angst durchstehen, vollbringen Sie damit eine assertive, verantwortliche und Ihnen nützliche Tat.

Wenn Sie auf eine Angst erregende Situation passiv reagieren	Wenn Sie auf eine Angst erregende Situation aktiv reagieren
Das Problem wird nicht gelöst; oft wird Ihre Angst heftiger und tiefer.	Sie sind ehrlich, die Angst verschwindet; der innere Aufruhr legt sich; die Probleme werden gelöst.
Ihre Selbstachtung schwindet; Sie sind von sich selbst enttäuscht; Sie werden böse auf sich selbst.	Ihre Selbstachtung und Ihr Selbstvertrauen steigen; Sie sind mit sich selbst im Reinen.
Der innere Konflikt bleibt bestehen; ein weiterer Misserfolg kommt hinzu und verstärkt alte Verhaltensmuster.	Sie sind motiviert, andere und schwierigere Situationen zu meistern.
Ihre Selbsterkenntnis macht keine Fortschritte.	Sie lernen sich besser kennen.
Sie entfalten sich nicht; Sie schränken Ihre Entwicklung ein; Sie nehmen sich jede Möglichkeit, neue Erfahrungen zu machen.	Sie entfalten sich, weiten Ihre Möglichkeiten, das Maß Ihrer Selbstbestimmung aus.
Sie versäumen Gelegenheiten zur Selbstverwirklichung.	Sie erleben sich selbst als kreativ; neue Seiten Ihrer Persönlichkeit rücken in den Blick.

Wenn Sie auf eine Angst erregende Situation passiv reagieren	Wenn Sie auf eine Angst erregende Situation aktiv reagieren
Sie gehen Konflikten nicht nur aus dem Weg, sondern schaffen unter Umständen neue Konflikte.	Sie lösen Ihre inneren Konflikte und sind fähig, Fortschritte zu machen.
Im Lauf der Zeit ziehen Sie sich zurück; Ihre Kommunikationsbereitschaft lässt nach.	Im Lauf der Zeit geben Sie Ihre Zurückhaltung auf; Ihre Kommunikationsbereitschaft nimmt zu.

Stellen Sie einen Katalog der zehn Situationen in Ihrem Leben auf, auf die Sie untätig reagieren, weil sie zu viel Angst in Ihnen auslösen. Beginnen Sie damit, dass Sie die Situationen einfach notieren. Ordnen Sie sie dann so ein, dass an erster Stelle die Situation steht, die Ihnen am wenigsten Angst macht (eine Situation, bei der Sie sich ziemlich sicher sind, dass Sie sie bereits jetzt meistern können); an zweiter Stelle folgt die Situation, die Ihnen mehr Angst macht als die erste, aber weniger als die dritte und so fort; Situation 10 ruft die heftigste Angst in Ihnen hervor. Alle Arten von Situationen können aufgeführt werden – private, berufliche, soziale usw.

Es folgt ein Beispiel für eine Angsthierarchie:

1. Meinem Freund sagen, wie sehr ich ihn schätze.

2. Meiner Familie unmissverständlich klar machen, dass sie sich an der Hausarbeit beteiligen soll.
3. Leute zum Abendessen einladen, die ich gerne kennenlernen möchte.
4. Nachbarn mitteilen, dass ich nicht zu ihrer Party gehen möchte.
5. Anfangen, einen Konflikt mit meinem Partner zu klären.
6. Ein Gespräch mit jemandem beginnen, den ich nicht kenne.
7. Mit meinen Eltern über unsere Beziehung sprechen.
8. Jemandem mitteilen, dass mich verletzt hat, was er gesagt hat.
9. Bei einer wichtigen Versammlung das Wort ergreifen, auch wenn ich glaube, dass meine Meinung unpopulär ist.
10. Eine Rede vor einer großen Gruppe halten.

Die von Ihnen aufgestellte Angsthierarchie wird Ihnen ermöglichen, mit einer Situation anzufangen, die für Sie keine allzu große Gefahr bedeutet. Nachdem Sie die erste Situation erfolgreich gemeistert haben, können Sie zu risikoreicheren Ebenen aufsteigen. Die Situationen auf Ihrer Liste werden Ihnen reichlich Gelegenheit geben, ehrliche Selbstenthüllung zu praktizieren. Denken Sie daran, dass es wichtig ist, klare, ehrliche, vorwurfsfreie Ich-Botschaften zu senden und – wenn erforderlich – auf Aktives Zuhören umzuschalten.

Angst verringern

Manchmal werden Sie feststellen, dass Ihre Angst Sie handlungsunfähig macht. Trotzdem lässt sich die Angst auf ein Maß verringern, das uns die ehrliche Selbstenthüllung und die Befriedigung unserer wichtigen Bedürfnisse erlaubt. Es ist nicht Ihr Ziel, die Angst ganz loszuwerden. Das ist unmöglich. Es ist noch nicht einmal wünschenswert. Ein gewisses Maß an Angst motiviert uns, zu lernen, zu planen und Leistungen von uns zu verlangen.

Kontrollieren müssen wir nur die schädliche Angst, so dass wir mit unseren inneren Konflikten fertig werden können und fähig sind, zu planen, was für uns nützlich und wichtig ist, ohne dass wir durch überflüssige Besorgnis und Anspannung gehandikapt sind. Erfolgreich Angst verringern beruht auf drei Schritten: Bereitschaft, Übung und Entspannung.

Bereitschaft

Wenn Sie Ihre eigene Hierarchie entworfen haben, werden Sie wahrscheinlich feststellen, dass etliche Angst auslösende Situationen auf Ihrer Liste durch mangelnde Vorbereitung noch bedrohlicher werden. Die meisten von uns können die Panik nachempfinden, die sich einstellt, wenn man sich in neuen Situationen befindet oder in der Gesellschaft von Menschen, denen man zum ersten Mal begegnet. Bei vielen Menschen sind Situationen wie »Konversation machen« oder »Beisammensein mit

Menschen, die älter oder erfahrener sind als ich« die größten Angsterzeuger.

Solchen Situationen kann ihr bedrohlicher Charakter erheblich dadurch genommen werden, dass Sie sich vorbereiten auf das, was vor Ihnen liegt. Legen Sie fest, was Sie sagen oder tun wollen, wann und wo Sie handeln werden. Nehmen Sie sich die Zeit, die Reaktionen des anderen zu antizipieren.

Nehmen wir an, Sie hätten sich entschlossen, Ihren Arbeitgeber um eine Gehaltserhöhung zu bitten. Bei dem Gedanken daran straffen sich Ihre Bauchmuskeln. Ihre Handflächen werden feucht. In einem solchen Fall tun Sie gut daran, die folgenden Fragen mit sich durchzudiskutieren: »Was kann im schlimmsten Fall passieren? Warum macht mich die Sache so nervös? Liegt es daran, dass ich mir nicht sicher bin, wirklich eine Gehaltserhöhung zu verdienen? Ja, daran liegt es wahrscheinlich. Doch warum glaube ich das? Vielleicht weil ich keinen College-Abschluss habe wie die anderen. Aber solch ein Abschluss ist für meine Arbeit nicht erforderlich. Immerhin habe ich zwei wichtige Verträge hereingeholt ... und man hat mir mehrfach versichert, dass man mit meiner Arbeit mehr als zufrieden ist. Ich glaube schon, dass ich eine Gehaltserhöhung verdiene, und sie ist schon lange überfällig.«

Ihr nächster Schritt könnte sein, dass Sie den günstigsten Zeitpunkt und Ort bestimmen. Sie wissen, wenn Sie sich für das Büro während der normalen Arbeitszeit entscheiden, werden Sie mit häufigen Unterbrechungen durch das Telefon rechnen müssen. So schlagen Sie ein Treffen beim Frühstück oder beim Mittagessen vor. Ganz grob legen Sie sich die Punkte zurecht, durch die Sie Ihrer Bitte Nachdruck verleihen wollen. Sie sammeln Informationen, die Ihre Auffassung unterstreichen, und formulieren Ich-Botschaften. Eine selbstbewusste Botschaft wie »Ich glaube, ich leiste gute Arbeit und möchte eine Gehaltserhöhung haben« ist weit wirksamer als eine defensive Äußerung wie: »Sie haben versprochen, mein Gehalt nach sechs Monaten zu erhöhen, wenn Sie mit meiner Arbeit zufrieden sind, und jetzt ist schon fast ein Jahr um und ...«

Denken Sie auch an die möglichen Konsequenzen Ihres Handelns. Überlegen Sie, was Ihr Chef antworten könnte. Was sagen Sie darauf? Stellen Sie sich darauf ein, nötigenfalls aktiv zuzuhören, Zusatzinformationen zu liefern und Fragen zu beantworten. Spielen Sie die Situation im Geiste so oft durch, bis sie Ihnen nichts mehr ausmacht.

Der Bericht einer Kursteilnehmerin zeigt, wie wichtig es ist, sich in Gedanken auf die bevorstehende Situation vorzubereiten:

»Bei der Kommunikation zwischen meinem Vater und mir hatte sich ein bestimmtes Muster herausgebildet. Immer wenn ich ihm meine Meinung sagte, geschah es in Form einer sarkastischen Bemerkung, die ihn verletzen sollte. Wenn er etwas Kritisches sagte – eine Bemerkung vom Verhalten meiner Kinder oder zur ›törichten Art‹, wie Bob und ich unser Geld ausgeben, oder zu den Büchern, die ich lese —, ging ich hoch und fuhr auf ihn los, ohne darüber nachzudenken, was ich sagte oder warum ich es sagte. Das Ergebnis war immer das gleiche: Wir hatten eine Riesenauseinandersetzung, er ging hinaus, ich blieb zurück und fühlte mich schuldig und elend. Jetzt halte ich mich zurück und überlege, was ich tatsächlich empfinde und warum das so ist. Dadurch habe ich einige der Gründe entdeckt, die dafür verantwortlich sind, dass die Beziehung zwischen Vater und mir immer so ausgesehen hat. Jetzt höre ich ihm aktiv zu und sende aufrichtige Botschaften; ich glaube, wir kommen allmählich an den Punkt, wo wir den Konflikt austragen und die Beziehung auf eine neue Grundlage stellen können.«

Hören wir, wie ein Kursteilnehmer auf eine Arbeitssituation reagierte, die Angst in ihm hervorrief:

»Nun, ich hatte immer Angst, meine Mitarbeiter zu konfrontieren. Und dann handelte es sich auch noch um einen langjährigen Freund, müssen Sie wissen. Er ist seit zwanzig Jahren in der Firma und plötzlich baute er diesen Mist. Ich denke, ich habe mich vor zwei Dingen gefürchtet – dass er durch mich, von dem er eine so hohe Meinung hatte, eine derartige Kränkung hinnehmen musste und dass es ihn verletzen würde – dass er vielleicht kündigen würde. Und dann wollte ich nicht den Chef rauskehren, den autoritären Knochen, denn eigentlich bin ich überzeugter Demokrat. Außerdem habe ich befürchtet, so wütend zu werden, dass ich Dinge sagen würde, die ich hinterher bereute. Andererseits fand ich, dass ich es lange genug mit

Toleranz und Vertrauen versucht hatte. Das hatte nichts gebracht. Ich hatte den Eindruck, dass er meine Toleranz und mein Vertrauen ausgenutzt hatte, und das passte mir nicht. Also sagte ich mir: ›Es ist in Ordnung, dieses Risiko einzugehen, denn ich habe genug, es ist einfach zu viel. Ich komme mir vor wie ein Idiot, die Proportionen stimmen einfach nicht mehr, auch meine Bedürfnisse müssen berücksichtigt werden.‹ Eines Tages kam er dann zu mir und sagte, er könne ein Projekt nicht fertigstellen – er sagte Dinge wie: ›Es wächst mir über den Kopf‹ und ›Ich komme einfach nicht weiter.‹ Da erklärte ich ihm, ich fände unsere Beziehung unfair. Er bekomme ein Gehalt und sei am Pensionsfonds beteiligt, könne aber keinen einzigen Auftrag erledigen. Das sei ein Missverständnis, das mir nicht passe. Unsere Beziehung sei unfair, weil meine Bedürfnisse nicht befriedigt würden. Weil die Bedürfnisse der Firma nicht befriedigt würden. Seit dieser Konfrontation hat er sich enorm zusammengerissen und das Projekt ist inzwischen fast fertig.«

Bereitschaft verlangt auch, dass Sie sich Ihre Zeit gut einteilen können. Wenn Sie eine Aufgabe oder ein Projekt übernehmen, müssen Sie einen realistischen Zeitplan aufstellen. Wenn Sie in einem Monat eine große Abendgesellschaft geben möchten, empfiehlt es sich vielleicht, von diesem Datum aus rückwärts zu planen. Entwerfen Sie ein einfaches Flussdiagramm von Prioritäten, sodass Sie in überschaubaren Schritten fertig werden können. Sorgen Sie dabei dafür, dass sich Planung und Vorbereitung der Party bequem in Ihren normalen Zeitplan einfügen.

Wenn Sie sich vor ein weitreichendes, kompliziertes Problem gestellt sehen, tun Sie gut daran, es in kleine überschaubare Teilprobleme zu zerlegen. Auf diese Weise geben Sie nicht schon auf, bevor Sie überhaupt angefangen haben. Eine Kursteilnehmerin hat uns berichtet:

»Bei der Überwindung der Hindernisse, die sich vor mir auftürmen, hat mir ganz konkret geholfen, dass ich sie jetzt in kleinere Teile zerlegen und sie mir erst einmal ruhig und zuversichtlich ansehe.«

Natürlich kann man nicht immer vorausplanen. Viele unserer wertvollsten Erlebnisse und Interaktionen mit anderen sind ungeplant und spontan. Aber selbst wenn Vorausplanung weder möglich noch wünschenswert ist, können Sie Ihre Angst mildern, indem Sie sich zu Ihrer Vorbereitung einige Augenblicke Zeit nehmen, sodass das, was Sie sagen, auf dem beruht, was Sie brauchen. Wenn Sie sich auf das vorbereiten, was vor Ihnen liegt, können Sie das kontrollieren, was Ihnen wichtig ist, statt dass Sie Ihr Leben von anderen kontrollieren lassen.

Übung

Das ganze Leben lang erwerben wir ständig neue Fähigkeiten – Autofahren, Tennisspielen, eine neue Sprache lernen – und nehmen hin, dass zur Beherrschung dieser Fertigkeiten ein gewisses Maß an Übung erforderlich ist. Den gleichen Grundsatz können wir auf das Erlernen zwischenmenschlicher Fertigkeiten anwenden. Ziemlich häufig kann man die Auffassung hören, dass sich die zwischenmenschlichen Fertigkeiten ganz natürlich entwickelten; wenn es in unseren Beziehungen zu anderen Menschen nicht klappe, müsse etwas mit uns nicht stimmen. So ist das nicht. Kommunikation ist ein komplexes Phänomen. Sie verlangt Geschicklichkeit und Koordination, und dazu ist Übung erforderlich.

Durch das Training ergänzt dieser Schritt den Versuch, die Bereitschaft zu schaffen. Übung bietet Gelegenheit, eine geplante Vorgehensweise vorher zu überprüfen – statt hinterher (wenn sich vielleicht schon unerwünschte Ergebnisse eingestellt haben).

Das Einüben Ihres Kommunikationsaktes kann verschiedene Formen annehmen – von einem nur wenige Augenblicke dauernden Versuch vor dem Spiel bis hin zum Rollenspiel mit einer oder mehreren Personen.

Für Situationen wie Einstellungsgespräch oder Bitte um Gehaltserhöhung wäre beträchtliche Übung erforderlich. Sie könnten einen Freund bitten, die Rolle des jeweiligen Kommunikationspartners zu übernehmen. Ein anderer Freund könnte das Spiel beurteilen. Wenn Sie die Akte, die Sie für die Kommunikation mit anderen geplant haben, erproben, haben Sie Gelegenheit, über Rückmeldung die Gefühle und Reaktionen des anderen Akteurs im Rollenspiel kennenzulernen. Entsprechend können Sie Ihren Plan verändern. Manche Menschen nehmen ihre vorgesehenen Botschaften auf Band auf und analysieren sie beim Abspielen. Welche

Technik Sie auch immer verwenden – die Kombination von Training und Bewertung kann Ihre Angst erheblich vermindern, weil sie

- Ihnen Gelegenheit gibt, vor dem Ernstfall aufgestaute Spannungen abzubauen;
- Ihnen dank einer Rückmeldung von außen einen besseren Handlungsplan liefert;
- Ihnen ein Erfolgserlebnis vermittelt, das Sie unbeschwerter machen und Ihr Selbstvertrauen fördern kann;

Übungen in Form des Rollenspiels können Ihnen in vielen Situationen helfen, die Angst in Ihnen auslösen – wenn Sie etwa

- einen Verwandten um ein Darlehen bitten;
- in einem Warenhaus persönlich über einen mangelhaften Artikel Beschwerde führen;
- einem Einstellungsgespräch unterzogen werden;
- die nichtakzeptierbare Bitte einer Freundin ablehnen;
- Ihren männlichen Kollegen gegenüber fest auftreten;
- um Geldmittel für eine Wohltätigkeitsorganisation bitten;
- Ihrem Chef einen Bericht vorlegen;
- Ihrem Partner entgegentreten, dessen Verhalten Sie beeinträchtigt;
- eine wichtige Rede halten.

Betrachten Sie Ihre eigene Angsthierarchie, und entscheiden Sie, welche Situation Sie vorher einüben möchten.

Entspannung

Da Angst eine physiologische Verfassung ist, kann man sie auch direkt angehen, indem man sich auf die Körpersymptome konzentriert, die gewöhnlich mit Besorgnis und Anspannung einhergehen. Die physischen Symptome der Angst lassen sich weitgehend durch Muskelentspannung abbauen.

Das Verständnis der physischen Grundlage von Angst kann zu ihrer Kontrolle beitragen. Es wird Sie beruhigen, festzustellen, dass Sie mehr Kontrolle über Ihren Körper besitzen, als Sie vielleicht gedacht haben, dass Sie – wie der Körper Sie kontrolliert, indem er sich anspannt – den Körper kontrollieren können, indem Sie lernen, ihn zu entspannen. Wenn Sie gelernt haben, tiefe Entspannung herbeizuführen, werden Sie die Körperempfindung von Angst aufheben. Obwohl Ihnen das, was vor Ihnen liegt, vielleicht nach wie vor Unbehagen einflößt, werden Sie die zitternden Hände, den flatternden Magen und die unsichere Stimme so weit unter Kontrolle haben, dass Sie sich mit einigem Selbstvertrauen an die Ausführung Ihrer Pläne machen können.

Bei der Muskelentspannung müssen Sie Ihre Muskeln abwechselnd an- und entspannen. Das Erlernen tiefen Atmens ist eine andere hilfreiche Methode. Vermutlich haben Sie bemerkt, dass Ihre Atemzüge hastig und flach werden, wenn Sie nervös sind. Schon bald keuchen Sie, woran die Muskelspannung schuld ist. Da flaches Atmen Ihre Muskeln in Spannung hält, ist Atemtraining für die Angstreduktion notwendig. (Eine vollständige

Entspannungsübung findet der Leser im Anhang, Seite 304 ff.)

Wenn wir uns bemühen, unsere Angst zu überwinden, sollten wir niemals aus dem Blick verlieren, dass dieser Zustand gewöhnlich durch einen inneren Konflikt verursacht wird. Wenn wir den Konflikt erkennen, uns die Angst eingestehen und beschließen, uns ihr offen zu stellen, können wir einer Lösung näher kommen.

9. Konflikte:
Wer gewinnt? Wer verliert?

Konflikt wird nun so präsentiert, als zeige er sich stets in seiner extremen Erscheinung, wohingegen es gerade die mangelnde Einsicht in die Notwendigkeit von Konflikt und die Unfähigkeit, Konflikte in angemessener Weise anzugehen, sind, die eigentlich die Gefahr heraufführen. Diese äußerst destruktive Form ist schrecklich, nur dürfen wir nicht vergessen, dass sie ja das Endresultat des Versuchs ist, Konflikte zu vermeiden und zu unterdrücken.
Jean Baker Miller

Wir haben uns mit den Einstellungen und Fertigkeiten ehrlicher Selbstenthüllung und wirksamer Kommunikation beschäftigt, wobei wir uns auf die individuellen Bedürfnisse konzentriert haben – auf Fertigkeiten, die dazu beitragen, das Selbstvertrauen zu stärken, an Selbstwertgefühl zu gewinnen und persönliche Verantwortung zu übernehmen. Grundsätzlich helfen diese Fertigkeiten Ihnen, *persönliche* Bedürfnisse – manchmal aus eigener Kraft, manchmal mit Hilfe anderer – zu befriedigen.

Manchmal werden Sie bei ehrlicher Selbstenthüllung feststellen, dass sich die Bedürfnisse des anderen mit Ihren Bedürfnissen im Konflikt befinden. Besonders konfrontierende Ich-Botschaften können auf einen solchen Konflikt hinweisen. Im

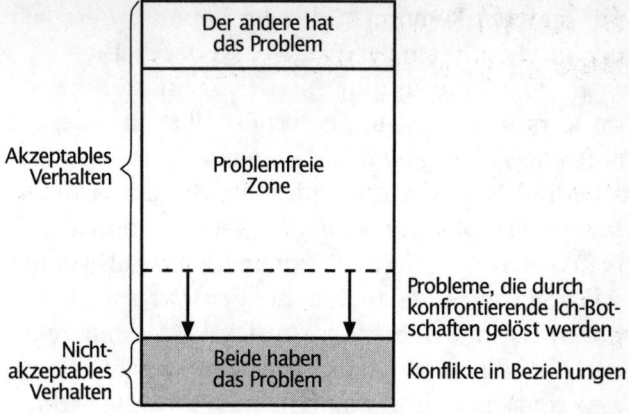

Verhaltensrechteck erscheint das als »Wir besitzen das Problem« oder »Die Beziehung besitzt das Problem«.

Konflikt

Was verstehen wir eigentlich unter »Konflikt«? Das Wörterbuch nennt Synonyme wie »Gegensatz«, »jemandem widersprechen«, »Zwietracht«, »Meinungsverschiedenheit«, »Missverständnis«, »Streit« und so fort. Für viele von uns bedeutet »Konflikt«: »Ärger«, »Aggressivität«, »Feindseligkeit« – nichts, was darauf schließen ließe, dass Konflikte ein unvermeidlicher und notwendiger Teil menschlicher Erfahrung. Das gilt ebenso für Konflikte, die unsere persönlichen Bedürfnisse und unsere eigene Entwicklung betreffen und die in uns selbst liegen, wie für Konflikte, zu denen es in unseren Beziehungen mit anderen kommt. In diesem Kapitel wollen wir uns mit Konflikten der zweiten Art beschäftigen.

In Beziehungen gibt es viele Konflikte, die wir im Kurs in zwei Gruppen unterteilen: in jene, die auftreten, wenn *Bedürfnisse* einander im Wege sind – Bedürfniskonflikte –, und jene, die durch unterschiedliche *Wertvorstellungen* der Beteiligten ausgelöst werden – Wertkollisionen. (Wie Konflikte der zweiten Art zu behandeln sind, erörtern wir in Kapitel 11). In einem Bedürfniskonflikt kann jeder der Beteiligten ohne Schwierigkeit verstehen und akzeptieren, dass der andere unbefriedigte Bedürfnisse hat und dass sie wichtig und berechtigt sind. Natürlich wird der andere die Berechtigung um so eher anerkennen, je greifbarer die Bedürfnisse sind.

Es folgen einige Beispiele für Situationen, in denen Bedürfniskonflikte vorliegen:

- Ständig streiten Sie sich mit Ihrem Sohn darüber, welches Fernsehprogramm gesehen werden soll.
- Einer Ihrer Mitarbeiter und Sie brauchen das Konferenzzimmer der Firma gleichzeitig für ein Meeting.
- Sie und Ihr Partner haben eine kleine Summe angespart. Während Ihr Partner gerne ein neues Auto kaufen möchte, würden Sie das Geld lieber in Immobilien investieren.
- Ihre Tochter und Sie brauchen das einzige Auto der Familie am gleichen Abend.
- Sie möchten bald ein Kind haben; Ihr Partner möchte noch ein paar Jahre warten.

- Ihr Kollege raucht ständig im Büro. Sie vertragen den Rauch nicht, müssen husten und niesen.
- Ihr Freund oder ihre Freundin möchte gern heiraten; sie möchten aber weiterhin unverheiratet mit ihm oder ihr zusammenleben.
- Sie sind geschieden und haben zwei Kinder. Ihr Ex-Partner weigert sich, den Unterhalt für die Kinder weiterzuzahlen.

Nehmen Sie sich ein paar Minuten Zeit und stellen Sie ein paar Situationen aus Ihrem Leben zusammen, in denen echte Bedürfniskonflikte vorliegen.

In unseren Kursen vermitteln wir eine bestimmte Methode, mit deren Hilfe Sie solche Konflikte sehr viel effektiver lösen können. Doch zuerst müssen wir unbedingt verstehen, warum wir vor Konflikten in unseren Beziehungen Angst haben, und uns bewusst machen, wie wir sie gewöhnlich lösen.

Warum wir versuchen, Konflikte zu vermeiden

Warum empfinden so viele Menschen Konflikte als erschreckend? Wahrscheinlich darf man zu Recht behaupten, dass Konfliktsituationen in unserem Leben mehr Angst und Stress hervorrufen als irgendwelche anderen Situationen. Wir wissen nicht, wie sie ausgehen. Wir möchten nicht verlieren. Wir haben Angst, uns nicht in der Gewalt zu haben. Wir fürchten, die Beziehung könnte Schaden nehmen.

Für Frauen sind Konflikte besonders kritisch. Die meisten von uns haben gelernt, dass ein Konflikt – wie Ärger und Angst – verleugnet und vermieden werden muss, nicht zum Ausdruck gebracht werden darf. Alle kennen solche Äußerungen:

- »Wir streiten uns nie.«
- »Ich tue alles, um den Familienfrieden zu wahren.«
- »In all den Jahren, die wir verheiratet sind, hatten wir nie eine ernsthafte Meinungsverschiedenheit.«

Diese Menschen sagen in Wahrheit, dass ihre Konflikte nicht offen ausgetragen werden, nicht auf den Tisch kommen. Sie haben beschlossen, ihre Konflikte entweder nicht anzuerkennen oder sie indirekt auszutragen. Viel Ärger und Angst ist in zwischenmenschlichen Beziehungen nämlich darauf zurückzuführen, dass die Beteiligten sich nicht offen und direkt zu ihren Konflikten bekennen. So bleiben sie weiterhin ungelöst oder werden unbefriedigend gelöst.

Viele Menschen haben in verschiedenen Situationen ihres Lebens schmerzliche Erfahrungen mit Konflikten gemacht. So erklärt sich eine Frau ihre Konfliktangst:

»Diese Szenen zwischen meinen Eltern. Jederzeit konnten sie ausbrechen, überall, ohne Vorwarnung. Ich kann mich erinnern, dass ich oben im Bett lag und hörte, wie ihre Stimmen lauter und lauter wurden, und den Kopf im Kissen vergrub, um nichts zu hören.«

Denken Sie an frühe Erfahrungen zurück, die Sie mit Konflikten gemacht haben. Überlegen Sie, wie Ihre Eltern Konflikte behandelt haben, die sie miteinander oder mit Ihnen gehabt haben.

Uns Frauen hat man auch beigebracht, es sei unsere Pflicht, als Friedensstifter zu fungieren und dafür zu sorgen, dass alle Welt glücklich ist. Häufig mischen wir uns in die Konflikte anderer Leute ein, damit ja niemand gekränkt oder aufgebracht sei. Hören wir zwei Kursteilnehmerinnen:

»Wenn mein Mann sich über eines der Kinder aufregt, schlage ich mich sofort auf die Seite des Kindes oder versuche, das Problem selbst zu lösen. Dann wird mein Mann wütend auf *mich!*«

»Vor kurzem habe ich bemerkt, dass ich, wenn die Leute auf unseren Geschäftskonferenzen zu streiten anfangen, vergesse, was ich sagen will, und automatisch den Friedensstifter spiele.«

Der Hauptgrund dafür, dass Menschen – vor allem Frauen – es vermeiden, Konflikte offen auszutragen, liegt darin, dass Konflikte in der Vergangenheit so oft ungerecht gelöst worden sind.

Statt als Anzeichen für unbefriedigende Bedürfnisse erkannt zu werden, werden diese Konflikte zu Machtkämpfen. Schließlich gibt es einen Gewinner und einen Verlierer. Und da die meisten von uns sich ihre Beziehungen natürlich gerecht und ausgeglichen wünschen, können Machtkämpfe der Versuch sein, das Gleichgewicht in einer Beziehung wiederherzustellen. Nur führen Machtkämpfe unvermeidlich dazu, dass einer oder beide das Gefühl gewinnen, sie hätten verloren, weil für ihre Bedürfnisse nicht gesorgt ist.

Wir wollen uns etwas näher mit der Macht beschäftigen und mit den typischen Einer-gewinnt-einer-verliert-Methoden, die zur Lösung von Beziehungskonflikten verwendet werden. Anschließend werden wir unsere gewaltfreie Jeder-gewinnt-Methode erklären.

Mit Macht Konflikte lösen

Wir definieren »Macht« hier als die Möglichkeit eines Menschen, jene Mittel zu kontrollieren, die jemand anders braucht, und als Bereitschaft, diese Kontrolle auszuüben (oder mit Ihrer Ausübung zu drohen), um jemand anderen dazu zu bringen, etwas zu tun, was er sonst nicht tun würde oder was er nicht tun möchte.*

Solche Mittel brauchen wir alle, um zu überleben – um unser Leben befriedigend und produktiv zu gestalten. Dazu gehören konkrete Dinge wie Geld (und was man dafür kaufen kann), Sex, Nahrung, Unterkunft, Information; aber auch immaterielle wie Liebe, Billigung, Anerkennung, Bestätigung.

---

* Diese Definition darf nicht mit der positiven Bedeutung persönlicher Macht verwechselt werden – mit der Kraft, der Fähigkeit und dem Mut, das eigene Leben zu kontrollieren und über die Befriedigung seiner Bedürfnisse selbst zu bestimmen.

Wenn Menschen die Mittel haben, um die Bedürfnisse eines anderen zu befriedigen, sind sie in der Lage, zu entscheiden, ob sie sie ihm geben oder vorenthalten wollen. Es liegt in ihrem Ermessen, ob sie das Verhalten des anderen belohnen oder bestrafen wollen. Zur Bestrafung gehört neben der Möglichkeit, Belohnungen vorzuenthalten, die Fähigkeit, jemandem körperliche oder seelische Schmerzen zuzufügen – indem man etwa ein Kind schlägt oder einen Angestellten entlässt. Die Androhung von Bestrafungsmacht zur Kontrolle des Verhaltens anderer kann ebenso wirksam (und für die Beziehung ebenso nachteilig) sein wie ihr tatsächlicher Einsatz.

Dieser Machttypus ist am wirksamsten, wenn einer der Beteiligten vom anderen sehr viel abhängiger ist, um seine *Bedürfnisse zu befriedigen*, zum Beispiel:

- Kleinkinder sind für ihr Überleben fast völlig von den Eltern abhängig.
- Ein Angestellter mit Kenntnissen, die auf dem Arbeitsmarkt praktisch nicht gefragt sind, ist von seinem gegenwärtigen Arbeitgeber sehr abhängig.
- Eine Frau, die kein Geld verdient – oder über keines verfügt –, ist von ihrem Mann abhängig.

Wenn Beziehungen von größerer Gegenseitigkeit geprägt sind – d. h. wenn das, was ich von dir brauche, und das, was du von mir brauchst, mehr oder weniger gleich sind –, ist es unwahrscheinlich, dass Unterdrückungsgewalt funktioniert.

Unterdrückungsgewalt kann direkt oder indirekt ausgeübt werden. Obwohl wir bei der Gewalt meist an ihre eklatanteste und offensichtliche Erscheinungsform denken, lässt sie sich vielfältig auf subtile, manipulative und indirekte Weise ausüben, wobei sich diese Formen häufig als Abwehr gegen die unmittelbare Machtausübung eines anderen richten. Machtlose Menschen, die nicht *so viel* Zugang zu Belohnungsmitteln haben, Menschen, die gelernt haben, Konflikte zu vermeiden, oder Menschen, die offene Konflikte fürchten, neigen zum Einsatz indirekter oder subtiler Macht.

Vor allem viele Frauen verstehen sich als Menschen, die in ihren Beziehungen keine Gewalt verwenden. Tatsächlich verzichten sie nur auf offene oder direkte Machtausübung. Es folgen einige Beispiele für indirekten Machtgebrauch:

- Ein Partner, der zu müde für den Sex ist.
- Ein Partner, der sich weigert, über Probleme zu diskutieren.
- Eine Frau, die zu weinen beginnt, wenn ihr Mann mit ihr reden möchte.
- Ein Ehepartner, der krank wird, wenn eine wichtige und bereits geplante Reise unmittelbar bevorsteht.
- Ein Angestellter, der »vergisst«, eine wichtige Arbeit weiterzugeben.

Ob nun Macht direkt oder indirekt ausgeübt wird – wir befinden uns fast alle in Situationen, in denen wir der Macht anderer ausgeliefert sind oder in denen wir anderen gegenüber Macht besitzen. Die

Oberschwester eines großen städtischen Krankenhauses berichtet:

»Bei der Arbeit fühle ich mich den Patienten und den mir unterstehenden Schwestern gegenüber mächtig, und wenn irgendjemand aufmuckt, mach ich sofort deutlich, wer das Sagen hat. Aber zu Hause spielt mein Mann die erste Geige, und ich füge mich seinen Wünschen, um jeden Streit zu vermeiden.«

Einen gewissen Machtunterschied gibt es in den meisten zwischenmenschlichen Beziehungen – der eine hat die Macht, seine Bedürfnisse auf Kosten des anderen zu befriedigen. Wenn er seine Macht in einer Konfliktsituation *ausübt*, ist es gewöhnlich so, dass der eine gewinnt und der andere verliert. Der Verlierer ist dann bestrebt, im nächsten Konflikt auf Kosten des anderen zu gewinnen. Ein Teufelskreis beginnt, der zum allmählichen Ruin der Beziehung führen kann.

Wenn Männer und Frauen über ihre gegenseitigen Beziehungen diskutieren, heißt es oft, die am häufigsten verwendeten Machtmittel seien Geld und Sex. Ein Mann Mitte Vierzig, ein Fernsehautor, berichtet seinem Eheberater:

»Ich habe meiner Frau alles geboten ... ein schönes Heim, einen eigenen Wagen, alles, was sie wollte. Und dann, aus heiterem Himmel, will sie studieren und einen College-Abschluss machen. Sie ist fast vierzig. Können Sie sich das vorstellen? Ich habe mich geweigert, ihr das Studium zu finanzieren. Ich dachte, ich müsste sie daran hindern, eine Närrin aus sich zu machen. Daraufhin nimmt sie eine Arbeit an und besucht das College abends. Und wo bleib ich da? Es ist, als sei ich nicht verheiratet und hätte kein Zuhause. Ich verstehe das nicht. Ich habe ihr immer alles gegeben.«

Eine Frau, deren Mann Vizepräsident eines großen Unternehmens ist, berichtet uns:

»Mein Mann begann, die Karriereleiter zu erklimmen, und bald arbeitete er bis spät in die Nacht oder nahm sich Arbeit mit nach Hause. Ich fühlte mich vernachlässigt und beiseite geschoben. Er war sehr stolz auf mein Aussehen – ich war früher Model –, also begann ich, mich zu vernachlässigen und zuzunehmen. Und wenn er ins Bett kam, tat ich so, als schliefe ich sofort ein. Natürlich tat ich das alles, um ihn zu bestrafen. Jetzt tragen wir die Dinge aus, aber ich kann Ihnen sagen, wir hatten ein paar sehr harte Jahre.«

Typische Verfahren der Konfliktlösung

In unserem Kurs heißen diese Einer-gewinnt-einerverliert-Methoden zur Konfliktlösung Methode I und II. Beide Methoden beruhen auf Macht; beide sind an Gewinn und an Niederlage orientiert – immer gibt es einen Gewinner und einen Verlierer. Keine der beiden Methoden lässt verborgene Konflikte in positiver, konstruktiver Weise zutage treten. Obwohl Menschen normalerweise eher zur einen oder zur anderen Methode neigen, machen sie unvermeidlich von beiden Gebrauch. Wir wollen das eingehender erörtern.

Methode I – Sie gewinnen, der andere verliert

Dabei setzen Sie in der Beziehung Ihre Macht ein, um Ihre Bedürfnisse auf Kosten des anderen zu befriedigen. Sie behalten Recht und setzen Ihre Lösung durch. Das Ergebnis ist, dass der andere Ihnen grollt, wie die folgende Abbildung zeigt (die Plus- und Minuszeichen stehen für den Besitz an Belohnungen und Bestrafungen):

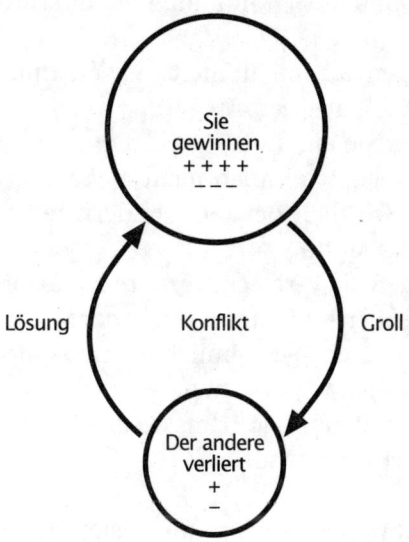

Wenn Sie Methode I benutzen, um Konflikte zu lösen, lässt sich ziemlich sicher vorhersagen, wie die anderen auf Sie reagieren werden (Methode I hat viele Merkmale mit dem aggressiven Verhalten gemeinsam, das in Kapitel 3 beschrieben worden ist). Da die Bedürfnisse der anderen zu kurz kommen –

und diese das Gefühl haben, die Probleme und Konflikte seien ungerecht gelöst worden –, stoßen Sie häufig auf Reaktionen, wie sie unten aufgeführt sind:

- Sie beginnen, Sie zu fürchten.
- Sie kritisieren Sie, sprechen hinter Ihrem Rücken über Sie.
- Wenn Sie versuchen, andere Bedürfnisse zu befriedigen, hintertreiben sie dieses Bemühen.
- Sie verbünden sich mit anderen, um Ihre Macht zu untergraben.
- Sie mögen Sie nicht mehr, gehen Ihnen nach Möglichkeit aus dem Wege.
- Sie lügen Sie an.
- Häufig sagen sie Ihnen nicht mehr ins Gesicht, was sie wirklich denken, sondern reden Ihnen nach dem Mund.
- Oft sorgen sie versteckt für ihre Bedürfnisse, sie kümmern sich nicht um Ihre Anordnungen.
- Sie versuchen – gewöhnlich durch Manipulation – Ihre Gunst zu gewinnen.
- Sie teilen Ihnen Bedürfnisse, die ihnen wichtig sind, nicht mehr mit.

Wenn Sie Ihre Bedürfnisse auf Kosten der anderen befriedigen, fügen Sie Ihren Beziehungen Schaden zu, weil die anderen immer heftigeren Groll gegen Sie hegen werden. Sie werden sich auch scheuen, Konflikte offen mit Ihnen auszutragen, weil sie wissen, Sie neigen dazu, Ihre Macht einzusetzen, um zu gewinnen. Da die Konflikte nicht wirklich befriedigend gelöst werden, zeigen sie sich in immer neuer Gestalt. Denn die andere Person kann ihre Bedürfnisse nicht befriedigen.

Hier sind zwei Beispiele für Methode I:
1. Eine Ihrer Untergebenen möchte befördert werden. Sie weigern sich, ihre Bitte in Erwägung zu ziehen.
2. Ihr Sohn wünscht sich sehnlichst, an einem Wochenendausflug seiner Freunde teilzunehmen. Sie verweigern ihm die Erlaubnis.

Die Machtausübung anderen Menschen gegenüber wird oft mit dem Argument verteidigt, sie sichere das »Überleben des Besten«. Die allgemeine Vorstellung, die dieser Auffassung zugrunde liegt, ist die, dass es in der Absicht der Natur sei, wenn der Starke den Schwachen beherrscht. Wie Gott und das Schicksal, so wird auch oft die Natur angerufen, um selbstsüchtiges Verhalten zu rechtfertigen, obgleich es weder wissenschaftliche noch andere Beweise dafür gibt, dass irgendein kosmischer Plan verlangt, in zwischenmenschlichen Beziehungen müsse der Schwache vom Starken beherrscht werden. Im Gegenteil, es gibt viele Anhaltspunkte dafür, dass in persönlichen Beziehungen die Anwendung überlegener Stärke oder Macht gewöhnlich für alle Beteiligten negative Auswirkungen hat.

Von Eheberatern wissen wir, dass nur wenige Ehen die Belastung aushalten, die daraus erwächst, dass einer der Partner längere Zeit den anderen dominiert. Über kurz oder lang kommt es zum »Vulkaneffekt«: Der angesammelte Groll des Partners, der an die schwächere Position gefesselt ist, entlädt sich. Oder es findet ein ruhiger und stetiger Rückzug statt, bis der untergeordnete Partner nicht mehr »da« ist. Er wird nach außen Unterwürfigkeit dokumentieren (»Ja, Liebes, alles, was du sagst«), doch alle Lebenszeichen, die Erkennungsmerkmale einer selbständigen Persönlichkeit, ziehen sich unter die Oberfläche zurück.

Die Auswirkungen der Macht erkennen

Nehmen Sie sich ein paar Minuten Zeit, um sich in Erinnerung zu rufen, welche Auswirkungen die Macht in Ihrem eigenen Leben gehabt hat. Fragen Sie sich selbst:

- Welche Arten von Macht haben andere Menschen mir gegenüber ausgeübt? Welche üben sie noch immer aus?
- Mein Chef?
- Mein Partner?
- Meine Kinder?
- Meine Freunde?
- Meine Eltern?
- Wie stehe ich zu den Menschen, die mir gegenüber Macht ausüben?
- Von welchen Arten der Macht habe ich in meinen Beziehungen zu anderen Menschen häufig Gebrauch gemacht? Von welchen mache ich noch immer Gebrauch?
- Wie stehe ich zu mir selbst, wenn ich Macht ausübe?

Methode II – Sie verlieren, der andere gewinnt

In der Konfliktsituation besitzen Sie die meiste (oder einen gleichen Anteil an der) Macht und gestatten dem anderen, seine Bedürfnisse auf Ihre Kosten zu befriedigen. Sie geben nach. Der andere setzt seine Lösung durch. Nun grollen Sie dem anderen, wie die folgende Abbildung zeigt:

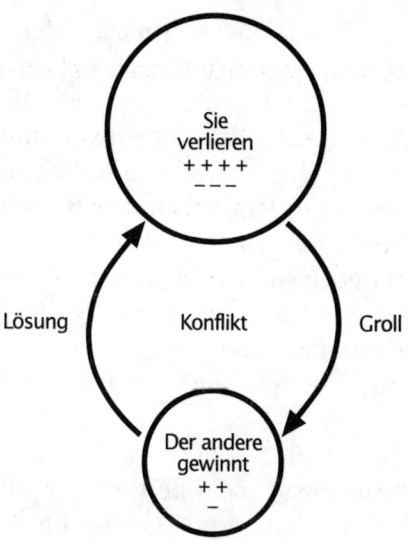

Methode II wird meist von Menschen benutzt, die Konflikte vermeiden möchten; sie wünschen Frieden um jeden Preis. Nur zahlen sie einen sehr hohen Preis dafür. Anders als bei Methode I sind die Konsequenzen von Methode II *Ihre* negativen Gefühle (sehr ähnlich wie im Fall des nichtassertiven Verhaltens, das in Kapitel 3 beschrieben wurde). Da

181

Sie für Ihre Bedürfnisse nicht sorgen können, werden Sie möglicherweise etliche der unten aufgeführten Reaktionen verspüren:

- Sie empfinden den anderen gegenüber Groll und Ärger.
- Sie durchkreuzen ihre Anstrengungen, andere Bedürfnisse zu befriedigen.
- Sie ziehen sich aus solchen Beziehungen allmählich zurück.
- Zu kurz gekommene Bedürfnisse rufen Frustration und Angst in Ihnen hervor.
- Sie gehen Konflikten künftig aus dem Weg.
- Sie werden gleichgültig, apathisch und deprimiert.
- Oft finden Sie andere, versteckte Möglichkeiten, Ihre Bedürfnisse zu befriedigen.
- Sie beschließen, später zu gewinnen, Vergeltung zu üben.
- Sie respektieren sich weniger, Ihre Selbstachtung nimmt ab; auch andere achten Sie weniger.

Wiederum bleibt der Konflikt ungelöst. Diesmal, weil Ihre Bedürfnisse nicht befriedigt werden. Der Konflikt wird fortdauern und in verschiedenen Gestalten zurückkehren.

In den beiden oben erwähnten Fällen würde Methode II wie folgt funktionieren:

1. Obgleich Sie nicht der Meinung sind, dass Ihre Angestellte eine Beförderung verdient, gewähren Sie sie.
2. Sie beugen sich den Argumenten Ihres Sohnes und erlauben ihm, mit seinen Freunden zu fahren.

Jeder-gewinnt-Konfliktlösung – Methode III

Im Kurs lehren wir eine Alternative zu den beiden Einer-gewinnt-einer-verliert-Konfliktlösungen. Sie beruht auf Machtverzicht. Zugrunde liegt ihr die Vorstellung, dass Konflikte in zwischenmenschlichen Beziehungen offen und ehrlich ausgetragen werden können, dass beide Parteien für die Befriedigung ihrer Bedürfnisse sorgen können und dass keine verlieren muss. Wir nennen dies die Jeder-gewinnt-Methode, Methode III. Sie ist ein Weg, um eine beiderseitige Bedürfnisbefriedigung zu erreichen.

Methode III verlangt, dass beide Seiten sich verpflichten, keine Macht auszuüben, um die eigenen Bedürfnisse auf Kosten der anderen zu befriedigen. Da die meisten von uns gelernt haben, Konflikte so zu lösen, dass dabei Gewinner und Verlierer herauskommen, fällt ihnen dieser Schritt schwer. Als besonders schwierig kann er sich für Leute erweisen, die in den meisten ihrer Beziehungen über Macht verfügen.

Wenn wir den Mut aufbringen, gegenüber Menschen, zu denen wir in enger Beziehung stehen, eine solche Verpflichtung einzugehen, kann das Ergebnis sehr befriedigend sein.

Einige Vorteile der Jeder-gewinnt-Methode sind:
1. Konflikte können zutage treten, können ausgedrückt und konstruktiv und fair gelöst werden.
2. Menschen lernen, dass ein Konflikt erregende und interessante Veränderungen herbeiführen

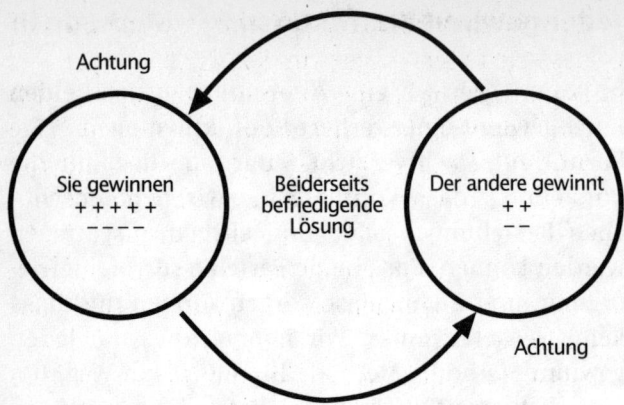

Achtung

Sie gewinnen
+ + + + +
– – – –

Beiderseits
befriedigende
Lösung

Der andere gewinnt
+ +
– –

Achtung

kann. Sie fangen an, sich positiv zu ihm zu stellen, ihn auszulösen, hören auf, ihn zu vermeiden.

3. Jeder übernimmt selbst die Verantwortung für die Befriedigung seiner Bedürfnisse; das geschieht nicht auf Kosten des anderen. (Der Wunsch, nicht zu verlieren, ist ein entscheidender Faktor.)

4. Die Menschen sind weit eher bereit, sich mit grundlegenden, wichtigen Konflikten zu beschäftigen; sie verlieren das Interesse an oberflächlichen Konflikten.

5. Ein und derselbe Konflikt kommt nicht wieder und wieder hoch, weil er fair gelöst worden ist.

6. Für Konflikte werden bessere Lösungen gefunden, wenn alle Beteiligten sich an der Suche beteiligen; nutzen Sie das kreative Denken jedes Beteiligten.

7. Beiden Seiten ist weit mehr daran gelegen, die Entscheidung auszuführen, wenn sie an der

Entscheidungsfindung beteiligt werden, statt dass sie ihnen aufgezwungen wird.

8. Die Beziehung wird enger und liebevoller – Groll und Feindschaft verschwinden.

9. Andere nehmen diese Methode als Vorbild für die Lösung eigener Beziehungskonflikte.

Wir kommen auf unsere Beispiele zurück und nennen *mögliche* Lösungen nach Methode III (viele andere sind denkbar):

1. Sie setzen eine Besprechung mit Ihrer Angestellten an. Jede von Ihnen legt ihre Ansichten dar und hört der anderen zu. Nachdem Sie den Fall gründlich erörtert haben, einigen Sie sich *beide* darauf, dass eine Beförderung zum gegenwärtigen Zeitpunkt verfrüht wäre; *gemeinsam* setzen Sie Ziele, die die Angestellte erreichen sollte, und einigen sich darauf, in einem halben Jahr noch einmal zusammen zu kommen, um den Fall erneut zu besprechen.

2. Sie setzen sich mit Ihrem Sohn zusammen. Sie sagen beide, welche Auffassung und Bedürfnisse Sie haben, beide hören einander zu. Sie kommen überein, dass er mitdarf, wenn ein Elternteil oder eines der älteren Geschwister mitfährt.

Positive Einstellung zum Konflikt

Wenn es uns gelingt, einen Konflikt als Hinweis auf unbefriedigte Bedürfnisse zu begreifen (statt als

Machtkampf, in dem es darum geht, die Oberhand zu gewinnen), können wir eine grundsätzlich neue Einstellung zu ihm gewinnen. Ein Konflikt kann heilsam sein. Er kann eine positive Kraft in unserem Leben sein. Eine Aufforderung zu ehrlicher Kommunikation, eine Gelegenheit zu offener und ehrlicher Interaktion. Er kann die Atmosphäre bereinigen, indem er Missverständnisse beseitigt und die Menschen einander näher bringt.

Wenn die Menschen Konflikte offen legen und austragen, entfalten und entwickeln sie sich. Wahrscheinlich sind nämlich Meinungsverschiedenheiten weit eher als Übereinstimmung dazu geeignet, die heilsame Veränderung und Entwicklung von Beziehungen anzuregen. Ohne Konflikte gäbe es keine Veränderung und wenig Fortschritt. Das Leben wäre leer, langweilig und käme nicht vom Fleck.

Wie die Berechtigung von Ärger und Angst akzeptiert werden kann, so lässt sich auch ein Konflikt positiv verstehen. Ebenso wie der Mensch sich durch die Überwindung von Angst entfalten und entwickeln kann, können Beziehungen an der gelungenen Lösung von Konflikten wachsen. Deshalb ist es wichtig, effektive Verfahren zur Beilegung von Beziehungskonflikten zu lernen.

10. Jeder-gewinnt-Konfliktlösung

Du und ich, wir befinden uns in einem Bedürfnis-
konflikt. Ich achte deine Bedürfnisse, muss aber auch
meine eigenen achten. Ich möchte keinen Gebrauch
von meiner Macht über dich machen, sodass ich
gewinne und du verlierst, aber ich kann nicht nach-
geben und dich auf meine Kosten gewinnen lassen.
Wir wollen uns deshalb darauf einigen, gemeinsam
nach einer Lösung zu suchen, die deine Bedürfnisse
ebenso wie meine befriedigt, sodass keiner verliert.
Thomas Gordon

Die Jeder-gewinnt-Konfliktlösung führt zum Ziel,
wenn Sie die folgenden sechs Schritte ausführen:

  I. Definition des Problems
  II. Entwurf möglicher Lösungen
 III. Bewertung der Lösungen
 IV. Entscheidung für eine beiderseitig akzeptable
     Lösung
  V. Ausführung der Lösung
 VI. Überprüfung der Lösungsergebnisse

Richtlinien für Methode III

Bevor wir diese Schritte beschreiben und zeigen,
wie Methode III in konkreten Situationen aussehen
könnte, geben wir Ihnen noch einige Richtlinien,
die Sie im Gedächtnis behalten sollten.

1. Jeder muss sich verpflichten, bei der Suche nach einer Lösung des Konflikts keinen Gebrauch von seiner oder ihrer Macht zu machen.

Seien Sie realistisch, wenn Sie entscheiden, in welcher Ihrer Beziehungen es Ihnen frei steht, Methode III zu benutzen. Gewiss wird es sich in vielen der Beziehungen, in denen jemand anders Macht über Sie besitzt, als schwierig, wenn nicht unmöglich erweisen.

Am leichtesten und erfolgreichsten können Sie Methode III anwenden, wenn Sie Macht über den anderen haben oder wenn die Macht ziemlich gleich verteilt ist. Einige Beispiele für Beziehungen, in denen gewöhnlich Sie die Macht besitzen, sind:

Sie:	*andere:*
Mutter	Kind
Chef	Angestellter
Lehrer	Schüler

Einige Beispiele, in denen die Macht ziemlich gleich verteilt sein dürfte:

Sie:	*andere:*
Freund	Freund
Verwandte	Verwandte
Ehefrau	Ehemann

Beziehungen, in denen Methode III möglicherweise nicht geht, weil der andere Macht über Sie hat und nicht bereit ist, zur Lösung des Problems auf diese Macht zu verzichten, liegen in folgenden Fällen vor:

Sie: Angestellter	*andere:* Chef
Schüler	Lehrer
Ehefrau	Ehemann

Viele Menschen, und besonders Frauen, befinden sich in Beziehungen, in denen der andere mehr Macht besitzt und sie auch benutzt, um sich durchzusetzen.

Können Sie – vom Abbruch der Beziehung abgesehen – irgendetwas anderes tun, als weiterhin verlieren? Zwar gibt es Menschen, die sich hartnäckig weigern, auf ihre Macht zu verzichten, doch greifen viele andere nur deshalb zur Lösung von Problemen auf Macht zurück, weil sie es gewohnt sind und/oder weil sie keine andere Möglichkeit kennen – außer dass sie nachgeben, und diese Alternative gefällt ihnen sicher nicht.

Wenn Sie den anderen dazu veranlassen wollen, dass er sich mit Ihnen an einer Lösung des Konflikts nach Methode III beteiligt, müssen Sie die Initiative ergreifen.

Senden Sie vorbeugende Ich-Botschaften wie:

- »Mir wäre es lieb, wenn es eine andere Möglichkeit gäbe, dieses Problem zu lösen. Was würden Sie davon halten, dass wir uns zusammensetzen und versuchen, eine Lösung zu finden, die uns beiden gefällt?«
- »Ich bin ehrlich begeistert von einigen Ideen, die man in diesem Kurs vermittelt, den ich gerade besuche. Ich würde sie gerne in unserer Beziehung ausprobieren. Wärst du damit einverstanden?«

- »Mir liegt so viel an unserer Beziehung, dass ich sehr gerne einige neue Verfahren zur Lösung unserer Probleme ausprobieren würde. Ich würde sie dir gerne näher beschreiben.«

Senden Sie unmissverständlich konfrontierende Ich-Botschaften, in denen Sie sagen, wenn der andere ständig auf Ihre Kosten gewinnt:

- »Ich bin gekränkt und frustriert, wenn Sie Entscheidungen fällen, ohne mich an ihnen zu beteiligen. Häufig bekomme ich dann nicht, was ich brauche, und ich habe das Gefühl, dass Sie sich nicht um meine Wünsche kümmern.«
- »Ich merke, wie ich wütend werde, wenn du das Thema wechselst, während ich dir meine Vorstellungen zum Haushaltsplan entwickle. Ich fürchte dann, einige Sachen, die für mich wichtig sind, werden nicht berücksichtigt.«
- »Meine Gefühle für dich sind nicht gerade freundlich, wenn es immer nach deiner Nase geht. Das weckt in mir den Wunsch, mich an dir zu rächen.«

Wenn Sie Ihre Gefühle in ehrlicher Selbstenthüllung zum Ausdruck bringen können und beim geringsten Widerstand auf Aktives Zuhören umschalten, werden Sie vielleicht überrascht sein, wie positiv die anderen reagieren.

2. Nachdem Einigung darüber erzielt worden ist, es mit Methode III zu versuchen, muss jeder klar verstanden haben, dass Sie beide nach ei-

ner Lösung suchen werden, bei der keiner verliert. Auch die Kenntnis der sechs Schritte ist wichtig. Sie können sie dem anderen beschreiben oder ihn über sie nachlesen lassen.

3. Wählen Sie einen Zeitpunkt, da Sie vor Störungen sicher sind. Methode III kann lange dauern, weil das Ende offen ist. In der Familie könnte Sonntagnachmittag ein guter Zeitpunkt sein. Im Büro könnten Sie das Meeting eine Woche vorher festlegen, damit alle Beteiligten sich ihre Zeit entsprechend einteilen können. Bei einem Freund könnte es die nächste Verabredung zum Mittagessen sein.

4. Sorgen Sie dafür, dass Lösungsvorschläge festgehalten werden. Wenn es sich um eine Gruppe handelt, kann es auf einer Tafel oder einem großen Papierbogen geschehen. Bei zwei Leuten dürften Papier und Bleistift genügen.

Die sechs Schritte der Jeder-gewinnt-Problemlösung

Schritt I: Definition des Problems – anhand von Bedürfnissen, nicht von konkurrierenden Lösungen

Dies ist der bei weitem wichtigste (und oft auch zeitraubendste) Schritt der Problemlösung. Eine klare Vorstellung von den Bedürfnissen des anderen ist wichtig, um eine Lösung entwickeln zu können, die diesen Bedürfnissen gerecht wird. Am besten wird das Problem in direkten, ehrlichen und offenen Ich-Botschaften niedergelegt. Sie sollten das Problem so formulieren, dass es keinen Vorwurf und kein Urteil hinsichtlich des anderen enthält.

In diesem ersten Schritt geht es Ihnen um *Bedürfnisse*, noch nicht um *Lösungen*. Unter Umständen brauchen Sie einige Übung, um Bedürfnisse von Lösungen unterscheiden zu können. Besonders da wir meist dazu neigen, von den Lösungen zu sprechen, die wir für unsere Bedürfnisse sehen, und nicht von den Bedürfnissen selbst. Wir springen zu den Lösungen, bevor wir rechte Klarheit über die Bedürfnisse gewonnen haben. Oft sind bei einem bestimmten Problem viele Lösungen möglich.

Einige sehr anschauliche Beispiele für Bedürfnisse und Lösungen sind:

Bedürfnisse	Mögliche Lösungen
Beförderung	Mit Ihrem Fahrrad fahren. Einen Freund bitten, Sie mitzunehmen. Ein Auto leihen. Den Bus nehmen.
Mehr Freiheit	Die Hausarbeit in der Familie aufteilen. Eine Zugehfrau einstellen. Die Ganztagsstellung aufgeben, eine Halbtagsbeschäftigung annehmen. Früher aufstehen.

Bedürfnisse	Mögliche Lösungen
Mehr körperliche Betätigung	An einem Gymnastikkurs teilnehmen. Tennis lernen. Mehr Jogging anfangen. Mehr Hausarbeit machen.
Der Wunsch, sich mehr zu amüsieren	Mit Freunden ausgehen. Eine Party geben. Einen Wochenendausflug planen. Ein Spiel spielen.
Mehr Abstellraum	Einen Garagenverkauf organisieren. Abstellraum mieten. Nutzlose Dinge fortgeben. Einen Abstellraum bauen.
Geistige Anregung	An einem Collegekurs teilnehmen. Mehr interessante Bücher lesen. Vorlesungen und Debatten besuchen. Interessante Magazine und Zeitschriften abonnieren.

Ein Hinweis: Jemand kann mit einem bestimmten Problem beginnen und – wenn ihm der andere aktiv zuhört – entdecken, dass er tatsächlich über ein anderes oder tiefer liegendes Problem spricht.

Nehmen Sie sich genügend Zeit, das Problem oder den Konflikt genau zu definieren. Seien Sie bereit, ständig zwischen Ich-Botschaften und Aktivem Zuhören zu wechseln.

Bevor Sie sich Schritt II zuwenden, müssen Sie sicher sein, dass Sie sich beide über die Definition des Problems (oder der Probleme) einig sind. Oft (besonders wenn Sie die Jeder-gewinnt-Methode vorher noch nicht angewendet haben) wird durch Selbstenthüllung und Zuhören deutlich, dass es zwischen Ihnen und dem anderen mehr als einen Konflikt gibt. Es kann sich als nützlich erweisen, jeden aufzuschreiben; entscheiden Sie, welcher der dringlichste ist; klären Sie sie einzeln.

Schritt II: Entwurf möglicher Lösungen (Brainstorming)

Dies ist der kreative Teil des Problemlösens, die Phase, da Sie beide sagen: »Überlegen wir gemeinsam, ob wir eine konstruktive Lösung finden.« Häufig ist es schwer, sofort auf eine gute Lösung zu kommen; doch regen vorläufige Lösungen, auch wenn sie selbst oft noch nicht akzeptabel sind, Gedanken an, die zu besseren Lösungen führen. Sie sollten den anderen nach möglichen Lösungen fragen, bevor Sie eigene vorschlagen.

Wenn Sie diesen Schritt bestmöglich nutzen wollen, sollten Sie beide:

- Dies als eine wahrhaft kreative Erfahrung begreifen und ohne Vorbehalt alle Gedanken äußern, die Ihrer Meinung nach zu einer Lösung führen könnten.
- Aktives Zuhören verwenden, um alle Lösungen zu klären und um sicherzustellen, dass Sie sie verstanden haben; nach Möglichkeit sollten sie schriftlich festgehalten werden.

- Es vermeiden, die Lösungen des anderen zu beurteilen und zu kritisieren.
- Versuchen, viele mögliche Lösungen aufzulisten, bevor sie irgendeine bewerten oder diskutieren. Denken Sie daran, Sie versuchen zur *besten* – nicht einfach zu irgendeiner – Lösung zu kommen.
- Das Problem, wenn der Prozess stockt, anhand der Bedürfnisse neu formulieren. Manchmal bringt das Ihre Bemühungen wieder in Gang.

Wenn niemand mehr Einfälle hat und eine Liste möglicher Lösungen zusammengestellt worden ist, können Sie sich dem nächsten Schritt zuwenden.

Schritt III: Bewertung der Lösungen

Jetzt werden Sie beide den Wunsch verspüren, kritisch über die Vorschläge nachzudenken. Wo liegen mögliche Fehler der genannten Lösungen? Werden sie beiden gerecht? Scheinen einige Lösungen praktikabler zu sein als andere? Gibt es Lösungen, die aus irgendeinem Grund nicht zu verwirklichen sind? Oder nur unter zu großen Schwierigkeiten in die Tat umzusetzen wären?

Streichen Sie Lösungen, von denen Sie beide meinen, sie würden Ihren beiderseitigen Bedürfnissen nicht gerecht.

Manchmal wird sich bei der Bewertung der Lösungen ein ganz neuer Vorschlag ergeben, der besser als alle bisher genannten ist. Oder eine frühere Lösung wird durch eine Abänderung verbessert, die sich von selbst ergibt. Wenn Sie es versäumen,

Ihre Lösungen in dieser Phase zu überprüfen, erhöhen Sie dadurch natürlich die Gefahr, am Ende eine unzulängliche Lösung zu erhalten oder sich auf eine Lösung zu einigen, die nicht ernsthaft ausgeführt wird.

Schritt IV: Entscheidung für eine beiderseitig akzeptable Lösung

Nun können Sie sich auf eine beiderseitig akzeptable Lösung verpflichten. Wenn alle Faktoren bekannt sind und Sie verschiedene Möglichkeiten erwogen und analysiert haben, werden Sie gewöhnlich feststellen, dass Sie sich auf eine Lösung einigen können, die Ihrer beider Bedürfnisse befriedigt. Häufig wird es sich dabei um eine Kombination von zwei oder mehr Vorschlägen handeln. Versuchen Sie den anderen nicht zu einer Lösung zu überreden (oder zu drängen) und lassen Sie sich nicht von ihm überreden, eine Lösung in Kauf zu nehmen, die Ihnen nicht gefällt. Wenn sich nicht beide Parteien frei für eine Lösung entscheiden, besteht die Gefahr, dass die gewählte Lösung nicht verwirklicht wird.

Wenn es den Anschein hat, dass Sie sich auf ein Ergebnis geeinigt haben, das für beide akzeptabel ist, formulieren Sie die Lösung so, dass Sie beide sie zweifelsfrei verstanden haben. Unter Umständen werden Sie sie schriftlich festhalten wollen, um sicherzugehen, dass zukünftige Missverständnisse anhand der Entscheidung überprüft werden können, auf die Sie sich beide geeinigt haben.

Schritt V: Ausführung der Lösung

Da Entwurf und Ausführung einer Lösung zwei Paar Schuhe sind, sollten Sie den Plan zur Verwirklichung der Lösung sofort besprechen, nachdem Sie eine Einigung erzielt haben. Entscheiden Sie, wer was wann tun soll. Es empfiehlt sich, davon auszugehen, dass der andere sich an die Entscheidung halten wird. Werfen Sie deshalb nicht die Frage auf, was zu geschehen hat, wenn er es nicht tut. In den meisten Fällen ist die Beziehung zwischen gegenseitigem Vertrauen und genauer Ausführung sehr eng.

Vermeiden Sie Äußerungen, durch die der andere die Ausführung der ihm zufallenden Aufgaben als einen Zwang empfinden könnte, wie etwa die folgenden:

»Ich hoffe nun, dass Sie sich an diese Vereinbarung halten!«
»Sie wissen, dass Sie sich mit dieser Vereinbarung verpflichten, Ihren Teil zu erfüllen.«

Eine wichtige Voraussetzung der Jeder-gewinnt-Methode ist, dass die Beteiligten verantwortungsvoll und vertrauenswürdig sind, dass sie, wenn sie genügend Unterstützung und Verständnis finden, ihre Verpflichtungen erfüllen werden. Misstrauen und Meckern fördern eher Abhängigkeit und Groll als individuelle Verantwortlichkeit.

Doch da viele Menschen nicht an die Problemlösung nach Methode III gewöhnt sind, werden sie anfangs unter Umständen keine Verantwortung für die Ausführung der Lösungen übernehmen. Wenn die andere Partei im Laufe der Zeit versäumt, ihren Teil des Abkommens zu erfüllen, müssen Sie die Diskussion mit einer konfrontierenden Ich-Botschaft wieder aufnehmen, zum Beispiel:

Ich bin ehrlich enttäuscht und aufgebracht, weil wir hinsichtlich dieses Konflikts ein Abkommen getroffen haben und Sie sich nicht daran gehalten haben!«

Das macht dem anderen klar, dass Sie von ihm Verantwortung erwarten.

Wenn für Sie und die Menschen in Ihrer Umwelt die Jeder-gewinnt-Philosophie selbstverständlich wird, werden Sie feststellen, dass Sie mit einem Minimum an Zeitaufwand und Schwierigkeiten zu Lösungen kommen und sie in die Tat umsetzen können.

Schritt VI: Überprüfung der Lösungsergebnisse

Nun ist es an der Zeit, die Wirksamkeit Ihrer Lösung zu beurteilen. Dazu müssen Sie sich die Frage stellen: Wird sie wirklich den Bedürfnissen von uns beiden gerecht?

Da Probleme und Konflikte, denen Menschen in ihrem Leben begegnen, durch viele Faktoren kompliziert werden, wird Ihre Problemlösung nach Methode III nicht immer zu ganz befriedigenden Ergebnissen führen. Vielleicht gefährden Sie dadurch, dass Sie ein Ziel erreichen, ein anderes, wichtigeres. Oder es kann sein, dass die Umstände sich so entscheidend verändern, dass Ihre ursprüngliche Lösung nicht mehr durchführbar ist. Oder Sie entdecken eine Schwäche an der Lösung, die eine Änderung verlangt.

Manchmal versprechen Leute, die mit Methode III noch nicht vertraut sind, zu viel. Ihre Begeisterung geht mit ihnen durch und sie erklären sich mit Unmöglichkeiten einverstanden. Sorgen Sie dafür, dass die Tür für Änderungen offen bleibt, falls dieser Fall eintreten sollte. Um ihn von vornherein zu verhindern, sollten Sie vor allem versuchen, Ihre Lösung und den Preis, der für ihre Verwirklichung zu zahlen ist, realistisch einzuschätzen. Denken Sie daran, dass Sie sich in einem fortlaufenden Prozess befinden, dessen Ende offen ist. Ihre Fertigkeiten für ehrliche Selbstdarstellung und Aktives Zuhören verbessern und verfeinern sich ständig. Je mehr Übung Sie mit Methode III haben, je mehr Erfolg Sie erzielen, desto leichter wird es Ihnen fallen, Konflikte als Hinweis auf unbefriedigte Bedürfnisse zu verstehen, als Gelegenheit, Ihre Beziehungen zu entfalten und sie in neue und aufregende Richtungen zu lenken.

Methode III
bei der Lösung eines Familienkonfliktes

Das Beispiel einer Familie, die sich der Jeder-gewinnt-Philosophie vorbehaltlos verschrieben hat, soll zeigen, wie sich Methode III auswirkt.

Wie häufig trat dieser Konflikt zutage, als die Frau – Bonnie – ihrem Mann Jim und ihrer elfjährigen Tochter Sunny mit einer konfrontierenden Ich-Botschaft entgegentrat, in der sie beschrieb, was sie bei der Hausarbeit empfand und welches Problem sie für sie bedeutete. Bonnie erinnert sich:

»Ich hatte ungefähr vor einem Jahr mit einer Ganztagsarbeit begonnen. Vorher war ich fast allein für den Haushalt verantwortlich gewesen. Einige Monate, nachdem ich zu arbeiten angefangen hatte, merkte ich, dass ich auf Jim und Sunny sauer war. Ich arbeitete nicht nur den ganzen Tag, ich machte auch den größten Teil der Hausarbeit. Ich glaube, ich hatte erwartet, dass sie mir von selbst helfen würden. Ich muss gestehen, dass ich, als sie das nicht taten, Sachen sagte wie: ›Könntest du mir nicht ein bisschen dabei helfen?‹ ›Siehst du denn nicht, was alles noch getan werden muss?‹ ›Ich tu keinen Handschlag mehr im Haus.‹ ›Was fällt dir ein, da zu sitzen und fernzusehen, während ich die ganze Arbeit mache?‹

Dann standen sie auf und halfen ein bisschen – oder wir stritten uns –, und am nächsten oder übernächsten Tag standen wir vor dem gleichen Problem. Ich kam zu dem Schluss, dass dies ein sehr wichtiges Problem für mich sei – und ich hatte keine Lust zu verlieren. Selbst einige recht deutliche konfrontierende Ich-Botschaften änderten nicht viel daran.«

Das Problem definieren

Nach einer *Reihe* immer stärker konfrontierender Ich-Botschaften kamen die drei überein, dass ein Problem vorliege und dass man sich zusammensetzen müsse, um es zu erörtern. Um sich über das Problem klar zu werden, sprachen sie alle über ihre Einstellung zur Hausarbeit. Sie waren sich darin einig, dass keiner sie mochte, vor allem nicht die täglichen Routinearbeiten. Ein paar Beispiele für die zum Ausdruck gebrachten Bedürfnisse und Gefühle:

Bonnies Bedürfnisse	Jims Bedürfnisse	Sunnys Bedürfnisse
Bedürfnisse nach einem schönen, sauberen Haus	Bonnies Maßstäbe zu hoch	Ein gewisses Bedürfnis nach einem sauberen Haus
Nicht so viel Arbeit selbst zu tun	Bedürfnis nach einem einigermaßen sauberen Haus	Bedürfnis, sich kooperativ zu verhalten
Zu viel Verpflichtungen	Bedürfnis, sich kooperativ zu verhalten	Bedürfnis, nicht angemeckert zu werden
Bedürfnis, weniger unter Zwang zu stehen	Bedürfnis nach Zeit zur Erholung	Bedürfnis nach Zeit zum Fernsehen, für Freunde

Nach vielem Hin und Her kamen Bonnie, Jim und Sunny zu dem Schluss, dass unter den täglichen Arbeiten die Zubereitung des Abendessens, der Abwasch hinterher, das Aufräumen im Haus und das Einkaufen die wichtigsten Verpflichtungen seien. Einige Arbeiten wurden bereits von jedem selbst erledigt (wie Frühstück machen, Bett machen und Bett beziehen, Rechnungen bezahlen), und mit dieser Regelung waren alle zufrieden. Das weitere Gespräch über die anderen Arbeiten führte zu folgendem Ergebnis:

Mögliche Lösungen
1. Bonnie könnte mit ihren Maßstäben bezüglich der erforderlichen Hausarbeit heruntergehen.
2. Einer könnte kochen, der andere saubermachen.
3. Abwechselnd kochen und saubermachen.
4. Die Lieblingsarbeiten aussuchen und diese erledigen.
5. Jeder ist für sein Kochen, seine Wäsche usw. verantwortlich.
6. Jeder räumt seine Sachen weg.
7. Eine Zugehfrau einstellen.

Bewertung der Lösungen
1. Übereinstimmung darüber, dass es unpraktisch sei, wenn jeder die Arbeit für sich selbst tut.
2. Man kam zu dem Schluss, dass eine Zugehfrau das Problem der wöchentlich anfallenden Arbeiten lösen würde, nicht aber die täglichen Probleme.

Entscheidung für eine allseitig akzeptable Lösung
1. Jeder erklärte sich bereit, sein Frühstück und seine Zeitung selbst wegzuräumen.

2. Jeder erklärte sich bereit, jeden Abend vor dem Zubettgehen seine Schuhe, Zeitschriften, sein Geschirr usw. selbst aufzuheben und wegzuräumen.

3. Jeder übernahm für zwei Abende in der Woche die Verpflichtung, das Abendessen zu kochen und das Geschirr abzuwaschen. (Am Freitag oder Samstag gingen sie gewöhnlich aus.)

4. Bonnie und Jim erklärten sich bereit, gemeinsam die Lebensmittel einkaufen zu gehen oder sich beim Einkaufen abzuwechseln.

5. Sunny erklärte sich damit einverstanden, die Lebensmittel wegzuräumen.

6. Bonnie und Jim kamen überein, dass derjenige, der zuletzt aufsteht, die Betten macht.

Ausführung der Lösung
Alle Teilnehmer erklärten sich sofort bereit, mit der Ausführung der Lösung zu beginnen.

Überprüfung der Lösungsergebnisse
Nachdem sie ein paar Monate versucht hatten, den Plan auszuführen, stellte Bonnie fest, dass ein Großteil der Hausarbeit, die ihr oblag, noch nicht berücksichtigt war. So bat sie um ein neues Problemlösungstreffen, um den ursprünglichen Plan zu revidieren. Sie teilte Jim und Sunny ihre Bedürfnisse mit. Alle waren sich einig, dass nach neuen Möglichkeiten gesucht werden müsse, die gesamte Hausarbeit zu verteilen. Sie beschlossen, damit zu beginnen, dass sie alle Arbeiten zusammenstellten, die zu erledigen waren (Jim und Sunny war

nicht klar, wie viel Bonnie zu tun hatte). Mögliche Lösungen waren:

1. Die Arbeit unter allen dreien gleichmäßig aufzuteilen.
2. Für ein paar Stunden in der Woche eine Haushälterin einzustellen.
3. Jeder ist für seine eigenen Bedürfnisse verantwortlich, d. h. für Essen, Wäsche usw.
4. Jeder sucht sich Lieblingsarbeiten aus und erledigt diese.

Bewertung der Lösungen

Abermals verwarfen Bonnie, Jim und Sunny die Vorstellung, dass jeder für die eigenen Bedürfnisse verantwortlich sein sollte. Erstens war sie unpraktisch, und zweitens wollten sie ihr Problem kooperativ lösen.

Sie erörterten das Für und Wider von Bonnies Maßstäben. Bonnie war der Meinung, sie seien gar nicht so hoch angesetzt. Das Problem sei vielmehr, dass Jim und Sunny daran gewöhnt seien, das Haus einigermaßen sauber vorzufinden, und sich nicht klar machten, wie viel Zeit und Energie Bonnie aufwenden musste, es andauernd in diesem Zustand zu halten.

Sie sprachen über die Wertvorstellungen, die sie hinsichtlich der Hausarbeit hegten – ob sie »Frauenarbeit« sei, wie die Geschlechtsrollen traditionell ausgesehen hätten, wie wichtig sie für jeden von ihnen seien, über das Bedürfnis nach Zeit und Erholung, über das Bedürfnis, sich kooperativ und fair zu verhalten.

Entscheidung über eine beiderseitig akzeptable Lösung

Nach vielem Hin und Her entscheiden sich Bonnie, Jim und Sunny für eine Kombination von gleicher Arbeitsteilung zwischen ihnen dreien und der Einstellung einer Zugehfrau für fünf bis sechs Stunden in der Woche. Zuerst revidierten sie ihren ursprünglichen Plan und kamen überein, jeder sei an zwei Abenden in der Woche dafür verantwortlich, das Abendessen zuzubereiten, abzuwaschen und die Küche aufzuräumen sowie das Wohnzimmer und die Küche zu fegen. (Die übrigen Abmachungen aus ihrem ersten Übereinkommen blieben bestehen.) Außerdem einigten sie sich auf folgende Punkte:

Bonnie erklärte sich bereit	Jim erklärte sich bereit	Sunny erklärte sich bereit
ihre und Jims sowie die allgemeine Wäsche zu machen, sie zusammen- und wegzulegen	alle Lebensmittel einzukaufen, die Einkaufsliste zu führen und die Lebensmittel wegzuräumen	auf allen Holzmöbeln im Haus Staub zu wischen
am Sonntagabend allen Müll rauszubringen	Kleider zur Reinigung zu bringen und wieder abzuholen	einige Pflanzen im Freien zu gießen
alle Pflanzen im Haus zu gießen und zu düngen	wegen defekter Haushaltsgeräte den Kundendienst anzurufen und auf ihn zu warten	ihre eigene Wäsche zu machen

Bonnie erklärte sich bereit	Jim erklärte sich bereit	Sunny erklärte sich bereit
die Teppiche aus-zuschütteln, Diele und Ve-randa zu fegen	die Autos zur Re-paratur, Inspek-tion zu bringen	ihr eigenes Zimmer sauber zu halten

Sie einigten sich darauf, dass die Zugehfrau staub-saugen, die Badezimmer reinigen, die Bettwäsche wechseln sollte usw. Zusätzliche Abkommen be-sagten, dass sie sich die Arbeit teilen wollten, wenn sie Gäste zum Abendessen erwarteten, dass sie sich den Einkauf der Weihnachtsgeschenke tei-len wollten und dass sie sich auch bei Arbeiten wie dem Säubern der Garage abwechseln wollten. Der Elternteil, dem es am besten passte, sollte Sunny zum Zahnarzt, zu Freunden usw. fahren. Sie be-schlossen, den Plan sofort auszuführen.

Überprüfung der Ergebnisse
Die Familienmitglieder berichten dazu:

Bonnie: »Jeder von uns hilft dem anderen, unsere Beziehung ist enger geworden. Wir alle fühlen uns jetzt verantwortlicher. Ich bin sehr erleichtert, stehe weniger unter Druck und bin lange nicht mehr so sauer. Obgleich wir immer noch Probleme mit der Hausarbeit haben und das wahrscheinlich immer so bleiben wird, meine ich, dass wir in der Art und Weise, wie sich unser Zusammenleben ab-spielt, bedeutsame Fortschritte gemacht haben.

Entscheidend dafür, dass wir zu dieser Übereinkunft kommen konnten, ist die Tatsache, dass dieses Problem Jim (und in geringerem Maße auch Sunny) deutlicher bewusst geworden ist und dass sich damit auch seine Einstellung allmählich verändert hat. Ich habe ihn ziemlich lange fortwährend mit diesem Problem konfrontiert. Oft war es schmerzlich und schwer und ist es auch manchmal jetzt noch. Aber in unserer Familie gilt Hausarbeit nicht mehr als ›Frauenarbeit‹.«

Jim: »Die Auseinandersetzung mit diesem Problem hat mir klar gemacht, wie viele Arbeiten in unserem Haushalt anfallen, und ich war überrascht, wie viele von ihnen von Bonnie erledigt werden. Wenn ich natürlich auch nicht gerade glücklich war, einige von ihnen übernehmen zu müssen, so konnte ich doch nicht leugnen, dass diese Verteilung wesentlich fairer ist. Es fällt mir schwer, mich an alle Dinge zu erinnern, zu denen ich mich bereit erklärt habe, weil sie so lange für mich getan worden sind. Doch von Tag zu Tag geht es besser. Ehrlich, ich bin jetzt mit mir selbst viel mehr einverstanden – keine Schuldgefühle mehr wie früher. Und das Schönste von allem, Bonnie ist jetzt viel glücklicher und viel liebevoller zu mir und Sunny. Ein unerwartetes Ergebnis: Aus irgendeinem Grund hat Sunny beschlossen, mir zu helfen und mich bei den wöchentlichen Lebensmitteleinkäufen zu begleiten. Mir gefällt dies Zusammensein – so ganz allein mit ihr.«

Sunny: »Es läuft wirklich gut. Vorher schienen wir uns ständig in der Wolle zu liegen. Aber oft ver-

gesse ich, die Sachen aus der Tiefkühltruhe raus-
zulegen. Wenn ich Zeit habe und ich mich lang-
weile, macht mir die Hausarbeit Spaß. Ich glaube,
es ist eine faire Sache – denn vorher haben wir [Jim
und Sunny] nie einen Handschlag gemacht.«

Problemlösung bei einem Gruppentreffen

Die meisten von uns teilen ihr Leben zwischen Zwei-
erbeziehungen und der Teilnahme an Gruppenakti-
vitäten – am Arbeitsplatz und anderswo. So brauchen wir Problemlösungsinstrumente nicht nur für
individuelle, sondern auch für Gruppensituationen.
Die Instrumente ähneln sich in mancherlei Hinsicht,
aber es gibt auch wichtige Unterschiede. Der Grup-
penprozess hat einen großen Vorteil gegenüber in-
dividueller Problemlösung: Er bietet dem Einzelnen
Unterstützung – er ist gewöhnlich nicht allein mit
seinem Konflikt. Der Nachteil liegt darin, dass es Ihnen unter Umständen widerstrebt, vor einer Gruppe
Gefühle zu äußern, die Sie einer einzelnen Person
durchaus mitteilen würden. Manche nichtassertive
Menschen sind in Gruppen besonders gehemmt. Sie
neigen dazu, sich jeder Auffassung anzuschließen,
die sie als Willen der Mehrheit erkennen – oder als
Willen des Gruppenleiters, besonders wenn er als
mächtig gilt. (Einer der schwerwiegendsten Fehler,
die ein Gruppenleiter begehen kann, ist der Versuch, nichtassertive Mitglieder zur Teilnahme zu
zwingen. Dadurch steigert er nur ihre Angst und er-
schwert es ihnen, persönliches Verantwortungsge-

fühl zu entwickeln – die Voraussetzung freier und aktiver Teilnahme.) Noch einige weitere Richtlinien für Problemlösung in Gruppen:

- Beteiligen Sie nur Leute, die das Problem betrifft.

- Sorgen Sie dafür, dass das zu lösende Problem in den »Spielraum« der betreffenden Gruppe fällt, das heißt, dass die Gruppe die Möglichkeit hat, die Lösung des Problems ungehindert zu erörtern, auszuwählen und auszuführen.

- Überzeugen Sie sich davon, dass jeder weiß, wie Methode III funktioniert.

- Nehmen Sie sich genügend Zeit, um vor Störungen sicher zu sein.

- Entscheiden Sie sich nicht für eine Abstimmung als letzten Versuch, das Problem beizulegen (Abstimmung heißt gewinnen und verlieren). Jedes Gruppenmitglied muss bereit sein, die Lösung zu *akzeptieren*, selbst wenn es nicht vollständig mit ihr einverstanden ist.

Ein Beispiel
für Problemlösung in der Gruppe

Es folgt ein Beispiel für eine ungeplante Problemlösungssitzung nach Methode III während eines Trainingsseminars für meine Kursleiter.

Die Gruppe bestand aus fünfzehn Teilnehmern und dem Dozenten. Ort der Veranstaltung war das klimatisierte Konferenzzimmer eines Hotels. Vier der Teilnehmer rauchten, die übrigen waren Nichtraucher. Als das Problem zur Sprache kam, war die

Gruppe schon zwei Tage lang zusammen und hatte fast die Hälfte des Kurses hinter sich. Ausgelöst wurde der Konflikt von einem Nichtraucher. Seine konfrontierende Ich-Botschaft lautete: »Seit Beginn des Seminars stört mich der Rauch hier im Raum. Meine Augen sind rot und entzündet, und ich bin ganz benommen. Ich habe Schwierigkeiten, mich zu konzentrieren. Der Rauch hindert mich, richtig am Kurs mitzuarbeiten.«

Daraufhin begannen auch die anderen Nichtraucher ihr Unbehagen zum Ausdruck zu bringen. Der Dozent erkannte, dass ein Gruppenproblem vorlag. Obwohl der Kurs noch nicht zur Sitzung über Methode III gelangt war, erklärte er rasch, wie sich dieser Bedürfniskonflikt von der Gruppe so lösen ließe, dass die Bedürfnisse beider Seiten befriedigt würden. Durch Aktives Zuhören half er dann der Gruppe dabei, das Problem anhand der Bedürfnisse jeder Seite zu definieren. Er führte die Kursteilnehmer durch die sechsstufige Schrittfolge.

Das Problem wurde wie folgt definiert:

Bedürfnisse der Raucher	Bedürfnisse der Nichtraucher
In regelmäßigen Zeitabständen ein körperliches Bedürfnis nach Zigaretten	Körperliches Bedürfnis nach Wohlbehagen und rauchfreier Luft
Bedürfnis, stets anwesend zu sein und während einer Rauchpause nichts zu versäumen	Wunsch, die Gruppe zusammenzuhalten

Bedürfnisse der Raucher	Bedürfnisse der Nichtraucher
Bedürfnis, sich als Teil der Gruppe, sich nicht isoliert zu fühlen	Bedürfnis, Rechte und Bedürfnisse der Raucher zu respektieren
Bedürfnis, die anderen nicht zu drangsalieren	Bedürfnis, die Gefühle der Raucher nicht zu verletzen

Bei Schritt II, in der Phase des Brainstormings, wurden folgende Lösungen vorgeschlagen:

1. Den Raum in Raucher- und Nichtraucherbereiche aufzuteilen.
2. Rauchverbot zu erteilen.
3. Häufige Raucherpausen einzurichten.
4. Die Nichtraucher mit Gasmasken auszustatten.
5. Einen Ventilator in den Raum schaffen zu lassen, um die Luft in Bewegung zu halten.
6. Rauchen nur außerhalb des Raumes zu gestatten.
7. Rauchen nur an der halb geöffneten Tür zu gestatten, sodass der Rauch hinauszieht.
8. Rauchen während der ersten Hälfte der Sitzung zu gestatten und für die zweite Hälfte ein Rauchverbot zu erlassen.
9. Ein Luftströmungsexperiment durchzuführen, um festzustellen, wohin der Rauch zieht. Die Sitzverteilung von Rauchern und Nichtrauchern entsprechend vorzunehmen.
10. Nur jeweils einem das Rauchen zu erlauben.
11. In einen ausreichend gelüfteten Raum umzuziehen.

Bei der Beurteilung der vorgeschlagenen Lösungen (Schritt III) strich die Gruppe diejenigen, die sich als nicht durchführbar erwiesen oder die nicht die Bedürfnisse beider Seiten erfüllten. Übrig blieben die Vorschläge 7, 9 und 10. Die Gruppe erörterte das Für und Wider der drei Lösungsvorschläge und überlegte, wie sie sich auswirken würden.

Das führte zum Vorschlag, die Raucher in die Nähe der halb geöffneten Tür zu setzen und nur jeweils einem einzigen das Rauchen einer Zigarette zu gestatten.

Nun konnte sich die Gruppe Schritt IV zuwenden – der Entscheidung für eine beiderseitig akzeptable Lösung. In der folgenden Diskussion ging es darum, die drei Lösungen, auf die man sich geeinigt hatte, miteinander zu verbinden. Das Ergebnis: das Luftströmungsexperiment zeigte, in welchen Bereich des Raumes der Rauch zog. Die Sitzordnung wurde so abgeändert, dass die Nichtraucher im rauchfreien Bereich saßen, die Raucher in der anderen Hälfte. Die Raucher erklärten sich bereit, darauf zu achten, dass nur jeweils einer zurzeit rauchte.

Während der Raucherpausen saßen sie in der Nähe der halb geöffneten Ausgangstür, sodass ein Großteil des Rauches nach draußen ziehen konnte.

Der Plan wurde sofort in die Tat umgesetzt (Schritt V) und von Zeit zu Zeit bewertet (Schritt VI). Beide Seiten waren sich darüber einig, dass er gut funktioniere und dass die Bedürfnisse beider Seiten berücksichtigt seien.

Nachstudie

In einem kurzen Gespräch im Anschluss an diesen 45-minütigen Problemlösungsprozess berichteten die Teilnehmer von folgenden Gefühlen und Erkenntnissen:

- Für viele war es das erste Mal, dass sie an einer Problemlösung in dieser Form teilgenommen hatten; einige hatten bezweifelt, dass sich das Problem fair lösen ließe; sie waren sehr zufrieden mit dem Erfolg.

- Negative Gefühle ehrlich mitzuteilen, erwies sich für einige als schwierig; Nichtraucher hatten Angst, die Gefühle der Raucher zu verletzen.

- Angstgefühle legten sich, als jeder die Bereitschaft der anderen zu ehrlicher Selbstenthüllung und Kooperation erkannte.

- Jede »Seite« gewann Achtung für die Bedürfnisse der anderen.

- Als der Konflikt gelöst war, war die Beziehung zwischen den Teilnehmern enger geworden.

- Die Teilnehmer lobten den Dozenten dafür, dass er so geschickt durch diesen Prozess geführt hatte.

- Sie konnten ihre Arbeit anschließend mit neuer Kooperationsbereitschaft fortsetzen.

Ob Sie einen Konflikt in einer Zweierbeziehung oder in einer Gruppe erleben – denken Sie daran, dass die wichtigsten Problemlösungsinstrumente in beiden Fällen gleich sind:

- Ehrliche und aufrichtige Darstellung Ihrer Gefühle und Bedürfnisse.

- Aktives Zuhören, wenn der andere seine Gefühle und Bedürfnisse äußert.
- Vertrauen und Achtung für die Bedürfnisse des anderen.
- Eintritt in Methode III ohne vorgefasste Lösungen.
- Weigerung, in Methode I und II zurückzufallen.
- Entschlossenheit, mit Methode III zum Erfolg zu kommen.

11. Lösung von Wertkollisionen

Wenn wir eine reichere Kultur schaffen wollen, reich an gegensätzlichen Wertvorstellungen, müssen wir die ganze Skala menschlicher Möglichkeiten anerkennen, um so eine weniger willkürliche Sozialstruktur zu errichten – eine Sozialstruktur, in der jede der mannigfaltigen menschlichen Gaben den ihr gemäßen Platz finden wird.

Margaret Mead

Betrachten wir uns zu Beginn dieses Kapitels die folgenden Situationen:

- Ihr Partner weigert sich, mit Ihnen in die Kirche zu gehen.
- Ihr Kind führt eine Sprache, die Sie nicht billigen.
- Ihre Tochter beschließt gegen Ihren Rat, das College zu verlassen und sich einer Balletttruppe anzuschließen.
- Ihre Freundin nimmt an einem »Selbsterfahrungskurs« teil, dem eine Ihrer Meinung nach gefährliche Theorie zugrunde liegt.

Stellen Sie sich zu diesen potenziellen Konfliktsituationen die unten genannten Fragen:

- Inwiefern hindert mich das Verhalten des anderen tatsächlich daran, meine Bedürfnisse zu befriedigen?
- Hat das Verhalten des anderen *konkrete* Auswirkungen für mich?

- Ist der andere der Meinung, dass dieses Verhalten mich *konkret* beeinträchtigt?

Versuchen Sie, sich nun ein paar Konflikte aus Ihren eigenen Beziehungen ins Gedächtnis zu rufen, in denen Sie *keine* konkreten Auswirkungen beschreiben können, die das Verhalten des anderen Ihnen beschert hätte. Sie haben gesehen, wie effektiv die Jeder-gewinnt-Methode in Situationen sein kann, in denen ein Bedürfnis vorliegt. Sie erinnern sich, wie in dem Streit zwischen Rauchern und Nichtrauchern die Beteiligten dadurch zu einer für beide Seiten befriedigenden Lösung kamen, dass sie sich auf die beiderseitigen Bedürfnisse und die konkreten Auswirkungen konzentrierten.

Wenn sich unsere beiderseitigen Bedürfnisse im Konflikt befinden, *können* wir verhandeln, uns anpassen, Kompromisse schließen, sodass keiner verliert. Gewöhnlich sind wir bereit, unser Verhalten zu verändern oder nach einer beiderseitig akzeptablen Lösung zu suchen, wenn wir begreifen, dass sich unser Verhalten in irgendeiner konkreten Weise nachteilig auf Menschen auswirkt, die in unserem Leben eine wichtige Rolle spielen. Doch wenn sich im Mittelpunkt des Konflikts tief verwurzelte *Wertvorstellungen* befinden, ändert sich die Situation. Unser Widerstand verstärkt sich, wenn wir merken, dass unser Verhalten keine *unmittelbar* erkennbaren oder greifbaren Auswirkungen auf den anderen hat. Solche Situationen nennen wir »Wertkollisionen«.

Was ist eine Wertkollision?

In einer Wertkollision gibt es zwischen Ihnen und einem anderen Menschen eine erhebliche Meinungsverschiedenheit bezüglich einer bestimmten Frage, wenn auch keiner von Ihnen durch diese Meinungsverschiedenheit greifbar beeinträchtigt ist. (Sie erinnern sich, dass wir als greifbare Auswirkungen Ihren Aufwand an Zeit, Geld und Energie bezeichneten.)

Die meisten Wertkollisionen entstehen aus tief verwurzelten Überzeugungen, Meinung oder persönlichen Neigungen, von denen sich viele der Problemlösung nach Methode III verweigern. Menschen, die bereit sind, über Bedürfnisse zu verhandeln – etwa über Abstellraum zu Hause, über einen ruhigen Ort zum Arbeiten oder über einen geeigneten Arbeitsplan –, sehen unter Umständen keine Veranlassung zur Problemlösung bei wertorientierten Fragen wie Lebensstil, Moral, religiöser oder politischer Überzeugung, persönlichen Neigungen oder Zielen. Ihre Einstellung läuft auf die Aussage hinaus: »Was ich denke oder glaube, ist meine Sache.«

Die folgende Abbildung zeigt, wie die Wertkollision im Verhaltensrechteck erscheint (beachten Sie, wie die problemfreie Zone sich ständig ausweitet).

Wie die anderen Konflikttypen sind auch Wertkollisionen in zwischenmenschlichen Beziehungen unvermeidlich. Denn wir kommen unablässig mit Menschen in Kontakt, deren Weltanschauung sich grundsätzlich von der unseren unterscheidet. In unserer Gesellschaftsform gibt es keinen Kanon anerkannter Wertvorstellungen.

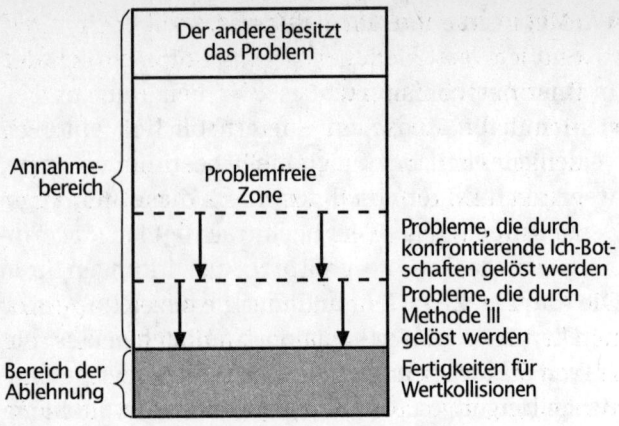

Wir bringen in unsere Beziehungen Überzeugungen und Einstellungen ein, die aus den verschiedensten Lebens- und Erfahrungsbereichen stammen. Wenn wir unseren Horizont erweitern und unser Leben bereichern wollen, müssen wir in der Lage sein, Beziehungen zu Menschen anzuknüpfen, deren Wertvorstellungen unter Umständen mit den unseren in unmittelbaren Konflikt geraten.

Natürlich kann eine Wertkollision – auch wenn sie normal ist – frustrierend und schmerzlich sein, besonders wenn sie sich in Beziehungen ereignet, die für Sie wichtig sind.

Äußerungen wie die folgenden zeigen, dass es in den betreffenden Beziehungen ungelöste Wertkollisionen gibt:

- »Ich komme mit der Familie meines Mannes nicht zurecht. Sie hat ganz andere Vorstellungen über Kindererziehung.«

218

- »Meine Karriere ist gefährdet, weil mein Chef und ich verschiedener Meinung hinsichtlich der Personalpolitik sind.«
- »Ich habe Angst zu sagen, was ich wirklich denke, weil meine Vorstellungen als abwegig gelten, und die Leute dann nichts mehr mit mir zu tun haben wollen.«

Die Frage von Wertvorstellungen und Wertkollisionen kann für Frauen besonders quälend sein. Viele Frauen hat man ermutigt oder gezwungen, Wertvorstellungen zu übernehmen (oder zumindest in Übereinstimmung mit ihnen zu leben), die nicht ihre eigenen waren. Möglich war dies, weil andere Macht über sie hatten, und dies aus verschiedenen Gründen, wie zum Beispiel:

- der finanziellen Abhängigkeit vieler Frauen von Männern, zu Hause und im Beruf;
- dem Wunsch, mit den Menschen zurechtzukommen, Frieden zu halten, Zank und Streit zu vermeiden;
- mangelndem Vertrauen in die eigenen Wahrnehmungen, Ideen, Meinungen und Wertvorstellungen.

Das kann dazu führen, dass Sie

- zum Glaubensbekenntnis oder der politischen Partei Ihres Mannes überwechseln;
- sich schließlich bereit erklären, in eine andere Gegend zu ziehen, die Ihrem Mann gefällt, Ihnen aber nicht;
- widerwillig auf einen Campingausflug gehen;

- Leute zum Abendessen einladen, die Sie nicht besonders mögen;
- mit Firmenkunden ausgehen oder auf den Betriebsfesten flirten.

Und da Frauen so lange dazu angehalten worden sind, freundlich und nett zu sein und der eigenen Wirklichkeitsauffassung kein Vertrauen zu schenken, erscheinen ihnen Konflikte über Wertvorstellungen oft als bedrohlicher, als es gewöhnlich bei Männern der Fall ist.

»Ich habe nicht viel Vertrauen zu meinen Überzeugungen«, lautet ein häufiges Bekenntnis von Frauen. Dieser Selbstzweifel und Mangel an Selbstvertrauen veranlasst Frauen, Konfrontationen zu vermeiden, in denen sie ihre Grundüberzeugungen offenbaren und zu ihnen stehen müssten. Besonders gilt dies für Frauen, die nach vielen Jahren der Hausarbeit wieder berufstätig werden oder sich einer Ausbildung unterziehen.

Im Schatten männlicher Autoritätsfiguren neigen sie dazu – wie eine Leidensgenossin es ausgedrückt hat – »sich lieber mit Vorstellungen einverstanden zu erklären, die einem den Magen umdrehen, als es auf einen Kampf mit jemandem ankommen zu lassen, der eine bessere Ausbildung und mehr Erfahrung vorzuweisen hat«.

Wertkonflikte können Ihnen dabei helfen, solche Handikaps zu überwinden, und bieten Ihnen besser als andere Erfahrungen die Chance, sich zu entfalten und anderen dabei zu helfen, sich in ganz neue Richtungen zu entwickeln. Sie können

Kraft aus ihnen ziehen und sich und andere besser kennen lernen. Solche Konflikte legen sich nicht dadurch, dass Sie sie vermeiden. Die Meinungsverschiedenheiten können dadurch sogar noch tiefer werden und die Beziehungen sich verschlechtern.

Es ist ein gutes Zeichen, dass mehr und mehr Frauen ihrer eigenen Wirklichkeitsauffassung vertrauen lernen und die Kraft und den Mut gewinnen, ihre eigenen Wertvorstellungen zu offenbaren und zu verteidigen.

Wie können Sie sicher sein, dass Sie sich auf eine Wertkollision zubewegen?

- Sie merken, dass Sie das Verhalten des anderen nicht akzeptieren können.
- Der andere weigert sich, sein Verhalten zu ändern, selbst nachdem Sie eine konfrontierende Ich-Botschaft gesendet haben.
- Der andere sieht nicht ein, dass sich eine Veränderung seines Verhaltens greifbar oder konkret auf Sie auswirken würde.
- Der andere ist im Unterschied zu Ihnen nicht der Meinung, dass er ein Problem hat.

Definition von Wertunterschieden

Der erste Schritt zur Bewältigung einer Wertkollision ist der Versuch, den tatsächlichen Unterschied zwischen Ihnen und dem anderen zu verstehen. Ich-Botschaften und Aktives Zuhören sind zur Definition der Unterschiede am besten geeignet.

Häufig zeigen sich Wertunterschiede zum ersten Mal, wenn

- Sie versuchen, eine konfrontierende Ich-Botschaft zu senden, und Schwierigkeiten haben, konkrete Auswirkungen zu nennen, die das Verhalten des anderen für Sie hat;
- Ihre konfrontierende Ich-Botschaft keine Wirkung zeigt (d. h., wenn der andere sein Verhalten nicht verändert);
- der andere sich der Konfliktlösung nach Methode III widersetzt.

Zu sehr vielen Wertkollisionen kommt es nur, weil die Kommunikation nicht ausreicht, weil Sie es versäumen, sich selbst zu enthüllen. Wenn Sie Wertunterschiede deutlich herausarbeiten können, erfahren Sie sehr häufig beide etwas Wesentliches und Wichtiges übereinander, das Ihnen vorher nicht bekannt war.

Schon dieser Schritt allein genügt häufig, um die Wertkollision zu entschärfen oder aufzulösen. Wenn Sie begreifen, wie tief eine bestimmte Wertvorstellung in einem anderen verwurzelt ist, wie sehr er an ihr hängt, wie sehr er von ihr lebt und wie er zu ihr gekommen ist – dann können Sie mehr Verständnis und Toleranz für die Vorstellungen und Verhaltensweisen des anderen aufbringen.

Sie können sich wahrscheinlich an solche Situationen in Ihrem Leben erinnern. Vielleicht waren Sie schon einmal mit jemandem befreundet, der so aufs Geld sah, dass es schon an Geiz grenzte. Zuerst hat Sie diese Geldbesessenheit irritiert. Als Sie sich besser kennen lernten, erfuhren Sie, dass sie als Kind arm war. Da war es Ihnen möglich, ihre Sparsamkeit zu akzeptieren. Sie hatte sich nicht verändert und tat es möglicherweise auch in Zukunft nicht, aber die Art und Weise, wie Sie sie sahen – Ihre Einstellung –, war anders geworden. Im Zuge eines Anpassungsprozesses hatte sich Ihre Fähigkeit zu Verständnis und Mitleid vertieft. Wir wollen sehen, wie dieser Prozess im Fall einer Frau verlief, deren Mann zu einem Zeitpunkt in den Ruhestand versetzt wurde, da ihre Karriere einen Höhepunkt erreichte.

»Ich wagte nicht, mit ihm über meine Arbeit zu sprechen, aus Angst, sein Gefühl, zum alten Eisen zu gehören, noch zu verstärken. Hinter diesem Unbehangen verbarg sich das Empfinden, er sei im Grunde mit meiner Karriere nicht einverstanden. Ich war sicher, im passte es nicht, dass ich jetzt für unseren Unterhalt sorgte. Das belastete unsere Beziehung – Sie wissen, wie es ist, wenn man dem Gespräch über ein Thema, das einem wichtig ist, auszuweichen versucht. Zur Krise kam es, als er mich zur Rede stellte und mir sagte, wie sehr es ihn kränkte, dass er aus einem weiten Bereich meines Lebens ausgeklammert werde. Ich hörte ihm Aktiv zu und fand heraus, dass er ehrlich an meiner Arbeit interessiert und stolz auf meine Leistungen war – er war sogar in der Lage, die finanzielle Situation zu akzeptieren.«

Dieser Definition der Wertunterschiede kann besondere Bedeutung zukommen, wenn Sie fortwährend versucht haben, sich den Wertvorstellungen anderer anzupassen, und für die eigenen nicht eingetreten sind. Vielleicht werden Sie sich erst nach langer Zeit und reiflicher Überlegung über einige Vorstellungen und Auffassungen klar werden, die Ihre innerste Überzeugung ausmachen, und den Mut finden, sie eindeutig, entschieden und offen zu äußern, besonders Menschen gegenüber, die von Ihnen bestimmte Denk- und Verhaltensweisen erwarten.

Wie Sie Wertkonflikte bewältigen können

In unseren Kursen lehren wir verschiedene Verfahren, Wertkollisionen zu bewältigen, die in Beziehungen auftreten – Verfahren, die nicht bedeuten, dass Sie nachgeben oder die Wertvorstellungen des anderen widerwillig übernehmen.

Solche Verfahren sind:

- mit den Unterschieden leben lernen;
- sich selbst ändern;
- Methode III verwenden, um das nichtakzeptable *Verhalten* des anderen – nicht seine Wertvorstellung – zu verändern;
- die Wertvorstellungen des anderen zu beeinflussen versuchen;
- die Beziehungen verändern.

Mit den Unterschieden leben lernen
Fällt es Ihnen schwer, jemanden zu akzeptieren, der beschließt, sich anders zu verhalten als Sie, oder dessen Wirklichkeitsauffassung sich von der

Ihren unterscheidet? Dessen Wahrnehmungen sich von den Ihren unterscheiden? Wenn ja, warum? Müssen Menschen Ihnen aufs Haar gleichen, damit sie Ihnen gefallen? Tatsache ist, dass Sie andere akzeptieren *können*. Sie können anerkennen, dass es immer Wertunterschiede zwischen Ihnen und anderen Menschen geben wird.

Mit Unterschieden leben lernen – dazu lässt sich vieles sagen. Wertvorstellungen, die sich nicht miteinander vertragen, sind durchaus kein zwingender Grund, eine Freundschaft, eine Ehe oder eine berufliche Beziehung aufzulösen. Wertunterschiede können unsere persönlichen Verbindungen interessanter, an- und aufregender machen; sie können Beziehungen davor bewahren, langweilig zu werden (was so häufig geschieht, wenn Menschen in allem und jedem der gleichen Meinung sind). Manche Ehen und Freundschaften profitieren von einer lebenslangen Debatte, die nie entschieden wird und nie aufhört, für beide Teile eine Herausforderung darzustellen.

Sich selbst ändern: die eigenen Wertvorstellungen korrigieren

Können Sie, wenn Klarheit über die Unterschiede herrscht, Ihre Wertvorstellungen überdenken und sich vielleicht dem Standpunkt des anderen annähern? Sind Sie bereit, die Wertvorstellungen des anderen »anzuprobieren« und an Ihrer Denkweise möglicherweise Korrekturen vorzunehmen?

Sich selbst verändern heißt sich selbst entfalten. Dabei sagen Sie nämlich: »Ich habe meine eigenen Vorstellungen, aber deine sind vielleicht genauso berechtigt, möglicherweise sogar berechtigter. Ich bin bereit, sie mir anzuhören – bin für sie offen.«

Entscheidend ist, dass Sie es *bereitwillig* tun; Ihre Entscheidung, eine Wertvorstellung zu verändern, muss auf dem Wunsch dazu beruhen, nicht auf dem Bestreben, sich jemandem zu fügen (oder anzupassen). Selbstmodifikation ist nur wirksam, wenn sich die Veränderungen aus einem Lernprozess ergeben und aufrichtig sind. Der Versuch, sich zu zwingen, bestimmte Einstellungen zu übernehmen oder Veränderungen an sich vorzunehmen, die Ihrer Natur zuwiderlaufen, wird wahrscheinlich fehlschlagen und wird sich nachteilig auf Sie und Ihre Beziehungen auswirken.

Das Festhalten an überlebten Wertvorstellungen hindert daran, neue und interessante Denk- und Handlungsweisen kennen zu lernen. Was nicht heißt, dass Wertvorstellungen, die sich im Laufe eines Lebens herausgebildet haben, von heute auf morgen korrigiert werden sollen (oder können). Gemeint ist damit, dass eine offene, aufnahmebereite Haltung gegenüber neuen Ideen wesentlich und förderlich für die persönliche Entfaltung ist.

Ein Ehepaar berichtet hier von seinem Versuch, seine Wertvorstellungen hinsichtlich gemeinsamer Mahlzeiten zu verändern:

»Meine Frau und ich mussten oft mit dem Abendessen warten, weil unsere Kinder nicht rechtzeitig nach Hause kamen. Wir legte beide großen Wert darauf, dass die Familie zum Abendessen zusammen kam. Immer wieder telefonierten wir verärgert hinter unseren Kindern her oder schickten das eine los, nach dem anderen zu suchen. Schließlich beschlossen wir, unsere Einstellung zu ändern und ohne die Kinder zu essen, wenn sie nicht pünktlich zu Hause waren. Dabei stellten wir fest, dass es uns sehr gefiel und dass wir uns auf diese Weise über ganz andere Dinge unterhalten konnten. Wenn die Kinder kamen, bekamen sie ihr Essen – kein Problem für sie.«

Eine Frau, die ihren Glauben gewechselt hat, berichtet hier folgendes:

»Bei der Heirat bin ich zum Glauben meines Mannes übergetreten. Für mich bedeutete es nur eine Formalität, weil ich nie sehr religiös gewesen bin. Doch als ich den angenommenen Glauben näher kennen lernte, begann ich mich für ihn zu interessieren. Letztes Jahr starb mein Mann, trotzdem halte ich mich weiterhin an die Rituale und Zeremonien. Es tröstet mich und vermittelt mir ein gewisses Zugehörigkeitsgefühl.«

Der Übertritt zu einer anderen Religion oder einer anderen Partei ist eine ziemlich radikale Veränderung der eigenen Auffassungen. Weniger dramatische, allmähliche Veränderungen sind üblicher.

Betrachten Sie die folgenden Maßnahmen, die Ihnen dabei helfen können, sich zu verändern:

- Sie können Ihre Haltung zu bestimmten Fragen verändern. Wie überzeugt Sie auch immer sind, dass Ihre Auffassung richtig ist, befassen Sie sich mit den Argumenten der Gegenseite. Versuchen Sie, so viel Informationen wie möglich über beide Seiten zusammenzutragen; unterziehen Sie dann Ihre Position einer erneuten Bewertung, und berücksichtigen Sie dabei, was Sie in Erfahrung gebracht haben.

- Sie können die Angemessenheit Ihrer Wertvorstellungen in Frage stellen und ihren Wahrheitsgehalt und ihre aktuelle Bedeutung für Sie kritisch überdenken. Ist es Gewohnheit und Halsstarrigkeit, dass Sie an ihnen hängen oder erfüllen sie wirklich einen wichtigen Zweck für Sie?

- Sie können sich fragen, ob Sie in Bereichen wie kulturellen Vorlieben, Lebensstil, Arbeitsgewohnheiten, Religion, Politik, Kleidung und Moral einen privilegierten Zugang zur Wahrheit haben.

- Sie können prüfen, ob Sie Menschen wirklich vorbehaltlos mögen oder ob Ihnen nur bestimmte Arten von Menschen gefallen. Lehnen Sie automatisch die Wertvorstellungen von Menschen ab, die Sie nicht mögen?

- Sie können sich selbst in höherem Maße akzeptieren. Wenn Sie sich selbst mögen, wird es Ihnen leichter fallen, andere zu mögen. Forschungsergebnisse der letzten Zeit haben bewiesen, dass eine enge Beziehung zwischen Selbstakzeptanz und der Akzeptanz anderer besteht. Wenn Sie sich selbst gegenüber ungeduldig sind, werden Sie wahrscheinlich auch anderen mit Strenge und Ungeduld begegnen.

- Sie können mehr über Menschen in Erfahrung bringen, die sich von Ihnen unterscheiden. Es gibt eine Fülle von Beweisen dafür, dass bei besserer Kenntnis des anderen Zuneigung und Anerkennung zunehmen, während Furcht und Ablehnung abnehmen.

Wenn Sie Ihre Wertvorstellungen modifizieren wollen, ist es wichtig, dass Sie mit sich selbst und den Veränderungen, die in Ihnen stattfinden, in Fühlung bleiben. Eine Möglichkeit dazu wäre Ihre Bereitschaft, sich von Zeit zu Zeit dem folgenden Test zu unterziehen.

Stellen Sie dabei fest, ob Sie damit »sehr einverstanden«, nur »einverstanden«, evtl. »nicht einverstanden« oder »ganz und gar nicht einverstanden« sind mit wertbesetzten Äußerungen wie:

- Solange die Kinder klein sind, gehört die Frau ins Haus.
- Frauen können besser mit Kleinkindern umgehen als Männer.
- Männer und Frauen müssen vor dem Gesetz gleich behandelt werden.
- Ein Mann sollte die Möglichkeit haben, zu Hause zu bleiben und sich um die Kinder zu kümmern, wenn seine Frau einen Beruf ausübt.
- Verhütungsmittel müssten jedem und jeder Altersgruppe zugänglich sein.
- Mann und Frau sollten gleiches Mitspracherecht in Geldangelegenheiten haben, auch wenn nur einer verdient.
- Frauen sind an ihrer Unterdrückung selbst schuld; sie können den Männern keinen Vorwurf daraus machen.

- Männer sind in unserer Gesellschaft das privilegierte Geschlecht.
- Bei der Scheidung müssen die Frauen das Sorgerecht für die Kinder bekommen.
- Eine Frau muss das Recht haben, selbst über eine Abtreibung entscheiden zu können.
- Jede sexuelle Handlung zwischen Erwachsenen, die bei freiem Willen der Beteiligten vorgenommen wird, muss erlaubt sein.

Hätten Sie vor fünf oder zehn Jahren genauso reagiert? Wie können Sie jede einzelne der Veränderungen erklären, die Ihre Überzeugungen erlebt haben? Wer hat Sie beeinflusst, wer sind die Menschen, die zur Formung Ihrer heutigen Wertvorstellungen beigetragen haben? Wer sind heute die Menschen in Ihrem Leben, deren Wertvorstellungen sich nicht mit den Ihren vertragen? Können Sie mit Unterschieden leben? Wenn nicht, können Sie diese Wertunterschiede dadurch entschärfen, dass Sie mehr Toleranz für das Verhalten der anderen aufbringen?

Methode III anwenden, um das nichtakzeptable Verhalten anderer durch Problemlösungen zu verändern

Abgesehen von der Modifikation Ihrer selbst – wenn Sie nicht bereit oder nicht in der Lage sind, sich zu verändern, können Sie versuchen, den anderen dazu zu bewegen, wenigstens sein Verhalten, wenn nicht die Wertvorstellung selbst, zu verändern. Dadurch wird der Wertunterschied unter Umständen weniger anstößig und störend für Sie ausfallen.

Doch bevor wir den Versuch unternehmen, das Verhalten von Menschen zu verändern, mit denen wir uns in einem Wertkonflikt befinden, sollten wir die Gefahren abwägen. Menschliches Verhalten ist viel zu unberechenbar, als dass wir sicher sein könnten, wohin uns unsere Bemühungen führen, wenn wir versuchen, jemanden zu verändern. Wertvorstellungen sind besonders heikel, weil sie den Menschen sehr am Herzen liegen und von ihnen möglicherweise auch als unwandelbare und ewige Wahrheiten angesehen werden. Es besteht immer die Gefahr, dass eine Beziehung Schaden nimmt, wenn Sie versuchen, solche Überzeugungen zu erschüttern. Ein freischaffender Künstler, der immer ein ungezwungenes, unbekümmertes Leben geführt hatte, berichtet:

»Meine Freundin hat versucht, einen sauberen, ordentlichen, pünktlichen Knaben aus mir zu machen. So bin ich nicht und so will ich nicht sein. Ich habe schließlich ein anderes Mädchen gefunden, das bereit war, mich so zu nehmen, wie ich bin.«

Andere Menschen besitzen durchaus die Möglichkeit, die Art und Weise, wie sie sich *verhalten*, umzustellen, ohne ihre Wertvorstellungen im Geringsten verändert zu haben. Wenn Sie zu der Auffassung gelangen, der Versuch, das Verhalten des anderen zu verändern, sei das Risiko wert, denken Sie daran, dass sich Methode III nicht auf Ideen, Lebensweisen oder -anschauungen anwenden lässt, sondern nur auf die besondere Verhaltensweise, in der sich die Wertvorstellung des anderen ausdrückt. Vielleicht stellen Sie häufig fest, dass der Wertunterschied mit der Verhaltensänderung des anderen erheblich an Bedeutung verliert. Er kann sogar verschwinden. Was wichtiger ist, Sie entdecken vielleicht, dass Sie gar nicht mehr das Bedürfnis haben, die Wertvorstellung des anderen zu verändern.

Es folgen einige Wertkonflikte, die dadurch beseitigt werden könnten, dass anhand von Problemlösung eine Verhaltensänderung herbeigeführt wird:

Ihre Freundin legt großen Wert darauf, in jedem Gespräch ihre politischen Überzeugungen darzulegen, die den Ihren entgegengesetzt sind. Sie nimmt ihre Überzeugungen sehr ernst und hat nicht die Absicht, sie zu ändern, ist aber bereit, sie nicht mehr so oft zur Sprache zu bringen, wenn sie mit Ihnen zusammen ist.

Das Zimmer Ihres Kindes entspricht nicht Ihrem Maßstab für Sauberkeit. So einigen sie sich darauf, dass es die Tür geschlossen hält und Ihnen den Anblick erspart.

Kochen macht Ihnen Spaß und Sie würden manchmal gern das Abendessen zubereiten, doch Ihre Frau ist normalerweise fürs Kochen zuständig und findet, die Küche »gehöre« ihr. Sie versucht, Ihnen vorzuschreiben, was und wie Sie kochen sollen, welches Geschirr Sie benutzen sollen, und so weiter. Sie ist einverstanden, Ihnen die Küchen an bestimmten Tagen zu überlassen und Ihnen beim Kochen nicht hineinzureden.

Sie hätten große Lust, Ihren Flugschein zu machen. Aber Ihre Tochter hat große Angst, dass Sie bei einem Unfall verletzt werden oder umkommen könnten. Sie sind bereit, die Erfüllung Ihres Wunsches so lange aufzuschieben, bis Ihre Tochter sich damit abgefunden hat oder bis sie aus dem Haus geht.

Hier ist das Einverständnis beider Seiten erforderlich. Keiner der Beteiligten darf das Gefühl haben, er habe verloren.

Solche Verhaltensänderungen führen in der Regel zu größerer Gegenseitigkeit. Ihre Bereitschaft, eigene Wertvorstellungen zu verändern, wenn sie den anderen stören, verbessert die Aussichten erheblich, dass auch der andere geneigt sein wird, sein Verhalten zu verändern, wenn es Sie stört oder ärgert – ganz gewiss ein Vorzug, der die ganze Beziehung herzlicher machen kann.

Die Wertvorstellungen des anderen zu beeinflussen versuchen

Vielleicht befriedigt es Sie nicht immer ganz, wenn Sie den anderen nur dazu bewegen, sein *Verhalten* zu ändern. Sie mögen immer noch der Meinung sein, es sei wichtig, seine *Wertvorstellungen* zu verändern. Viele Menschen sind von »missionarischem Eifer« beseelt, dem Drang, das Leben anderer Menschen zu verbessern. Vermutlich haben wir alle irgendwann einmal geglaubt, wir brauchten anderen nur unsere Neigungen und Meinungen in religiösen, politischen oder moralischen Fragen zu vermitteln, und die Welt sähe besser aus. Und es gibt Situationen, da scheint nur ein Weg aus der Sackgasse herauszuführen – die Veränderung der Wertvorstellung des anderen.

Er ist wie bei der Selbstmodifikation: Ideen zu verändern, die für andere Menschen wichtig sind, ist weder leicht noch geht es rasch. Für eine religiöse Bekehrung sind gewöhnlich viele Stunden des Studiums und der Beratung erforderlich. Auf dem Gebiet der Politik, der Moral und des persönlichen Geschmacks wechseln Menschen kaum von einer »konservativen« zu einer »liberalen« Position über, oder umgekehrt, ohne eine Reihe von Erfahrungen zu machen, die zu einer allmählichen Veränderung ihrer Wertvorstellungen führen.

Wir zeigen zwei Möglichkeiten, die Wertvorstellungen von jemand anderem zu beeinflussen: Modellierung und Beratung. Es sind sehr verbreitete Formen der Einflussnahme auf andere. Sie werden ständig in den Aktivitäten und Begegnungen des Alltags verwendet. In beiden Fällen versuchen Sie nicht, andere dadurch zu beeinflussen, dass Sie von Ihrer Macht Gebrauch machen oder Kontrolle über sie ausüben.

Modellierung

Wir alle fungieren in der einen oder anderen Weise, bewusst oder unbewusst, als Modelle für andere. Wie andere Ihre Ideen und Handlungen beeinflusst haben, so ist es wahrscheinlich, dass auch Sie für andere zum Einflussfaktor geworden sind. Unsere frühesten Rollenmodelle sind natürlich Eltern und Lehrer, die uns durch das, wovon sie überzeugt sind, und durch die Art und Weise, wie sie diese Überzeugungen in die Tat umsetzen, ständig als Vorbild dienen. Wenn wir erwachsen werden, Eltern und Schule verlassen, werden andere Menschen – Freund, Ehepartner, Kollegen – Vorbilder für uns, denen wir nacheifern. Und wir fungieren unsererseits als Modelle für sie.

Nach unseren Wertvorstellungen zu leben kann der sicherste Weg sein, sie anderen zu vermitteln. Doch wie viele Menschen leben wirklich nach ihren Überzeugungen? Meist bekennen sie sich zu Ideen und Grundsätzen, die sie vielleicht wirklich sehr schätzen, doch klafft oft eine Lücke zwischen dem, was jemand *sagt*, und dem was er *tut*.

Sehen wir die folgenden Beispiele:

Geäußerte Wertvorstellung	Tatsächliches Verhalten
Menschen müssen sich am öffentlichen Leben beteiligen.	Macht sich selten die Mühe zu wählen.
Man müsse den Bedürftigen helfen.	Gibt nie Geld für wohltätige Zwecke.
Religiöse oder rassistische Vorurteile sind schändlich.	Gehört einem Klub an, der seine Mitgliedschaft beschränkt.
Umweltschutz ist wichtig.	Benutzt immer das Auto, statt den Bus zu nehmen.

Geäußerte Wertvorstellung	Tatsächliches Verhalten
Alte Menschen verdienen besondere Rücksichtnahme.	Findet keine Zeit, seine betagten Eltern zu besuchen.
Man müsse Menschen in Not Mitgefühl und Hilfsbereitschaft entgegenbringen.	Vermeidet es, sich in die Probleme anderer hineinziehen zu lassen.
Ehrliche und offene Kommunikation ist wesentlich für gute Beziehungen.	Sagt den Menschen, was sie hören wollen.
Teenager dürfen kein Marihuana rauchen, kein Rauschmittel nehmen.	Elternteil spricht dem Alkohol übermäßg zu.

Oft ist uns nicht bewusst, welchen Einfluss wir auf unsere Kollegen, Angehörigen, Freunde und vor allem unsere Kinder ausüben. Die Menschen um uns herum beobachten sehr genau, was wir tun und sagen. Ob wir ehrlich sind oder unsere Gefühle verbergen, ob wir uns Konfliktlösungen öffnen oder unseren Willen durchzusetzen versuchen. Die Menschen, mit denen wir leben und arbeiten, nehmen davon Notiz und richten sich in ihrem Verhalten oft nach dem unseren.

Wenn Sie wirklich den Wunsch haben, dass andere sich nach Ihrem Vorbild richten, müssen Sie praktizieren, was Sie predigen. »Tu, was ich sage, nicht, was ich tue!« ist keine sehr geeignete Weise, andere zu beeinflussen. Wenn Sie von den Menschen, mit denen Sie zusammenarbeiten, Ehrlichkeit verlangen, werden Sie diesem Ziel kaum näher kommen, wenn Sie das eigene Spesenkonto frisieren. Wenn Sie von anderen Pünktlichkeit verlangen, sollten Sie sie nicht warten lassen.

Wenn Sie möchten, dass Ihre Kinder in die Kirche gehen, sollten Sie sie nicht einfach an der Kirchentür absetzen, sondern den Gottesdienst mit ihnen besuchen. Wenn Sie nicht wollen, dass Ihr Kind materialistisch wird, sollten Sie keine Dinge kaufen, die Sie nicht brauchen. Wenn Sie möchten, dass Ihre Söhne und Töchter emanzipierte Erwachsene werden, binden Sie sie in die Haushaltspflichten ein, ohne zwischen »Männeraufgaben« und »Frauenaufgaben« zu unterscheiden. Ermutigen Sie halbwüchsige Kinder auch zu einem Nebenerwerb, damit sie sich einen Teil ihres Geldes selbst verdienen.

Beratung

Sie können die Wertvorstellungen anderer auch dadurch beeinflussen, dass Sie Ihnen Ihre Ideen, Kenntnisse und Erfahrungen mitteilen – dass Sie als »Berater« fungieren.

Nach dem Webster, dem amerikanischen Duden, ist ein Berater jemand, »der auf dem Gebiet seiner besonderen Kenntnis oder seiner Ausbildung Ratschläge erteilt oder Dienstleistungen anbietet«. Wenn Sie die Dienste eines Beraters in Anspruch nehmen, erwarten Sie Hilfe von jemandem, der besondere Kenntnisse besitzt, die Ihnen – so hoffen

Sie – nützen können. Sie gehen diese Beziehung freiwillig ein, und obwohl Sie bereit sind, dem Rat zu folgen, der Ihnen erteilt wird, gehen Sie davon aus, dass es Ihnen freisteht, ihn abzulehnen, wenn er Ihren Bedürfnissen nicht gerecht wird.

Das ist der Schlüssel erfolgreicher Beratung – die Einstellung, dass es dem anderen freisteht, Ihren Rat anzunehmen oder es sein zu lassen, dass Sie Ihren Rat *anbieten*, nicht *aufzwingen*, dass Sie *vorschlagen*, nicht aber *beharren* oder auch nur *predigen*.

Stellen Sie sich vor, Sie seien Marketingmanager eines großen Unternehmens. Sie möchten in Ihrem Beruf mehr erreichen und die Leistung Ihrer Abteilung steigern. Deshalb stellen Sie einen Berater ein. Nach wochenlangen Gesprächen mit Ihren Mitarbeitern bittet der Berater um eine Konferenz mit Ihnen und teilt Ihnen, der Kundin, mit: »Sie würden weit mehr Erfolg haben, wenn Sie wöchentliche Meetings mit Ihren Mitarbeitern durchführen würden. Forschungsarbeiten haben gezeigt, dass Arbeitsgruppen ihre Produktivität um vierzig bis fünfzig Prozent steigern, wenn wöchentliche Meetings der Mitarbeiter mit dem Vorgesetzten stattfinden.« Sie denken über den Vorschlag nach, kommen jedoch zu dem Schluss, dass er den Erfordernissen Ihrer Abteilung nicht entspricht. Einen Monat später kommt es zu einem erneuten Treffen zwischen Ihnen und dem Berater.

Berater: »Ich stelle fest, dass Sie die wöchentlichen Mitarbeitermeetings, die ich vorgeschlagen habe, nicht durchführen. Ich habe Ihnen gesagt, dass es notwendig ist, wenn Sie Ihre Abteilung leistungsfähiger haben wollen. Warum haben Sie sich nicht an meine Vorschläge gehalten?«

Sie: »Ich bin zu dem Schluss gekommen, dass ich die wöchentlichen Mitarbeitermeetings nicht brauche, weil ich so viele Einzelkonferenzen abhalte.«

Berater: »Einzelmeetings ersetzen keine Mitarbeitermeetings. Offensichtlich widersetzen Sie sich meinen Ideen. Ich kann Ihnen versichern, dass ich nur in Ihrem Interesse spreche.«

Sie: »Ich weiß das zu schätzen, doch ich glaube, dass ich mich nach meinem eigenen Urteil richten muss. Schließlich bin ich für die Abteilung verantwortlich.«

Berater: »Sie haben eine merkwürdige Art, Ihre Verantwortung wahrzunehmen. Ich warne Sie – Sie bekommen Schwierigkeiten. Sind Sie sich darüber klar, dass Sie sich wie eine drittklassige Führungskraft verhalten? Heute wird das anders gemacht. Ich prophezeie Ihnen, dass Sie Ihren Job nicht sehr lange behalten werden.«

Wir würden Sie wohl auf dieses Gespräch reagieren? Wie lange würden Sie brauchen, um dem Berater den Laufpass zu geben? Auch in unseren persönlichen Beziehungen laufen wir Gefahr, den »Laufpass zu bekommen«, wenn wir Freunden, Ehepartnern und Kindern unseren Rat *aggressiv* statt *assertiv* präsentieren. Ihre Wirksamkeit als Berater hängt in erster Linie davon ab, wie Sie von anderen Leuten wahrgenommen werden. Wenn Sie den Eindruck von Klugheit, Sachverstand, Erfahrung, Kenntnisreichtum, Feinfühligkeit und vernünftigen Wertvorstellungen erwecken, werden Ihre Möglichkeiten zur Einflussnahme gewiss beträchtlich sein. Wie wir gesehen haben, verringert Aggressivität die Effektivität. Und nur einem effektiven Berater wird sich auch in Zukunft und unter anderen Umständen die Möglichkeit bieten, das Denken und Verhalten anderer zu beeinflussen.

Als effektiver Berater sollten Sie

- nützliche Fakten und Zahlen sowie durchdachte Ideen unterbreiten;
- die Verantwortung für Veränderung (die Entscheidung, ob die Vorstellungen und Überzeugungen des Beraters übernommen werden sollen) dem anderen überlassen;
- anderen nicht lästig werden. Versuchen Sie nur einmal zu beeinflussen – nicht öfter –, es sei denn, die Umstände hätten sich deutlich verändert (Sie wären etwa auf neue Informationen gestoßen) oder der andere erbäte neuen Rat.

Die wesentlichen Fertigkeiten wirksamer Beratung sind:

- deutliche Darlegung Ihrer eigenen Wertvorstellungen und der Gründe dafür, dass sie für Sie wichtig sind (deklarierende Ich-Botschaften);
- Aktives Zuhören, um zu zeigen, dass Sie den Widerstand des anderen gegen Ihre Wertvorstellungen und die Verteidigung seiner eigenen akzeptieren.

Diese Beispiele zeigen, wie Sie als Berater auf dem Gebiet persönlicher Wertvorstellungen vorgehen können:

Ziele	Methode
Ihren Freund zum Abnehmen veranlassen.	Teilen Sie eigene Erfahrungen mit und empfehlen Sie Bücher und Artikel über Fettleibigkeit.
Ehepartner zum Berufswechsel ermuntern.	Sich über Stellenangebote informieren, die dem Partner zusagen könnten, und ihn oder sie darauf aufmerksam machen.
Tochter davon abbringen, einen Freund zu treffen, der sie unglücklich macht.	Ihr von ähnlichen Erfahrungen berichten, die Sie mit einem Jungen gemacht haben.

Ein Kursteilnehmer berichtete von folgenden Erfahrungen:

»Kürzlich wurde mein Sohn aus dem Krankenhaus entlassen, in das er wegen Depressionen und Suchtproblemen eingeliefert worden war. Nach seiner Rückkehr verkehrte er wieder in seinem alten Freundeskreis. Doch viele dieser jungen Leute tranken oder nahmen Drogen. Am Silvesterabend war er mit einigen Freunden zu einer Party eingeladen, wo sicherlich viel getrunken würde. Ich sagte meinem Sohn, ich sähe es lieber, wenn er nicht hinginge, da ich fürchtete, die Versuchung könne zu groß sein. Es sei jedoch seine Entscheidung, und ich würde ihn nicht hindern, wenn er gehen wolle. Am nächsten Tag vertraute er mir an, dass es manchmal schwierig sei, wenn seine Freunde in seiner Gegenwart tränken, doch er hätte sich zur Abstinenz entschlossen und komme gut zurecht mit dieser Entscheidung.«

Die Beziehung verändern
Wenn keine Ihrer Bemühungen einen Wertunterschied so löst, dass Sie und der andere mit ihm leben können, können Sie gezwungen sein, die Beziehung zu verändern – oder zu beenden. Obgleich dies eine sehr schwierige Entscheidung ist, kann sie sich sehr positiv auswirken. Die Beendigung einer destruktiven oder unbefriedigenden Beziehung kann ein wichtiger Schritt zur Identitätsfindung sein und Ihnen ermöglichen, in Übereinstimmung mit Ihren eigenen Wertvorstellungen und Bedürfnissen zu leben.

Unter Umständen beschließen Sie – da Sie und Ihre Freundin sich die meiste Zeit zu streiten scheinen –, in Zukunft nicht mehr so oft zusammenzukommen. Wenn Sie in einen unlösbaren Konflikt mit Ihrem Vorgesetzten verstrickt sind, können Sie um Versetzung in eine andere Abteilung bitten oder sich nach einem anderen Arbeitsplatz umsehen. Wenn Sie schwerwiegende Probleme mit Ihrem Partner haben und Sie keine Möglichkeit sehen, mit ihnen zu Rande zu kommen, wird Ihnen vielleicht die Scheidung schließlich als bester Ausweg erscheinen. Bedenken Sie aber, dass sich Menschen oft zur Beendigung einer Beziehung entschließen, ohne die Möglichkeit einer Problemklärung ausgeschöpft zu haben.

Das Problem der Machtausübung bei der Lösung von Wertkollisionen

Sie können versucht sein, den Ausgang einer Wertkollision durch den Einsatz von Macht zu beeinflussen, vor allem wenn Sie dadurch im Vergleich zu anderen sich anbietenden Verfahren, die schwierig und zeitraubend erscheinen, schneller zum Ziel kommen und wenn Sie in der betreffenden Beziehung über einen Machtvorsprung verfügen.

Sie können Ihre Tochter zwingen, im College zu bleiben. Sie können darauf bestehen, dass sich Ihre Assistentin anders anzieht. Doch – wie die meisten von uns wissen – muss man den Versuch, Beziehungen durch Machtstrategien zu retten, oft teuer bezahlen. Es besteht kaum eine Chance, dass sie sich positiv auf die Wertvorstellungen des anderen auswirken. Tatsächlich kann, wer Macht auf dem Gebiet von Wertvorstellungen ausübt, so gut wie sicher sein, als Berater den »Laufpass zu bekommen«.

Wenn Sie durch Modellierung und Beratung Einfluss nehmen, bieten Sie den Menschen Gelegenheit zur Veränderung, indem Sie einen evolutionären Prozess anregen. Die Anpassungsvorgänge im Leben des anderen mögen sich langsam und allmählich einstellen, aber sie sind dauerhaft, weil sie nicht aufgezwungen werden; sie sind Teil der Lern- und Entwicklungsprozesse des anderen.

Bei dieser Form von Einflussnahme sagen Sie im Grunde genommen: »Ich habe keine Macht über dich, doch hier sind die Fakten und Zahlen, die für meine Auffassung sprechen. Es bleibt dir überlassen, ob du dich verändern willst. Ich werde nicht mäkeln und meckern, wenn du dich nicht zu den vorgeschlagenen Veränderungen entschließt. Ich möchte meinen Einfluss auf dich behalten und vor allem die gute Beziehung zu dir bewahren. Ich akzeptiere, dass das Ergebnis meiner Beratungstätigkeit ungewiss ist.«

Wenn Sie in einer Wertkollision zu Machtmethoden greifen, nehmen Sie den Menschen die Möglichkeit, sich nach ihrem eigenen Rhythmus und auf ihre eigene Weise zu entwickeln. Sie wenden ein »revolutionäres« Verfahren an – augenblickliche Veränderung durch Zwang. Die Botschaft, die Sie senden, kommt wie folgt an:

»Ich traue dir nicht zu, dass du diese Veränderung aus eigenem Antrieb vornimmst. Ich werde jedes Machtmittel einsetzen, das mir zur Verfügung steht, um die Veränderung durchzusetzen – schließlich geschieht es zu deinem Vorteil.«

Wer Macht ausübt, um die Wertvorstellungen eines anderen zu korrigieren, rechtfertigt das häufig mit dem Argument, es geschehe ja zum Besten des anderen. Doch denken wir daran, was man den Menschen schon alles im Laufe der Geschichte »zu ihrem Besten« auferlegt hat! Das sollte uns innehalten lassen, wenn wir Anstalten machen, Veränderung bei anderen zu erzwingen.

Machtfreie Methoden, die die Menschen ihren eigenen Bedürfnissen und Erfahrungen anpassen können, werden viel eher die von Ihnen anvisierte Veränderung herbeiführen und vom anderen akzeptiert werden.

12. Die Umwelt verändern

Jeder Szenenwechsel wird zum Entzücken.
Seneca

Durch die Veränderung oder Umstrukturierung Ihrer Umgebung – sofern sie sich auf konkrete materielle Dinge bezieht – können Sie wesentlich dazu beitragen, Konflikte in Ihren Beziehungen zu verhindern; manchmal können Sie dadurch auch Konflikte lösen, wenn konfrontierende Ich-Botschaften und Aktives Zuhören wirkungslos bleiben.

Stellen Sie sich vor, Sie möchten sich entspannen und lesen, während Ihre Familie den Stereo- oder Fernsehapparat in Betrieb hat. Sie haben die Wahl zwischen Konfrontation, Modellierung oder Beratung, um Ihre Familie zu den Freuden des Lesens zu bekehren. Erfolgversprechender wäre es aber wahrscheinlich, wenn Sie sich in einem anderen Zimmer eine Leseecke einrichten würden oder den Vorschlag machten, den Stereoapparat in einem anderen Zimmer zu installieren.

Uns geht es dabei um Folgendes: Viel zu oft übersehen wir im Umgang mit anderen Menschen den Einfluss der Umwelten, in denen wir unser Leben verbringen. Wir entwickeln oft ein so abstraktes Verständnis unserer Konflikte, dass wir ganz einfache Lösungen übersehen: Türen, die Ungestörtheit sichern, lärmschluckende Bodenbeläge, Zäune, die Kleinkinder vor dem Verkehr schützen und Eltern ihre ständige Angst und Sorge nehmen können.

Wer die Umwelt verändert, handelt assertiv – wir beschließen, unsere Umgebung zu kontrollieren, statt uns von ihr kontrollieren zu lassen, und wir übernehmen die Initiative und die Verantwortung für den Veränderungsprozess. Natürlich müssen wir zur Problemlösung bereit sein, wenn materielle Modifikationen in die Bedürfnisse und Interessen anderer eingreifen. Hier hilft gewöhnlich Methode III.

Unter den vielen Möglichkeiten, die Sie, Ihre Familie und/oder Ihre Kollegen beim Brainstorming entdecken können, um Ihre besonderen Bedürfnisse zu einer befriedigenden Lösung zu bringen, greifen wir unten acht wichtige Verfahren heraus, die dazu dienen können, die Umwelt zu verändern und Konflikte zu lösen oder wenigstens zu entschärfen:

- Bereichern
- Vergrößern
- Umwelt reizärmer machen
- Einschränken
- Erleichtern
- Umstrukturieren
- Systematisieren
- Vorausplanen

Für jedes Verfahren wollen wir einige Beispiele nennen.

Bereichern

Darunter ist zu verstehen, dass in die Umwelt Materialien oder Aktivitäten eingebaut werden, die sie interessanter und anregender machen.

Einige Möglichkeiten zur Bereicherung Ihrer häuslichen Umwelt:

- Leute, die Sie gerne kennen lernen möchten, zum Abendessen einladen.
- Interessante Kurse belegen.
- Gemeinsam neue Spiele oder Beschäftigungen erlernen.
- Diskussionen über Themen führen, an denen alle interessiert sind.
- Spiele, Puzzles, Bücher, Schallplatten anschaffen.
- Am Wochenende interessante Orte aufsuchen (Zoo, Park, Campingplatz, Eislaufbahn, Gegenden, in denen man Rad fahren kann, usw.).
- Gemeinsame Vorhaben durchführen – einen kleinen Gemüsegarten anlegen, eine Hundehütte bauen, Nachforschungen über die Familiengeschichte anstellen.

Zur Bereicherung Ihrer Arbeitsumwelt kann beitragen:

- Tische und Stühle aufstellen, wo die Angestellten zu Mittag essen und sich erholen können.
- Eine Kaffe- oder Teemaschine aufstellen.
- Moderne Büroeinrichtungen für die Angestellten anschaffen/beantragen.
- Fortbildungsmöglichkeiten anbieten, zum Bei-

spiel außenstehende Berater zu Vorträgen einladen.

- Aus- und Fortbildungsprogramme einrichten.
- Moderne Fachliteratur anschaffen.
- Fitnessräume und Fitnessgeräte für die Angestellten anschaffen/beantragen.
- Tagesstätten für Kleinkinder einrichten/beantragen.
- Das Büro mit Pflanzen und Bildern wohnlicher machen.

Vergrößern

Experimente haben gezeigt, dass Überfülle und Bevölkerungsdichte häufig für antisoziales Verhalten verantwortlich sind. Manchmal lassen sich Stress und Anspannung dadurch abbauen, dass man den Zugang zur Umwelt vergrößert, den zur Verfügung stehenden Raum ausweitet.

Zu Hause kann dazu dienen:

- Einen Raumteiler oder eine Wand herausnehmen, um ein Zimmer zu vergrößern.
- Ein Zimmer anbauen, das zum Arbeiten, Spielen oder Abstellen bestimmt ist.
- Ein Doppelbett durch eine Schlafcouch ersetzen.
- Mehrzweckmöbel anschaffen – zum Beispiel einen Tisch zum Essen, Nähen und Spielen.
- Möbel anschaffen, die sich zusammenfalten und wegstellen lassen – zum Beispiel Falttische und -stühle.
- Abstellraum außer Haus anmieten.

Ideen für den Arbeitsplatz:

- Bestimmten Angestellten mehr Arbeitsfläche zur Verfügung stellen.
- Türen herausnehmen.
- Nutzlose Raumteiler herausnehmen.
- Abstellraum außer Haus anmieten.
- Büromöbel anschaffen, die verschiedenen Zwecken dienen – Schreibtische zum Tippen, Schreiben usw.

Umwelt reizärmer machen

Dazu gehört, dass der Umwelt Materialien, Gegenstände und Aktivitäten entzogen werden, dass sie reizärmer gemacht wird. Ist die Umwelt zu reichhaltig ausgestattet, kann sie die Menschen überfordern, reizbar und ängstlich machen.

Beispiele für zu Hause:

- Beim Essen und Unterhalten keine Anrufe entgegennehmen.
- Die Aktivitäten außer Haus einschränken – Ausflüge, Partys, Kurse, Einkäufe.
- Radio- Stereo- und Fernsehgeräte leiser drehen (oder abschalten).
- Ruhig entspannen – nachdenken, lesen, schlafen, plaudern.
- Nur in bestimmten Zimmern Radio hören, fernsehen usw.
- Zum Musikhören Kopfhörer benutzen.

Zu den Beispielen am Arbeitsplatz gehören:

- Bei Konferenzen keine Anrufe entgegennehmen
- Weniger Konferenzen ansetzen.
- Kopiermaschinen in einen anderen Bereich schaffen lassen.
- In einem lauten Büro Wattepfropfen benutzen.
- Zu Hause oder an einem anderen Ort arbeiten, wenn Sie ungestörte Konzentration brauchen.

Einschränken

Dazu gehören die Beschränkung oder Kontrolle des Zugangs zur Umwelt, die Kontrolle verfügbarer Mittel, Umfelder oder Aktivitäten. Das bedeutet:

- Zimmer, in denen Sie Zurückgezogenheit wünschen, mit Türen versehen.
- Darauf einigen, dass nur in bestimmten Zimmern gegessen werden darf.
- Wertvolle Gegenstände außer Reichweite aufbewahren.
- Gefährliche Haushaltsgegenstände (Seife, Desinfektionsmittel, Gifte) so aufbewahren, dass sie vor Kindern und Haustieren sicher sind.
- Den Hof mit einem Zaun umgeben.
- Treppen oben und unten durch Holzgitter sichern, die Kleinkindern den Zugang verwehren.
- An Pforten Schlösser anbringen.

Am Arbeitsplatz kann die Umwelt durch folgende Maßnahmen beschränkt werden:

- Den Angestellten Parkplätze zuweisen.

- Raumteiler, die den Lärm mindern, zwischen Arbeitsbereichen aufstellen.

Erleichtern

Wenn die Unübersichtlichkeit der Ausrüstung und Aktivitäten reduziert wird, kann das manchmal dazu beitragen, Streitigkeiten am Arbeitsplatz und zu Hause zu vermeiden. Es folgen einige Vorschläge zur Erleichterung Ihres häuslichen Lebens:

- Arbeitsgeräte so unterbringen, dass sie jeder leicht finden und erreichen kann.
- Stifte und Schreibblöcke in Telefonnähe zu deponieren.
- Jedes Schlafzimmer mit einem Wecker versehen.
- Allen Familienmitgliedern zeigen, wo was zu finden ist – Bettzeug, Handtücher, Haushaltspapier usw.
- Die Familienmitglieder im sachgerechten Gebrauch der Haushaltsgeräte unterweisen – Waschmaschine, Trockner, Heizofen, Bügeleisen, Mixer usw.
- Anrufbeantworter anschaffen.
- Fahrgemeinschaften gründen.
- Kleidungsstücke, Möbel usw., die nicht mehr gebraucht werden, fortgeben oder verkaufen.

Zur Funktionalität Ihres Büro könnten folgende Maßnahmen beitragen:

- Bürogegenstände an leicht zugänglichen Orten aufbewahren.

- Überholte Systeme durch neue, praktischere ersetzen: Aktenablagen, Adressenkarteien.
- Büropersonal im fachgerechten Gebrauch der Büroausrüstung unterweisen – Kopiermaschine, Kaffeemaschine usw. Alte Akten, Unterlagen usw. ausquartieren oder fortwerfen.

Umstrukturieren

Wenn Sie die Anordnung von Gegenständen oder den Zeitplan von Aktivitäten verändern, können Sie die Beziehung der Menschen untereinander verbessern. Zu Hause könnte das heißen:

- Die Möbel so umräumen, dass mehr Privatraum entsteht – oder dass ein Ort entsteht, wo man sich unterhalten und miteinander spielen kann.
- Die Küche und/oder andere Räume so umorganisieren, dass sie funktionaler werden.
- Die Zeit des Familienabendessens so verlegen, dass die Familie das Lieblingsfernsehprogramm sehen kann.
- Einen Wochenendausflug verschieben, sodass sich Ihnen ein paar Freunde anschließen.

Am Arbeitsplatz:

- Die Sitzordnung von Menschen planen, die im selben Zimmer oder im selben Bereich arbeiten.
- Stühle bei Konferenzen im Kreis anordnen.
- Den Zeitpunkt einer Konferenz abändern, sodass mehr Leute kommen können.

Systematisieren

Sie können die Gegenstände und Aktivitäten Ihrer Umwelt systematischer organisieren, planen und koordinieren, sodass sie sich reibungsloser ineinander fügen. Einige Vorschläge für zu Hause:

- Ein Kommunikationszentrum schaffen, etwa ein Schwarzes Brett.
- Einen großen Kalender anschaffen, der allen Familienmitgliedern für ihre Planungen zur Verfügung steht.
- Überall im Haus Haken anbringen für Kleidung, Handtücher, Werkzeug usw.
- Ein praktisches Telefon- und Adressverzeichnis mit Freunden und Verwandten führen, die häufig angerufen werden.
- Einen Extrablock oder Pinnwand anschaffen, auf dem Wünsche für den Einkaufszettel (für den Supermarkt und für andere Geschäfte) notiert werden können.
- Ein besseres Verzeichnis für Einnahmen und Ausgaben entwickeln; einen Haushaltsplan aufstellen.
- Ihre Bücher nach Sachgebieten oder Verfassern ordnen.

Beispiele für den Arbeitsplatz:
- Neue Systeme für Ablage, Adressenkartei, Bestellungen, Versand usw. entwickeln.
- Mittagspausen zeitlich staffeln.
- Für einen besseren Informationsfluss sorgen, sodass doppelte Arbeit vermieden wird.

- Den persönlichen Terminkalender auf dem neuesten Stand halten.

Vorausplanen

Manche Konflikte lassen sich durch Vorausplanung verhindern. Einige Vorschläge für die Vorausplanung zu Hause:

- Alternative Ferienpläne aufstellen, für den Fall, dass die Reise, mit der Ihre Familie gerechnet hat, ins Wasser fällt.
- Ihren Partner veranlassen, auf dem Terminkalender nachzusehen, bevor Sie buchen.
- Ihrer Familie so früh wie möglich eine Abschrift Ihres Dienstreiseplans geben.
- Die Wohnung kindersicher machen, bevor Freunde mit Kleinkindern zu Besuch kommen.
- In Ihrem persönlichen Kalender die Geburts- und Hochzeitstage von Freunden und Familienmitgliedern verzeichnen, sodass Sie Karten oder Geschenke für diese Anlässe in Muße besorgen können.
- Ihren Kindern das Datum mitteilen, an dem Sie eine Party geben oder abends ausgehen.
- Einen Vorrat an Lebensmitteln usw. anlegen, der für besondere Gelegenheiten bestimmt ist – Feiertage, Geburtstagspartys.
- In einer Küchenschublade Wechselgeld für Mittagessen, Wäschereipakete, Notfälle usw. aufbewahren.
- Draußen einen Hausschlüssel verstecken.

- Ihren Kindern eine Telefonnummer für Notfälle geben.
- Einen Vorrat an rasch und mühelos zuzubereitenden Tiefkühlgerichten anlegen.
- Ihren Freundeskreis rechtzeitig informieren, wenn Sie zum nächsten Treffen nicht erscheinen.

Vorausplanung im Büro:
- Kollegen auf dem Terminkalender nachsehen lassen, bevor wichtige Konferenzen geplant werden.
- Kollegen darüber informieren, wann Sie Kunden in der Firma erwarten.
- Kollegen darüber informieren, wann Sie voraussichtlich nicht in der Firma sein werden – wann eine Geschäftsreise, Urlaub usw. ansteht.
- Jemandem vom Büropersonal eine Telefonnummer geben, die er in Notfällen anrufen kann – die Nummer Ihres Arztes, Partners, Kindes, Ihres Freundes usw.
- Ihre Kollegen im Voraus informieren, wenn Sie zu einem vorgesehenen Treffen nicht erscheinen können.

Umweltmodifikation bewahrt Ihre Beziehungen nicht nur vor bestimmten Problemen, sondern bringt Ihnen auch Ihre Welt besser zu Bewusstsein. Umwelten werden uns in der Regel so vertraut, dass wir in gewissem Sinne blind für unsere Arbeits- und Freizeitumfelder werden. Durch die bewusste Entscheidung, diese Kontexte zu verändern, erscheint uns die materielle Welt in einem veränderten Licht.

13. Jemandem bei einem Problem helfen

Man kann anderen Menschen keinen Stolz geben, aber man kann ihnen jenes Verständnis bieten, durch das sie ihre innere Kraft entdecken und ihren eigenen Stolz finden.

Charleszetta Waddles

Was tun in Situationen, da jemand, zu dem Sie in Beziehung stehen, in Schwierigkeiten ist oder Bedürfnisse hat, für die nicht gesorgt ist? Nun müssen Sie sich auf die obere Zone des Verhaltensrechtecks konzentrieren – diejenige, die besagt, dass der andere das Problem besitzt:

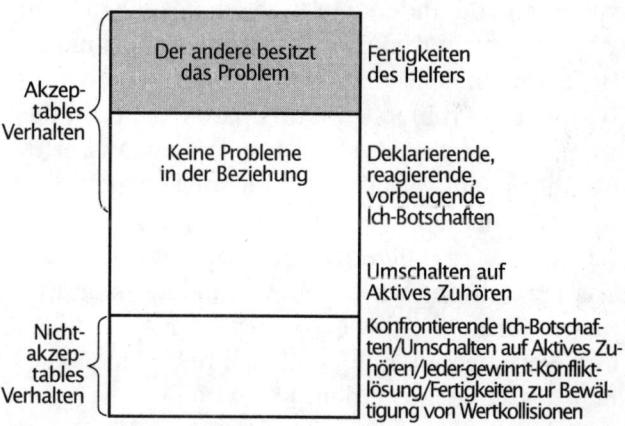

Wenn jemand anders unabhängig von Ihnen ein Problem hat, fällt es in Ihren Annahmebereich.

Das ermöglicht Ihnen, Ihre Hilfe frei- und bereitwillig anzubieten. Bei den Menschen, zu denen Sie enge Beziehungen unterhalten, bei Ihrem Partner, Ihren Kindern, Freunden, Verwandten, Kollegen, werden Sie oft – wenn auch nicht immer – den Wunsch verspüren, ihnen bei der Bewältigung ihrer Schwierigkeiten zu helfen. Dazu vermitteln wir in unseren Kursen einige spezifische Fertigkeiten. Doch zunächst wollen wir untersuchen, was viele von uns tun, wenn sie meinen, Hilfe zu leisten.

Wirkungslose Reaktionen, wenn der andere ein Problem besitzt: die Hindernisse für eine Kommunikation

Wenn jemand anders ein Problem besitzt (mit ihm zu tun hat) und sie entschlossen sind, ihm Ihre Hilfe anzubieten, sind Sie vielleicht versucht, die Lösung des Problems dadurch zu erleichtern, dass Sie gute Ratschläge geben, Fragen stellen oder ihn beruhigen. Oft verfallen wir auf solche Reaktionen, weil wir meinen, wir wüssten die Antworten und müssten das Problem selbst lösen. Oder es macht uns krank, wenn wir sehen, wie andere – vor allem unsere Kinder – Schwierigkeiten oder Ärger haben, und wir möchten ihnen helfen, ihre Probleme möglichst rasch loszuwerden.

Solche Hilfe mag in bester Absicht geleistet werden, trotzdem schadet sie im Allgemeinen mehr, als sie nützt. Außerdem unterbricht sie den Kommunikationsfluss; derjenige, der das Problem hat, verliert die Bereitschaft, sich mitzuteilen.

Es folgen die Reaktionen, die bei Menschen mit Problemen als Kommunikationshindernisse wirken:

1. Befehlen, anleiten, kommandieren
»Hör auf zu weinen!«
»Mach dir nicht so viel Sorgen.«
»Hör auf zu meckern!«
»Sieh zu, dass du mit deiner Arbeit fertig wirst!«
»Denk nicht mehr daran!«

Diese Reaktionen teilen anderen in Form von Befehlen oder Kommandos unmissverständlich mit, was sie zu tun haben. Im Grunde sagen Sie dem anderen damit, dass seine Gefühle und Bedürfnisse nicht wichtig sind. Er muss sich dem fügen, was Sie meinen oder brauchen. Sie teilen dem anderen mit, dass Sie ihn so, wie er im Augenblick ist, nicht akzeptieren können. Solche Botschaften rufen Groll oder Ärger hervor. Häufig bringen sie den anderen dazu, sich feindselig zu zeigen, sich zu wehren, Widerstand zu leisten oder es sogar auf einen Machtkampf ankommen zu lassen. Botschaften dieser Art können auch den Eindruck erwecken, dass Sie kein Vertrauen in das Urteil oder die Fähigkeiten des anderen setzen.

2. Warnen, ermahnen, drohen
»Entschuldige dich bei ihm oder du wirst es später bereuen.«

»Wenn du nicht aufhörst zu trinken, wirst du deine Stellung verlieren.«

»Wenn du nicht fleißiger wirst, bleibst du sitzen.«

»Wenn Sie noch mal zu spät zur Arbeit kommen, werden Sie ernste Schwierigkeiten bekommen.«

Diese Botschaften unterrichten andere darüber, welche Konsequenzen es für sie hat, wenn sie bestimmte Dinge tun oder nicht tun. Das kann zu Angst oder Unterwürfigkeit führen. Solche Botschaften rufen genauso wie Befehle, Anleitungen oder Kommandos Groll und Feindseligkeit hervor. Manchmal reagieren Menschen auf Warnungen oder Drohungen, indem sie denken oder sagen: »Ganz egal, was passiert, ich halte das nun mal für richtig.« Solche Botschaften können andere auch dazu reizen, Ihre Entschlossenheit auf die Probe zu stellen, vielleicht indem sie etwas tun, wovor Sie gewarnt haben – nur um zu sehen, ob die angedrohten Konsequenzen tatsächlich eintreten.

3. Moralisieren, predigen, verpflichten

»Du darfst nie lügen.«

»Du bist verpflichtet hinzugehen.«

»Das hättest du mir schon lange sagen sollen.«

»Was du nicht willst, dass man dir tu, das füg auch keinem andern zu.«

Anderen sagen, was sie tun müssen oder sollten, hilft selten. Solche Botschaften erlegen anderen den Zwang äußerer Autorität, der Pflicht und der Verpflichtung auf. Auf solches »Musst«, »Sollst«

und »Darfst« reagieren die Menschen oft mit noch heftigerem Widerstand mit noch hartnäckigerer Verteidigung ihres Standpunktes. Botschaften dieser Art teilen dem anderen mit, dass Sie ihm kein eigenes Urteil über Ideen und Wertvorstellungen zutrauen und dass er besser akzeptieren sollte, was »andere« für richtig halten. Sie können auch Schuldgefühle in anderen hervorrufen und ihnen das Gefühl einflößen, sie seien »schlecht«.

4. Ratschläge erteilen, Vorschläge unterbreiten, Lösungen anbieten

»Du solltest ein paar Tage darüber nachdenken.«
»Warum versuchst du nicht einfach, eine andere Stellung zu finden?«
»Am besten, du vergisst, dass es überhaupt geschehen ist.«
»Du solltest eine Scheidung in Betracht ziehen.«
»Warum hörst du nicht einfach mit dem Rauchen auf, wenn es dir so viel Sorgen macht?«

Häufig reagieren wir auf das Problem eines anderen, indem wir ihm genau erzählen, wie er es lösen kann. Er pflegt darin den Beweis zu sehen, dass wir kein Vertrauen zu seinem Urteil haben oder ihm die Fähigkeit absprechen, eigene Lösungen zu finden. Solche Botschaften können ihn auch dazu bringen, von Ihnen abhängig zu werden und auf alles selbständige Denken zu verzichten. Häufig lehnt der andere auch jene Haltung der Überlegenheit heftig ab, auf die Rat- oder Vorschläge schließen lassen. Oder er fühlt sich minderwertig und denkt: »Warum bin ich nicht selbst darauf gekommen?« Vielleicht sagt er auch mit einem Seufzer: »Immer weißt du besser als ich, was getan werden muss.« Ratschläge können ihm aber auch das Gefühl vermitteln, Sie verstünden nicht, wo das Problem wirklich liegt.

5. Durch Logik, Argumente, Unterweisung, Vorträge überzeugen

»Ich will dir zeigen, inwiefern du Unrecht hast.«
»Uch weiß, dass ich in diesem Punkt Recht habe.«
»Ich will dir zeigen, wie du mit den Menschen auskommst.«
»Meine Erfahrung zeigt mir, dass es so nicht geht.«
»Weißt du nicht, dass ...«

Das sind Versuche, den anderen durch Tatsachen, Gegenargumente, Logik, Information oder eigene Meinungen zu beeinflussen. Bei Übernahme der Helferrolle haben Sie Schwierigkeiten, auf Unterweisung oder logische Argumente zu verzichten, obwohl diese Form von »Schulmeisterei« dem anderen oft das Gefühl gibt, Sie versuchten ihn unterlegen, untergeordnet oder unzugänglich erscheinen zu lassen. Logik und Fakten wecken in dem anderen Abwehr und Groll. Selten gefällt es den Menschen, wenn man ihnen nachweist, dass sie Unrecht haben. Sie beharren nur noch hartnäckiger auf ihrem Standpunkt. Und Vorträge empfinden die Menschen als Nörgelei. Sie schalten rasch ab. Oft versuchen sie, Ihre »Tatsachen« umständlich zu widerlegen. Vielleicht nehmen sie die Fakten auch

gar nicht zur Kenntnis und ziehen sich auf eine
»Was geht das mich an«-Haltung zurück.

6. Urteilen, kritisieren, anderer Meinung sein, Vorwürfe machen

»Jetzt sieh dir an, was du getan hast!«
»Wenn du dich nicht so gehen lassen würdest, könntest du zu trinken aufhören.«
»Du bist einer der faulsten Menschen, die ich je erlebt habe!«
»Wenn du es gleich richtig gemacht hättest, wäre es gar nicht erst so weit gekommen!«

Wenn wir von den Problemen eines anderen hören, fühlen wir uns häufig dazu gedrängt, negative Urteile und Bewertungen abzugeben. Mehr als andere Äußerungen tragen wahrscheinlich diese Botschaften dazu bei, dass die Menschen sich unzulänglich, minderwertig, dumm, wertlos oder schlecht vorkommen. Unsere Urteile und Bewertungen sind mitverantwortlich für das Selbstbild anderer Menschen. So wie wir sie beurteilen, werden sie sich häufig selbst beurteilen. Überdies provoziert Kritik Gegenkritik: »So toll bist du auch nicht!« oder »Seit wann bist du vollkommen?« Eine wertende Haltung veranlasst den anderen, seine Meinung für sich zu behalten. Er lernt rasch, dass es sich nicht empfiehlt, die eigenen Probleme zu offenbaren und über Schwierigkeiten, die man hat, zu sprechen. Die Menschen verabscheuen es, negativ beurteilt zu werden. Sie reagieren abwehrend, um ihr Selbstbild zu schützen. Häufig werden sie böse und begegnen Ihnen feindselig, selbst wenn sich Ihr Urteil zufällig als richtig erweisen sollte.

7. Loben, zustimmen, positiv beurteilen, billigen

»Nun, ich glaube, Sie haben das wirklich gut gemacht.«

»Sie sind eine der wenigen Frauen, die dazu in der Lage sind.«

»Sie haben so viele Möglichkeiten!«

»Ich glaube, Sie haben ein sehr sicheres Urteil.«

»Sie arbeiten auch unter Druck ausgezeichnet.«

Oft glauben wir, eine positive Bewertung oder Beurteilung würde Menschen helfen, ein Problem zu überwinden. Entgegen der verbreiteten Überzeugung, ein Lob sei immer angebracht, kann es sich sehr negativ auswirken, wenn der andere mit einem Problem zu kämpfen hat. Eine positive Bewertung, die dem Selbstbild des anderen nicht entspricht (»Ich bin *kein* guter Tänzer« oder »So sieht mein Haar *schrecklich* aus, ich finde es *abscheulich*«), kann Feindseligkeit hervorrufen.

Außerdem kommen die Menschen zu dem Schluss, dass wir, wenn wir sie jetzt positiv beurteilen, bei anderer Gelegenheit ebenso leicht zu einem negativen Urteil kommen könnten. Wenn überdies häufig Lob gespendet wird, kann sein Ausbleiben als Kritik aufgefasst werden, selbst wenn das nicht der Fall ist. Wenn einer gelobt wird, kann der andere das als negative Beurteilung verstehen – das heißt, dass er im Vergleich weniger gut ist. Insofern kann Lob dazu führen, dass andere um Anerkennung, um Pluspunkte wetteifern.

Häufig wird Lob als Manipulation empfunden, als ein versteckter Versuch, andere dazu zu bringen, das zu tun, was Sie möchten. »Das haben Sie doch gesagt, damit ich mich mehr anstrenge.« Nicht selten macht Lob die Menschen verlegen, besonders wenn es in Gegenwart anderer gespendet wird. Wenn Sie loben, laufen Sie Gefahr, die Menschen so abhängig zu machen, dass sie ohne ständigen Zuspruch von Ihnen nicht mehr auskommen können.

8. Beschimpfen, lächerlich machen, beschämen

»Sie sind ein schrecklicher Pedant!«
»Sei doch nicht so laut!«
»Du bist ein Chauvinistenschwein!«
»Du bist ein schlechter Verlierer!«
»Du leidest unter Sauberkeitszwang!«

Solche Reaktionen geben anderen das Gefühl, sie seien töricht, schlecht oder im Unrecht. Botschaften dieser Art können sich sehr nachteilig auf das Selbstbild des anderen auswirken. Meist reagieren Menschen auf solche Botschaften mit Antworten wie: »Mein Gott, was bist du für ein Miesepeter!« oder »Wer hier wohl faul ist!« Beschimpfungen können so viel Abwehr im anderen hervorrufen, dass er zu streiten beginnt, statt sich zu prüfen. »Ich bin nicht unüberlegt ... du erwartest zu viel!«

9. Interpretieren, analysieren, diagnostizieren

»Du tust das, um Aufmerksamkeit zu erregen.«

»Du bist bloß eifersüchtig.«

»Du versuchst, dich für das zu rächen, was ich gestern gesagt habe.«

»Ich merke, du hast Schwierigkeiten mit Autoritätsfiguren.«

»Das hättest du nie zu einer Frau gesagt.«

Solche Reaktionen teilen dem anderen mit, von welchen Motiven er bewegt wird, oder analysieren, warum er etwas tut oder sagt, und geben ihm zu verstehen, dass Sie ihn durchschaut oder diagnostiziert haben. Solche Botschaften können für andere Menschen sehr bedrohlich sein. Wenn die Analyse richtig ist, ist der andere möglicherweise verlegen, weil er sich »bloßgestellt« fühlt; wenn die Analyse, wie häufig, falsch ist, wird der andere sich ärgern, weil er zu Unrecht beschuldigt wird. Durch Analyse und Diagnose geben wir oft zu verstehen, dass wir uns dem anderen überlegen fühlen – eine Haltung, die ihn verstimmt. Solche Botschaften sorgen in der Regel dafür, dass Sie vom anderen keine Mitteilung mehr hören. Er gewöhnt sich ab, Ihnen seine Gefühle mitzuteilen.

10. Beruhigen, bedauern, trösten, ermutigen

»Morgen wird das ganz anders aussehen.«

»Du wirst schon jemand anders finden – schließlich war er gar nicht dein Typ.«

»Du kommst schon drüber weg. Wart nur ab!«
»Mach dir keine Gedanken, ich weiß, dass du deine Sache gut gemacht hast.«
»Alles wird gut werden, du wirst schon sehen.«

Es ist eine große Versuchung, andere dadurch aufzumuntern, dass man ihre Sorgen zerstreut, ihre Schwierigkeiten verharmlost, ihre Probleme relativiert. Solche Botschaften nützen weit weniger, als wir meist denken. Wenn Sie jemanden zu beruhigen versuchen, der verstört ist, so überzeugen Sie ihn möglicherweise nur davon, dass Sie seine Situation nicht verstehen. (»Das würdest du nicht sagen, wenn du wüsstest, wie entsetzt ich bin.«)

Oft trösten wir andere, weil es uns unangenehm ist, von heftigen Gefühlsreaktionen zu hören; wir wollen verhindern, mehr zu hören. Diese Botschaften fordern den anderen auf, mit bestimmten Gefühlsreaktionen Schluss zu machen. Er durchschaut beruhigende Redensarten leicht als versteckten und indirekten Versuch, ihn zu ändern.

11. Untersuchen, befragen, verhören
»Wann hast du zum ersten Mal daran gedacht?«
»Wer hat dir zugeredet, so etwas zu tun?«
»Warum bringst du das gerade jetzt ins Spiel?«
»Was willst du dagegen tun?«
»Weiß dein Chef davon?«

Solche Reaktionen sind Versuche, hinter Gründe, Motive und Ursachen zu kommen oder mehr Infor-

267

mationen zusammenzutragen, um dem anderen besser bei der Lösung seines Problems helfen zu können. Doch Fragen erwecken oft den Eindruck, dass es Ihnen an Vertrauen fehlt, dass Sie argwöhnisch sind oder an der Tragweite seines Problems zweifeln. Manche Fragen werden vom anderen auch als Versuch verstanden, ihn in Verlegenheit zu bringen. (»Wie viel Bier trinken Sie am Tag? Sechs Flaschen? Na, kein Wunder, dass Sie dabei so enorm zunehmen!«)

Häufig fühlen sich Menschen durch Fragen bedroht, vor allem wenn sie nicht verstehen, warum sie befragt werden. Erinnern Sie sich, wie häufig Ihre Frage mit einer Gegenfrage beantwortet wird: »Warum fragst du?« oder »Worauf wollen Sie hinaus?« Eine Abwehrreaktion auf Fragen ist das stereotype »Weiß nicht«. Wenn Sie jemanden befragen, der Ihnen von einem Problem erzählt hat, schließt er daraus gewöhnlich, dass Sie Daten sammeln, um sein Problem für ihn zu lösen, statt ihn eine eigene Lösung finden zu lassen. In der Regel schätzen die Menschen es nicht, wenn wir ihnen Antworten für ihre Probleme liefern.

Wenn Sie jemandem, der über ein Problem spricht, Fragen stellen, so begrenzt jede Frage seine Freiheit, die Dinge zur Sprache zu bringen, über die er reden möchte. In gewissem Sinn diktiert jede Frage seine nächste Äußerung. Wenn Sie fragen: »Wann hast du dieses Gefühl zum ersten Mal verspürt?«, so fordern Sie ihn auf, nur über die Anfänge des Gefühls und über nichts sonst zu sprechen.

12. Sich distanzieren, ablenken, scherzen

»Lass uns schön essen und es vergessen.«

»Lass uns später darüber reden.«

»Du hast vielleicht Probleme!«

»Was du sagst, erinnert mich an frühere Probleme.«

»Reden wir über was Erfreulicheres.«

Zu dieser Kategorie gehören Botschaften, die Ihren Wunsch übermitteln, sich von dem Problem zu distanzieren, und das Bemühen zeigen, den anderen von seinen Problemen abzulenken, indem Sie ihn aufziehen oder seine Schwierigkeiten beiseite schieben. Solche Äußerungen können den Eindruck erwecken, dass Sie sich nicht für den anderen interessieren, seine Gefühle nicht achten, ihn vielleicht sogar ablehnen. Wenn jemand das Bedürfnis verspürt, über etwas zu sprechen, ist er in der Regel sehr ernst bemüht. Besteht Ihre Reaktion dann darin, dass Sie ihn aufziehen, können Sie ihn kränken, vor den Kopf stoßen und herabsetzen. Wenn Sie Menschen vertrösten oder ablenken, mag es im Moment so scheinen, als hätten Sie Erfolg, doch erledigen sich die Gefühle eines Menschen nicht immer von allein. Häufig melden sie sich später wieder.

Wir wollen damit nicht sagen, dass diese zwölf Reaktionen stets aus Ihrer Kommunikation mit anderen verbannt werden müssten. Zwar sollten sie nach Möglichkeit vermieden werden, wenn der andere ein Problem besitzt, doch richten sie in der Regel keinen Schaden an, können sogar hilfreich und nützlich sein, wenn sich Ihre Beziehung in der problemfreien Zone bewegt.

Fünf wichtige Faktoren für wirksames Helfen

Wenn Sie für jemand anders als Helfer in Erscheinung treten, bieten Sie ihm Gelegenheit zu persönlicher Entfaltung und heilsamer Veränderung. Und wenn es Ihnen gelingt, einem Menschen zu helfen, der eine wichtige Rolle in Ihrem Leben spielt, zahlt sich der Einsatz an Zeit, Fertigkeit und Nachdenken gewöhnlich dadurch aus, dass die Beziehung tiefer und dauerhafter wird.

Was brauchen Sie, um jene Art Hilfe leisten zu können, die sich positiv auf einen Menschen auswirkt, der Sie für seine Probleme um Beistand bittet? Sozialwissenschaftler, die diese Frage untersucht haben, haben festgestellt, dass man zumindest fünf wichtige Faktoren braucht, um eine effektive Helferin zu werden:

- Anerkennung,
- Einfühlungsvermögen,
- Aufrichtigkeit,
- ein gewisses Maß an persönlicher Erfüllung,
- ein Gefühl der Gegenseitigkeit.

Anerkennung

Das heißt, anderen zu gestatten, so zu sein, wie sie sind, nicht von ihnen zu verlangen, anders zu denken oder zu handeln oder Verhaltensweisen anzunehmen, die sich nicht mit ihrem wirklichen Wesen vertragen. Jemand anders akzeptieren heißt nicht, dass Sie auf Ihre kritische Urteilsfähigkeit verzichten oder seine Wertvorstellungen über Ihre eigenen stellen müssen, sondern dass Sie ihm Hilfestellung leisten, dass Sie bereit sind, ihn und seine Anliegen positiv oder neutral zu würdigen, und dass Sie ihm die Verantwortung für die Lösung seiner Probleme selbst überlassen. Ihre Haltung lässt sich wie folgt charakterisieren: »Ich bin bereit, deiner Bitte um Hilfe nachzukommen. Deshalb werde ich ganz bewusst versuchen, meine Werturteile auszuklammern, damit ich mich so weit wie möglich mit dir identifizieren, dich so akzeptieren kann, wie du in diesem Augenblick bist.«

Einfühlungsvermögen

Bei der Identifikation mit jemand anders erfahren Sie seine Gefühle stellvertretend, versetzen Sie sich in seine Lage. Einfühlungsvermögen zeigt sich darin, dass wir unsere Erfahrung benützen, um uns mit den Gefühlen anderer zu identifizieren oder mit der Art und Weise, wie Sie auf bestimmte Umstände in Ihrem Leben reagieren. Das Einfühlungsvermögen für andere beruht auf Ähnlichkeiten zwischen den Menschen. Es ist eine schöpferische Fähigkeit, weil wir Vorstellungskraft brauchen, um in die innere Welt anderer Menschen vorzudringen. Selbst wenn wir nicht in gleicher Weise erlebt haben, was sie durchmachen, können wir doch das nötige Einfühlungsvermögen aufbringen, sofern wir zu weitgehender Identifikation mit ihnen fähig sind. Selbst wenn Sie beispielsweise nie eine Kündigung erlebt haben, können Sie nachempfinden, wie sich Ihr Partner fühlt, wenn ihm gekündigt worden ist.

Aufrichtigkeit

Das heißt, eine ehrliche, offene Beziehung zum anderen unterhalten. Dazu gehört auch Vertrauenswürdigkeit. Bevor wir anderen helfen können, müssen sie erst einmal Vertrauen zu uns gefasst haben. Wenn Sie in irgendeiner Weise unaufrichtig wirken, können Sie dem anderen wenig Relevantes sagen oder helfen. Er wird an Ihrer Ernsthaftigkeit zweifeln.

Wichtig für die Helferbeziehung ist auch ehrliche Selbstenthüllung.

Indem wir uns offenbaren, erfahren wir, inwieweit wir dem anderen gleichen – oder uns von ihm unterscheiden. Bei besserem Verständnis unserer selbst können wir uns uneingeschränkter auf die Bedürfnisse des anderen konzentrieren.

Der andere muss sich darauf verlassen können, dass Sie vertrauliche Informationen nicht ausplaudern, sich nicht über sie lustig machen, sie nicht später gegen ihn verwenden. Er muss auch die Gewissheit haben, dass Sie bereit sind, ihn zur Rede zu stellen, wenn Ihnen seine Handlungsweise Probleme aufgibt.

Ein gewisses Maß an persönlicher Erfüllung

Zwar sind Anerkennung, Einfühlungsvermögen und Aufrichtigkeit gewiss wünschenswert, doch ohne das Gefühl persönlicher Erfüllung werden Sie sich in der Helferrolle wahrscheinlich nicht recht zu Hause fühlen – zumindest nicht auf Dauer. Hören wir, was Helen erlebt hat, die mit dreißig eine eigene Werbeagentur gegründet hatte. Nach ihrer Heirat und der Geburt des ersten Kindes verkaufte sie ihre Firma und beschloss, sich ganz der Familie zu widmen. »Ich betete meinen Mann und mein Kind an, vermisste aber schmerzlich den Ansporn und das Gefühl persönlicher Leistung, die mir meine Arbeit gegeben hatte.«

Als die Jahre vergingen und zwei weitere Kinder geboren wurden, versuchte sie ihre Schuldgefühle und ihre Frustration dadurch zu kompensieren, dass sie immer aufopfernder, manchmal sogar fanatisch, in der Sorge um ihre Familie aufging.

»Ich machte alle ihre Probleme zu meinen eigenen und konnte nicht verstehen, warum meine Einmischung meistens alles nur noch schlimmer machte. Ich hatte das Gefühl, ein Versager zu sein. Wozu war ich gut, wenn ich nicht einmal den Menschen wirklich nützte, die mir am nächsten standen?«

Bei dem Versuch, Erfüllung in der Familie zu finden, versäumte Helen es, sich um einige der persönlichen Bedürfnisse zu kümmern, die wichtig für sie selbst waren. Obwohl wir für andere da sein, uns um sie kümmern und ihnen helfen wollen, bleibt uns oft nichts als Frustration, die, wie die Psychotherapeutin Jean Baker Miller beschreibt, daraus erwächst, dass wir »Gutes tun und uns schlecht dabei fühlen«. So verzweifelt haben wir uns bemüht und so viel von uns selbst gegeben, warum sind dann – so fragen wir uns – die Ergebnisse so kläglich?

Anderen helfen ist kein Ersatz für die Befriedigung der eigenen Bedürfnisse. Wenn wir die Helferrolle so missverstehen, wird uns unsere Unzulänglichkeit häufig ärgern und missfallen. Wir werden kaum brauchbare Helfer für andere sein können, wenn unsere eigenen Bedürfnisse zu kurz kommen. Diese beiden Aspekte müssen sich im Gleichgewicht befinden. Um wirklich brauchbare Helfer zu sein, müssen wir ein gewisses Maß an Zufriedenheit und Erfüllung im eigenen Leben finden.

Ein Gefühl der Gegenseitigkeit

Schließlich müssen wir – wenn wir jemandem bei seinen Problemen helfen – das Gefühl haben, dass die Beziehung, zumindest in gewissem Maße, auf Gegenseitigkeit beruht.

Wahrscheinlich haben Sie es schon einmal erlebt, dass Sie einem Freund aus freien Stücken und bereitwillig zugehört und ihm bei der Lösung seiner Probleme geholfen haben, um dann feststellen zu müssen, dass er keine Lust hatte, Ihnen zuzuhören.

Vielleicht hatten Sie da das Gefühl, getäuscht worden zu sein, und waren später weniger bereit, ihm zuzuhören.

Wir müssen das Gefühl haben, dass unsere Beziehungen fair, gegenseitig und kooperativ sind (auch wenn es ums Helfen geht). Die Haltung lässt sich wie folgt beschreiben:

»Ich bin zu dem Versuch bereit, dir zu helfen, wenn du Probleme hast, möchte aber das Gefühl haben, dass du das Gleiche für mich tun würdest.«

Reaktionen bei passivem Zuhören

Wenn Sie von jemand anders einen (sprachlichen und/oder nichtsprachlichen) Hinweis darauf erhalten, dass ihm irgendwelche Probleme zu schaffen machen, sind die Reaktionen passiven Zuhörens eine Möglichkeit, ihm dabei zu helfen, seinen Gefühlsaufruhr zu bewältigen. Sie beweisen Ihre Anerkennung und Anteilnahme und ermutigen den anderen, die Kommunikation fortzusetzen. Reaktionen passiven Zuhörens sind:

- Aufmerksamkeit,
- Schweigen,
- Anteilnahme,
- Türöffner.

Aufmerksamkeit
Das heißt, dass Sie konkret für den anderen da sind, wenn er ein Problem schildert.

Sie zeigen Ihre Bereitschaft zuzuhören dadurch, dass Sie im Zimmer bleiben, sich nicht mit anderen Dingen beschäftigen, den anderen ansehen und dabei ständigen Augenkontakt mit ihm halten.

Schweigen
Ihre Fähigkeit, zu schweigen oder passiv zuzuhören, während der andere von seinem Problem berichtet, kann sehr nützlich und ermutigend sein – vor allem wenn er gerade von seinem Problem zu sprechen beginnt oder wenn er unter dem Eindruck einer heftigen Gefühlsregung steht, etwa von Trauer, Furcht oder Hoffnungslosigkeit.

Anteilnahme

Dabei handelt es sich um kurze Äußerungen, die zeigen, dass Sie dem anderen mit Aufmerksamkeit folgen. Bis zu einem gewissen Grad zeugen sie auch von Ihrer Anerkennung und Ihrem Einfühlungsvermögen. Dazu gehören Reaktionen wie die folgenden:

»Hm, hm.«

»Ich verstehe.«

»Ist mir klar.«

»Oh.«

»Ah ja.«

»Wirklich?«

»Das kann ich gut verstehen!«

Türöffner

Diese Reaktionen fordern den anderen auf, sich eingehender zu äußern, seine Gedanken, Vorstellungen und Gefühle ausführlicher darzulegen. Sie zeigen Ihre Anerkennung und signalisieren Ihre Bereitschaft zu helfen.

»Mögen Sie mir davon erzählen?«

»Ich würde gern mehr davon hören.«

»Magst du darüber reden?«

»Kann ich helfen?«

»Lass es uns besprechen.«

»Mich interessiert, was du empfindest.«

»Du bist heute Abend so seltsam still, bedrückt dich etwas?«

Die Fertigkeiten des passiven Zuhörens tragen zwar dazu bei, dass der andere sich akzeptiert fühlt, und verhindern, dass der Kommunikationsfluss abreißt, doch sind sie manchmal von nur begrenztem Nutzen, wenn es darum geht, sich mit dem anderen zu verständigen, ihn zu verstehen und ihm bei der Lösung seines Problems zu helfen. In diesem Fall müssen Sie eine Reaktionsweise wählen, die Sie zu einer weit aktiveren Rolle im Kommunikationsprozess zwingt – Sie müssen Aktiv zuhören.

Aktives Zuhören

Aktives Zuhören ist Ihnen bereits beim Umschalten begegnet, als es galt, den Widerstand auf Ihre Ich-Botschaften abzubauen. Es ist jedoch auch eine Fertigkeit, die Ihnen gute Dienste leistet, wenn Sie jemandem helfen, der ein Problem besitzt. Tatsächlich werden Sie feststellen, dass es Ihr wichtigstes Mittel ist, um in der Helferrolle Anerkennung und Verständnis zu vermitteln. Obgleich die Fertigkeit die gleiche bleibt, nehmen Sie eine vollkommen andere Haltung ein, wenn Sie sie benutzen, um jemand anders zu helfen. Sie hat keine Ähnlichkeit mit der Haltung, die Sie zeigen, wenn Sie versuchen, eigene Bedürfnisse zu decken. Erinnern wir uns an das Kommunikationsdiagramm (zur vollständigen Beschreibung vgl. Kapitel 3):

Wenn es auch nicht leicht ist, ein guter Zuhörer zu werden, so wissen wir doch, dass, wer genügend Zeit und Geduld aufbringt, diese wichtige Fertigkeit lernen und wirksam benutzen kann. Wenn wir Menschen nach spezifischen Veränderun-

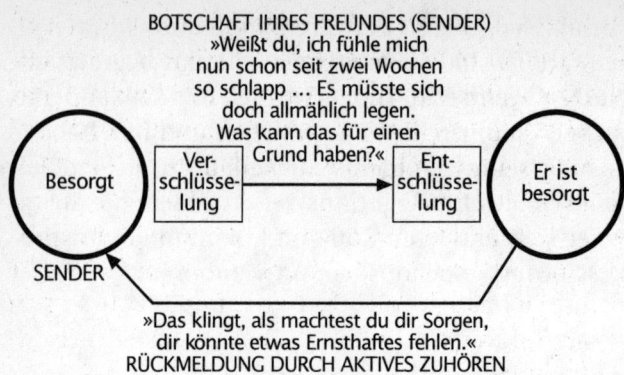

BOTSCHAFT IHRES FREUNDES (SENDER)
»Weißt du, ich fühle mich
nun schon seit zwei Wochen
so schlapp ... Es müsste sich
doch allmählich legen.
Was kann das für einen
Grund haben?«

Besorgt

Ver-
schlüsse-
lung

Ent-
schlüsse-
lung

Er ist
besorgt

SENDER

»Das klingt, als machtest du dir Sorgen,
dir könnte etwas Ernsthaftes fehlen.«
RÜCKMELDUNG DURCH AKTIVES ZUHÖREN

gen in ihrer Handlungsweise fragen – nach Veränderungen, die sich aus der Teilnahme am Kurs ergeben haben –, hören wir immer wieder Kommen-
tare wie die folgenden:

- »Aktives Zuhören hat die Beziehung zu meinem
  Partner verbessert. Er ist mir gegenüber jetzt
  viel offener.«
- »Ich habe ganz neue Dinge über Menschen erfahren, von denen ich bisher immer geglaubt
  hatte, ich könnte in ihnen lesen wie in einem offenen Buch.«
- »Aktives Zuhören hat mir die Bedürfnisse und
  Gefühle anderer viel deutlicher zu Bewusstsein
  gebracht.«
- »Meine älteste Tochter ist zwölf und sie scheint
  jetzt mehr Freude an meiner Gesellschaft zu haben. Das könnte daran liegen, dass ich geduldi-
  ger geworden bin und besser zuhöre.«
- »Mein Sohn war immer schwierig, doch jetzt
  fängt er an, mit mir zu reden. Auch seine

Freunde scheinen die veränderte Stimmung in unserem Haus zu bemerken. Meine Frau spricht häufig über meinen veränderten Umgang mit Kindern und Erwachsenen. Freunde und Geschäftspartner kommen zu mir, wenn sie einen Rat brauchen.«

- »Ich habe einer Freundin geholfen. Unsere Sitzung hat sie ermutigt. Dadurch fühle ich mich ihr viel näher. Auch mir kommt es jetzt so vor, als sei mir eine schwere Last von der Seele genommen.«

Es folgt das Protokoll einer Sitzung, die tatsächlich stattgefunden hat und zeigt, wie Aktives Zuhören sich in einer Helferbeziehung zwischen zwei Freundinnen auswirkte:

Joan: (Tiefer Seufzer, Stirnrunzeln)

Valerie: »Du siehst bekümmert aus. Magst du darüber sprechen?«

Joan: »Ich kann gar nicht sagen, wie enttäuscht ich bin!«

Valerie: »Hm, hm.«

Joan: »Ich habe wirklich gedacht, die letzte Stellung sei das Richtige für mich.«

Valerie: »Das war die Art Stellung, die du dir erträumt hattest.«

Joan: »Ich brachte mit meinen Fähigkeiten und Qualifikationen genau die richtigen Voraussetzungen dafür mit. Ich habe ehrlich gedacht, es in diesem Unternehmen noch sehr weit bringen zu können.«

Valerie: (Verständnisvolles Nicken)

Joan: »Als ich merkte, dass der Direktor zur Niederlassung nach Ohio versetzt wurde, dachte ich, ich hätte gute Aussichten, seine Nachfolgerin zu werden. Allerdings hatten sie vorher noch keine Frau in eine solche Position aufsteigen lassen.«

Valerie: »Du hast gemeint, die Stellung könnte dir entgehen, weil du eine Frau bist.«

Joan: »Ja, trotzdem habe ich geglaubt, ich könnte den Durchbruch schaffen. Allerdings war ich der Meinung, dass es ohne die Unterstützung von Bill Lester, dem die Abteilung unterstand, nicht gehen würde.«

Valerie: »Um überhaupt eine Chance zu haben, hättest du seine Hilfe gebraucht ...«

Joan: »Ja, deshalb war ich besonders freundlich zu ihm, du verstehst schon. Und es schien zu klappen. Ein paarmal hat er mich zum Lunch eingeladen. Dann fingen wir an, noch ein paar Gläser nach der Arbeit zu trinken. Und als seine Frau einmal verreist war, aßen wir zu Abend und gingen ins Kino. Alles war nett und freundlich. Meistens redeten wir über die Firma – und ständig erzählte er mir, dass er meine Arbeit bewunderte. Ich dachte, ich hätte die Beförderung in der Tasche.«

Valerie: »Du warst dir ziemlich sicher«

Joan: »Er machte ein paar ziemlich klare Andeutungen ... und dann begannen sie in der Firma zu klatschen. Ich nehme an, es ist seiner Frau zu Ohren gekommen. Jedenfalls war das nächste, was ich hörte, die Eröffnung des Personalchefs, es gäbe einige Veränderungen und man hätte keine Verwendung mehr für mich. Einfach so, aus heiterem Himmel.«

Valerie: »Das war ein echter Schock für dich.«

Joan: »Es hat mich umgehauen! Ich habe versucht, mit Bill Lester darüber zu sprechen – doch er war plötzlich unabkömmlich. Und weißt du, was das Beste ist? Ich habe in den beiden Stellungen davor ganz ähnliche Erfahrungen gemacht.«

Valerie: »Auch da hast du geglaubt, du müsstest nett zu den Vorgesetzten sein, um vorwärts zu kommen.«

Joan: »Nun ja, es ist nicht leicht für eine Frau, im Management weiterzukommen. Da muss man schon ein paar Hebel in Bewegung setzen.«

Valerie: »Du glaubst nicht, dass du nur auf deine Fähigkeiten und deine Ausbildung setzen kannst.«

Joan: »Nun, ich habe eben angenommen, ich würde die Leiter ein bisschen rascher erklimmen, wenn ich bei den richtigen Leuten einen Stein im Brett hätte. Aber weißt du was, ich vermute, ich habe mich unterschätzt. Ich hatte in Wahrheit kein echtes Vertrauen in meine Fähigkeiten, es aus eigener Kraft zu schaffen. Es wird mir allmählich klar – ich bin da so einer Art Verhaltensmuster gefolgt.«

Valerie: »Vielleicht meinst du, du brauchst nicht mehr ›mitzuspielen‹. Du hast jetzt mehr Zutrauen zu dir.«

Joan: »Ja … Das kann ich dir sagen, bei der nächsten Stellung, die ich bekomme, wird es garantiert anders aussehen. Danke dir fürs Zuhören.«

Richtlinien für den wirkungsvollen Einsatz des Aktiven Zuhörens

Aktives Zuhören ist – so sagen viele Menschen – am schwersten zu verwenden. Zwar gibt es einige Menschen, die von Natur aus einfühlsam zuhören können, doch die meisten von uns brauchen einige Übung, bevor sie sich beim Aktiven Zuhören wohl fühlen. Bis dahin wird es unter Umständen Ihnen wie den anderen gekünstelt vorkommen.

Außerdem reagieren Menschen manchmal negativ, wenn jemand versucht, ihnen Aktiv zuzuhören – sie werden böse, fühlen sich ausgenutzt oder haben das Empfinden, man probiere etwas an ihnen aus. Sie fühlen sich von oben herab behandelt, glauben, sie würden »therapiert« oder »verarztet«. Es folgen einige der negativen Reaktionen, zu denen es in solchen Fällen kommen kann:

- »Lass mich mit diesem Kram zufrieden!«
- »Was redest du so geschwollen?«
- »Ich will nicht, dass du zuhörst, ich will eine Antwort auf meine Frage.«
- »Das hört sich so verlogen an.«
- »Oh, hast du eine neue Technik gefunden, die du an uns ausprobieren kannst?«
- »Das hab ich dir doch gerade gesagt! Es ist völlig überflüssig, dass du ständig wiederholst, was ich sage!«

Aus solchen Protesten können Sie schließen, dass Sie das Aktive Zuhören falsch gebraucht haben. Es ist keine »Technik«, die jedes Mal erforderlich ist, wenn jemand etwas sagt.

Im Folgenden geben wir Ihnen ein paar Richtlinien für die sinnvolle Verwendung des Aktiven Zuhörens:

Verwenden Sie Aktives Zuhören grundsätzlich nur, wenn Sie ein *Problem* wahrnehmen und den Eindruck gewinnen, der andere möchte darüber sprechen.

Aktives Zuhören ist fehl am Platz, wenn Menschen problemlose Gespräche über das Wetter, Tagesereignisse, Beruf, Ferienpläne usw. führen.

- Verwenden Sie Aktives Zuhören in der Helferrolle nur, wenn Sie in der Stimmung sind zuzuhören. Wenn Sie ärgerlich oder ungeduldig (oder mit eigenen Problemen beschäftigt) sind, werden Sie kaum den Eindruck von Anerkennung und Verständnis wecken.

- Machen Sie ausführlich von den Fertigkeiten passiven Zuhörens Gebrauch (Aufmerksamkeit, Schweigen, Anteilnahme und Türöffner). Nicht jede Äußerung eines anderen verlangt eine Rückmeldung durch Aktives Zuhören. Machen Sie vom Aktiven Zuhören in erster Linie Gebrauch, wenn die Gefühle *heftig* sind und wenn das Bedürfnis des anderen, ein offenes Ohr zu finden, *unmissverständlich* ist.

- Manchmal können Sie dem anderen Informationen liefern, die er wünscht. Doch überzeugen Sie sich zuerst davon, dass Sie lange genug zugehört und tatsächlich verstanden haben, wo das eigentliche Problem liegt. Sie müssen sicher sein, dass der andere die Informationen hören möchte, die Sie ihm anbieten.

- Seien Sie darauf gefasst, dass möglicherweise jeder Vorschlag und Rat abgelehnt wird, den Sie unterbreiten – vielleicht ist er weder brauchbar noch nützlich.

- *Zwingen* Sie dem anderen das Aktive Zuhören nicht auf. Achten Sie auf Hinweise, die Ihnen zeigen, dass derjenige, dem Sie zu helfen versuchen, ein bestimmtes Problem nicht weiterverfolgen möchte oder genug darüber geredet hat.

- Verwenden Sie Aktives Zuhören nicht manipulativ – etwa um bestimmte Informationen zu bekommen, die Sie später gegen ihn verwenden können.

- Benutzen Sie Aktives Zuhören nicht, um ehrliche Selbstenthüllung zu vermeiden.

- Benutzen Sie Aktives Zuhören nicht, um Konflikte zu vermeiden.

- Hüten Sie sich davor, Ihre Äußerungen beim Aktiven Zuhören gewohnheitsmäßig mit Redensarten zu beginnen wie »Das klingt, als ob du ...« oder »Ich verstehe dich so, dass ...«. Wenn Sie das tun, werden andere diese Formulierungen als mechanisch, ja manipulativ auffassen.

- Benutzen Sie Aktives Zuhören nicht, um zu beweisen, was für ein fähiger Zuhörer Sie sind.

- Erwarten Sie vom anderen nicht, dass er zu irgendeiner bevorzugten Lösung gelangt, die Ihnen vorschwebt. Aktives Zuhören ist ein Instrument, das anderen dabei helfen soll, ihre eigenen und besonderen Lösungen zu finden.

- Erwarten Sie nicht (oder drängen Sie nicht darauf), dass der andere überhaupt zu einer Lösung gelangt. Vielleicht zeichnet sich erst später eine Lösung ab. Manchmal wird Ihnen der andere auch nie berichten, wie das Problem schließlich gelöst wurde.

Häufige Fehler bei Aktivem Zuhören

Wenn Menschen mit dem Aktiven Zuhören häufige Misserfolgserlebnisse haben, stellen wir gewöhnlich fest, dass sie entweder die Tuchfühlung mit den Gefühlen des Senders verloren haben oder dass es ihnen nicht gelungen ist, ihre eigenen Gefühle aus dem Prozess des Zuhörens auszuklammern.

Um zu zeigen, wie Aktives Zuhören sein Ziel verfehlen kann, folgen einige der häufigsten Fehler sowie entsprechende Beispiele (siehe folgende Seite). Nehmen wir an, Ihre Kollegin machte Ihnen gegenüber die folgende Äußerung:

»Ich wünschte, Sally wäre nicht so eine Klatschtante. Sie bekommt dadurch Schwierigkeiten in der Firma.«

Sie werden keine Schwierigkeiten haben festzustellen, wann Sie diese Fehler begehen. Der andere wird es Sie wissen lassen, wenn Ihre Rückmeldung ungenau ist.

Zwar ist Aktives Zuhören eine Technik, eine Fertigkeit, die erlernt werden kann, doch müssen Sie im Gedächtnis behalten, dass sie ein Mittel darstellt, Ihre Anerkennung, Einfühlung und Ihr Verständnis für andere mitzuteilen. Je mehr Ihre Einstellung von Anerkennung zeugt, desto weniger wird das Aktive Zuhören als Technik erscheinen.

Ihre Rückmeldung an die Kollegin	Fehler
»Du verachtest Sally.«	*Übertreibung:* Die Gefühlsebene überzeichnen.
»Du magst dich nicht mit Sally unterhalten.«	*Untertreibung:* Die Heftigkeit der Gefühle abschwächen.
»Du möchtest, dass sie aus deinem Leben verschwindet.«	*Hinzufügen:* Die Äußerung des anderen in Ihrer Aussage verallgemeinern oder erweitern.
»Sally fällt dir auf die Nerven.«	*Auslassung:* Wichtige Faktoren verstümmeln oder fortlassen.
»Du überlegst dir, wie du dich an ihr rächen kannst.«	*Übereilung*: Die kommenden Gedanken des Senders vorwegnehmen.
»Du hast vorhin gesagt, dass du nie mit Sally warm geworden bist.«	*Verspätung:* Der Botschaft des anderen hinterherhinken. Zurückhängen, keinen Anschluss halten.
»Was Menschen betrifft, die hinter deinem Rücken reden, leidest du ein bisschen unter Verfolgungswahn.«	*Analyse:* Zugrundeliegende Motive interpretieren.

Ihre Rückmeldung an die Kollegin	Fehler
»Du würdest wünschen, dass Sally nicht so eine Klatschtante wäre. – Dadurch bekommt sie in der Firma Schwierigkeiten.«	*Nachplappern:* Wörtliches Wiederholen.

14. Planung persönlicher Effektivität

Entdeckungen haben ihre Auswirkungen. Eine neue Vorstellung von uns selbst oder über einen Aspekt unserer Beziehungen zu anderen erschüttert alle unsere Vorstellungen, selbst diejenigen, die mit der ersten nur lose verknüpft sind. Wie unmerklich das auch immer geschehen mag – sie verändert unsere gesamte Orientierung. Und irgendwann im Zuge dieser Konsequenzen verändert sie auch unser Verhalten.

Patricia McLaughlin

Ein letzter, wichtiger Schritt in Ihrem Bemühen, mehr Verantwortung für Ihr Leben zu übernehmen und eine größere Zahl Ihrer Bedürfnisse zu befriedigen, ist die Planung – eine Aktivität freier, selbstbestimmter Individuen, die voraussetzt, dass Sie – und nicht äußere Kräfte – darüber entscheiden, was Sie tun werden. Wenn Sie Pläne machen und an ihre Ausführung gehen, sagen Sie im Grunde genommen: »Von allen Möglichkeiten, Alternativen, Richtungen und Gelegenheiten, die sich mir bieten, entscheide ich mich bewusst für jene, die meinen Bedürfnissen, Wertvorstellungen und Zielen am ehesten entsprechen. Damit übernehme ich die Verantwortung für meine Entscheidungen und für die Auswirkungen, die sie für mich und andere haben.«

Planen bedeutet für manche Menschen, dass sie sich Einschränkungen auferlegen. Sie setzen es gleich mit festgelegt und »eingesperrt« sein. Menschen, die selten planen, halten sich für frei. Sie sind keinem Vorschlag zugänglich, der ihnen nahe legt, einem vorher festgelegten Plan zu folgen. Natürlich kann man Planung auch übertreiben, jede Einzelheit festlegen und keinen Platz für Spontaneität und Unerwartetes lassen. Doch Planung muss nicht zwanghaft und starr sein. Sie kann zur befreienden Erfahrung werden. Statt Veränderungen ausgeliefert und in die Pläne anderer eingespannt zu sein, können Sie Kontrolle über die Art und Weise gewinnen, wie Sie Ihre Zeit verbringen, und Ihr Leben nach Ihren eigenen Bedürfnissen und Wertvorstellungen gestalten.

Ob wir uns darüber klar sind oder nicht – wir alle planen bis zu einem gewissen Grad. Täten wir es nicht, würde es chaotisch in unserem Leben zugehen. Selbst Menschen, die sagen »Ich plane nie« oder »Ich hasse es zu planen« würden vermutlich bei einer genauen Analyse ihres Tagesablaufs feststellen, dass sie zumindest versuchen, ihre Beschäftigungen in eine gewisse Ordnung zu bringen.

Doch wie viele von uns haben Vertrauen zu ihrer Fähigkeit, Pläne zu machen und sie erfolgreich auszuführen? Wenn wir sehen, wie oft die »wohlüberlegten Pläne« nicht klappen, fragen wir uns wahrscheinlich, was für einen Sinn der Versuch haben soll, die Dinge zu ordnen und zu organisieren, wo es doch so viel einfacher ist, sie einfach laufen zu lassen. Doch wenn die Dinge nicht so laufen, wie wir es gerne hätten, ist im Allgemeinen nicht das Schicksal oder die Widrigkeit der Verhältnisse daran schuld, sondern unzulängliche Planung. Wie effektive Kommunikation und Problemlösung ist auch effektive Planung ein *Prozess*, der verschiedene Stufen durchläuft und Nachdenken, Fertigkeit und Übung verlangt.

Planung kann Ihnen die Möglichkeit bieten, sich zu entfalten und zu entwickeln, Ihre Möglichkeiten vollständig und uneingeschränkt zu nutzen. Der Psychologe Abraham Maslow nennt diesen Idealzustand persönlicher Erfüllung »Selbstverwirklichung«. Entdeckt hat er ihn an gesunden, erfolgreichen Menschen, die auf allen Ebenen einen Großteil ihrer Bedürfnisse befriedigen konnten.

Maslowsche Bedürfnishierarchie

Maslow hat festgestellt, dass sich menschliche Bedürfnisse auf fünf Ebenen anordnen lassen. Wenn ihnen die Befriedigung auf irgendeiner dieser Ebenen versagt bleibt, wird dadurch ihre persönliche Entfaltung und Entwicklung beschränkt. Er brachte die fünf Ebenen in eine Hierarchie, die von den grundlegendsten zu den komplexesten Bedürfnissen aufsteigt:

Ebene I: Physiologische Bedürfnisse
Dies sind Grundbedürfnisse wie Nahrung, Wärme, Unterkunft – Bedürfnisse, deren Deckung für das biologische Überleben erforderlich ist.

Wenn uns die Befriedigung dieser Bedürfnisse versagt ist, werden sie so beherrschend, dass wir uns kaum noch für irgendetwas anderes interessieren.

Ebene II: Sicherheitsbedürfnisse
Wenn für die Überlebensbedürfnisse gesorgt ist, meldet sich das Bedürfnis nach Sicherheit. Wir brauchen das Gefühl, dass uns keine körperliche Gefahr und kein seelischer Kummer drohen, dass wir uns sicher bewegen und uns ohne Furcht vor Bestrafung oder Lächerlichkeit äußern können. Wenn wir in Angst leben, sind unsere Energien auf unseren Schutz gerichtet. Wir können kaum etwas leisten.

Ebene III: Soziale Bedürfnisse
Wir alle brauchen Beziehungen zu anderen. Auf dieser Ebene bedürfen wir des Gefühls der Zugehörigkeit – zu einer Familie, Gruppe, Gemeinschaft. Wir brauchen Nähe, Anerkennung, Verständnis und die Fähigkeit, Liebe zu geben und zu empfangen.

Bleibt uns auf dieser Ebene Bedürfnisbefriedigung versagt, fühlen wir uns oft entfremdet, unausgefüllt, freudlos, bindungslos, isoliert.

Ebene IV: Bedürfnisse nach Wertschätzung
Hier rückt eine andere Gruppe von Bedürfnissen in den Blick – der Wunsch, produktiv und schöpferisch zu sein, etwas zu leisten. Diese Bedürfnisse sind wichtig für unser Selbstwertgefühl. Sie sind

befriedigt, wenn wir uns ein Ziel setzen und es erfolgreich realisieren. Kommen diese Bedürfnisse zu kurz, verlieren wir an Selbstachtung und sind uns unserer Fähigkeit, für unsere Bedürfnisbefriedigung sorgen zu können, nicht mehr sicher.

Ebene V: Selbstverwirklichungsbedürfnisse
Wenn es den Menschen gelingt, ihre Bedürfnisse auf den Ebenen I–IV zu decken, sind sie motiviert, Selbstverwirklichung oder persönliche Erfüllung anzustreben. Laut Maslow sind selbstverwirklichte Menschen solche, deren Lebenserfahrungen reicher, bewusster, umfassender, ganzheitlicher sind und mehr Augenblicke von überwältigender Freude, Harmonie und Verständnis aufweisen. Er nennt sie »Gipfelerfahrungen«.

Beim Setzen von Zielen sollten Sie zuerst anhand dieser Hierarchie feststellen, welche Bedürfnisse Ihnen wichtig sind.

Kurz- und langfristige Ziele

Wenn Sie überlegen, welche Ziele Sie sich für die Befriedigung Ihrer Bedürfnisse setzen sollen, kann es nützlich sein, sie in zwei Kategorien aufzuteilen – in kurzfristige und langfristige. Ein kurzfristiges Ziel ist jedes Vorhaben, das sich innerhalb von dreißig Tagen verwirklichen lässt – ein paar Pfund abzunehmen, Auto fahren lernen, das Wohnzimmer verändern oder eine Teilzeitbeschäftigung finden. Ein langfristiges Ziel lässt sich nicht in dreißig

Tagen erreichen – etwa eine berufliche Beförderung, eine Magisterprüfung, genügend Geld sparen, um ein Auto zu kaufen, ein Buch schreiben.

Kurzfristige Ziele sind natürlich leichter zu entwerfen und zu verwirklichen. Sie werden sich eher an eine Diät von dreißig Tagen als an eine von dreißig Monaten halten. Eine Zielsetzung, die so weit in die Zukunft reicht, dass Sie sich ihre Verwirklichung kaum vorstellen können, hat etwas Entmutigendes. Langfristige Ziele werden dann überschaubarer, wenn man sie in eine Reihe kurzfristiger Zielsetzungen zerlegt, sodass man seine Fortschritte ständig überprüfen kann.

Der Planungsprozess in sechs Schritten

Die Planung persönlicher Leistungsfähigkeit folgt demselben Grundmuster von sechs Schritten, das den in Kapitel 10 erörterten Problemlösungsprozess bestimmt.

Schritt I: Ziele setzen, die Ihre Bedürfnisse oder Wünsche erfüllen

Nachdem Sie sorgfältig analysiert haben, wie Sie Ihre Zeit bezüglich Ihrer gegenwärtigen Bedürfnisse und Wünsche nützen, können Sie damit beginnen, einige Ziele festzusetzen. Dies ist fraglos der wichtigste (und zeitraubendste) Schritt des Planungsprozesses.

Achten Sie darauf, dass Ihre Ziele Ihren *gegenwärtigen* Bedürfnissen exakt entsprechen. Die Formen früherer Zeiteinteilung sind unter Umständen nicht mehr befriedigend oder erfüllend. Sie können sogar überholt und hinderlich sein. Wenn sich Ihre Lebenssituation verändert, entweder langsam (Sie werden befördert) oder dramatisch (Sie sind Hausfrau und Mutter, und das letzte Kind schickt sich an, das Haus zu verlassen), so können einschneidende Anpassungsprozesse in Ihrem Denken und Planen erforderlich werden.

Sorgen Sie dafür, dass Ihre Ziele exakt das widerspiegeln, was *Sie* zu erreichen wünschen, nicht das, von dem Sie glauben, dass Sie es wünschen *müssen*, oder das, was *jemand anders* für Sie wünscht. Viele unglückliche Menschen gehen ungeliebten Berufen und Beschäftigungen nach, weil sie meinen, sie müssten gesellschaftlichen Erwartungen entsprechen, oder weil sie dem unbefriedigten Ehrgeiz eines anderen, oft eines Elternteils, folgen.

Frauen entscheiden sich häufig vor allem deshalb für bestimmte Rollen und/oder Berufe – Hausfrau, Mutter, Krankenschwester, Lehrerin –, weil sie traditionell für Frauen bestimmt sind. Weil sie auf das Einkommen angewiesen sind, ergreifen viele Männer und Frauen Berufe, für die sie nicht geeignet sind oder die sie nicht mögen. Einige Männer entscheiden sich für den gleichen Beruf wie ihre Väter oder steigen, meist unfreiwillig, ins Familiengeschäft ein. Und wenn Menschen mittleren Lebensalters anderen Sinnes werden, ist ein oft genannter Grund: »Ich bin in die Fußstapfen meines Vaters (oder meiner Mutter) getreten. Jetzt möchte ich etwas tun, das mir Spaß macht.«

Vergewissern Sie sich, dass Ihre Ziele realistisch sind. Häufig macht die Fähigkeit des Menschen zu realistischer Zielsetzung den Unterschied zwischen Zufriedenheit und Unzufriedenheit aus. Mit »realistisch« meinen wir Ziele, die unseren inneren Bedürfnissen tatsächlich entsprechen und im Bereich unserer Möglichkeiten liegen. Beispielsweise ist es nicht realistisch, mit fünfunddreißig zu beschließen, Konzertpianistin oder Tennisprofi zu werden. Es könnte in diesem Alter jedoch durchaus realistisch sein, wenn Sie beschließen, aufs College zurückzukehren, um einen Magistergrad zu erwerben. In einer realistischen Zielsetzung sind persönliche Grenzen wie persönliche Ansprüche berücksichtigt.

Wenn Sie sich selbst Ziele setzen, sollten Sie daran denken, dass langfristige Ziele im Allgemeinen eher dazu geeignet sind, Bedürfnisse der höheren Ebene zu befriedigen. Effektive soziale Beziehungen und produktive Leistungen erfordern gewöhnlich einen erheblichen Zeitaufwand. Die meisten biologischen und Sicherheitsbedürfnisse können rascher gedeckt werden. Außerdem betreffen kurzfristige Ziele oft Bedürfnisse, die in unseren persönlichen Spielraum fallen und zu deren Befriedigung es nicht der Mitarbeit anderer bedarf (während diese zur Erfüllung der meisten langfristigen Ziele erforderlich ist).

Zur Identifikation der Ziele, die Ihre Bedürfnisse befriedigen, empfehlen wir Ihnen, die Maslowsche Hierarchie zu benutzen. Wenn nicht zumindest einige Ihrer Zielsetzungen über die

Ebenen I und II hinausgehen, wenn sie keine Gelegenheit zur persönlichen Entfaltung im Sinne von Selbstverwirklichung bieten, werden sie wohl kaum einen gewichtigen Beitrag zu Ihrer persönlichen Erfüllung leisten. Wenn Sie Ihre Ziele vor allem auf den unteren Ebenen auswählen, kann das bedeuten, dass Sie sich unterschätzen oder dass Sie sich vor Misserfolg zu schützen suchen. Schrauben Sie lieber Ihre Ansprüche herunter, als dass Sie es riskieren, ein höher gestecktes Ziel zu verfehlen.

Doch wenn Sie nicht bereit sind, ein gewisses Risiko einzugehen und nach dem zu greifen, was Sie wirklich brauchen und wünschen, werden Sie nie die ganze Fülle und das ganze Ausmaß Ihrer Möglichkeiten kennen lernen. Sie werden sich um die Gelegenheit bringen, Leistungen und Befriedigung auf höheren Ebenen zu erzielen. Sie werden sich die Erfahrung der Selbstverwirklichung vorenthalten.

Nehmen wir an, unter den unbefriedigten Bedürfnissen, die Sie ausgemacht haben, befindet sich folgendes: Sie langweilen sich, sind ruhelos und auf unbestimmte Weise unzufrieden. Sie haben das Bedürfnis nach geistiger Anstrengung, nach intellektueller Entwicklung. Wir können die noch verbleibenden Schritte zur Planung persönlicher Leistungsfähigkeit anhand dieses Bedürfnisses durchspielen:

Schritt II: Einfälle sammeln

Dies ist die Brainstormingphase, in der Sie eine möglichst lange Liste von Einfällen, Alternativen und Maßnahmen zur Erreichung Ihres Ziels zusammenstellen sollen. Entwickeln Sie Kreativität und Phantasie! Nehmen Sie auch Einfälle auf, die Ihnen im Moment »ausgefallen« vorkommen mögen. Fragen Sie andere, die Ihnen vielleicht helfen können. Ziehen Sie Ihre eigene Erfahrung zu Rate und die anderer Menschen, wenn sie bereit sind, ihre Gedanken und Kenntnisse mit Ihnen zu teilen. Schreiben Sie jeden Einfall auf, den Sie selbst haben oder der Ihnen von anderen vorgeschlagen wird. Ihre Liste kann folgende Maßnahmen zur Befriedigung des Bedürfnisses nach geistiger Anstrengung enthalten:

- Mehr interessante Bücher lesen.
- College-Kurse belegen.
- Zu Vorträgen und Debatten gehen.
- Interessante Leute zu Vorträgen in Ihre Kirche oder Ihren Klub einladen.
- Sich privat ein bestimmtes Wissensgebiet erarbeiten.
- Einen Freundeskreis zu einen Leseklub organisieren, der sich einmal im Monat trifft.
- Sich darüber informieren, was andere interessant finden.
- Interessante, kontroverse Fernsehprogramme ansehen.
- Einer bestimmten Organisation beitreten – etwa einer politischen oder religiösen Vereinigung.
- Interessante Debatten und Diskussionen im Familienkreis anregen.
- Einen Kollegenkreis ins Leben rufen, der in der Mittagspause, nach der Arbeit oder zu anderen Zeiten zusammenkommt.

- Interessante Magazine und Zeitschriften abonnieren.

Schritt III: Einfälle bewerten

Wenn alle Einfälle gesammelt und geordnet worden sind, müssen Sie diejenigen streichen, die aus dem einen oder anderen Grund nicht durchführbar erscheinen. Analysieren, vergleichen und kontrastieren Sie jede der verbleibenden Ideen, bis Sie sicher sind, dass ein Einfall – oder eine Kombination von Einfällen – Ihrer Situation entsprechen.

Bewerten Sie jede Maßnahme, und erarbeiten Sie mögliche Lösungen. Etwa:

- Einen College-Kurs belegen (in der Nähe gibt es ein College, in dem Sie für wenig Geld Kurse im Rahmen der Erwachsenenbildung belegen können).
- Einen Freundeskreis zu gründen versuchen, der einmal im Monat zusammenkommt, um über interessante Themen zu diskutieren.
- Interessante Bücher in der Bibliothek ausleihen.

Erörtern Sie in dieser Phase Ihre Pläne mit Ihrem Partner und Ihren Kindern. Überlegen Sie, inwieweit diese durch die Pläne betroffen sind, welche Probleme für sie durch den Kurstermin, durch Gruppentreffen bei Ihnen zu Hause usw. entstehen werden.

Schritt IV: Ausführung planen

In dieser Phase bereiten Sie die Ausführung vor. Zu Ihrer Entscheidung gehören die Pläne:

- Sich für einen College-Kurs einschreiben.
- Freunde und Bekannte anrufen, um eine Diskussionsgruppe ins Leben zu rufen.
- Zweimal im Monat in die Bibliothek gehen, um mindestens ein interessantes Buch auszuleihen.

Schritt V: Ausführung

Nun ergreifen Sie die notwendigen Maßnahmen zur Durchführung Ihres Handlungsplans. Um einen Anfang zu machen,

- prüfen Sie das Vorlesungsverzeichnis, wählen Sie einen interessanten Kurs aus und schreiben Sie sich ein;
- rufen Sie Freunde an, um sie für die Diskussionsgruppe zu interessieren, und setzen Sie den Zeitpunkt für das erste Treffen fest;
- leihen Sie das erste Buch in der Bibliothek aus.

Schritt VI: Bewertung der Ergebnisse

Wichtig ist, dass Sie Ihre Fortschritte bei Annäherung an das Ziel überprüfen. Sie müssen sichergehen, jeden Schritt in Übereinstimmung mit dem ursprünglichen Plan auszuführen. Der Verzicht auf solche Bewertung erhöht die Gefahr, dass Sie das Ziel aus den Augen verlieren. Unvermeidlich werden Sie auf dem Weg zu einem Ziel Augenblicke der Entmutigung erleben. Manchmal werden Sie von Ihrem Plan abgelenkt werden. Komplikationen und Verzögerungen können unabwendbar sein – ein Krankheitsfall in der Familie oder ein privates Problem, das Vorrang vor allem anderen hat. Vielleicht erhalten Sie auch Informationen, die Sie veranlassen, den einen oder anderen Teil Ihres Plans zu überdenken.

Bewerten Sie Ihren Plan bald nach Beginn seiner Durchführung und später in regelmäßigen Abständen, um sicherzugehen, dass er Ihrem Bedürfnis nach mehr geistiger Anregung genügt. Wenn nicht, ziehen Sie Alternativen in Erwägung. Möglicherweise stellen Sie fest, dass die drei von Ihnen gewählten Tätigkeiten mehr Zeit verlangen, als Sie ursprünglich investieren wollten. Sie können sich entscheiden, eine zu streichen.

Im Falle einer unvermeidlichen Verzögerung sollten Sie die Zeitplanung einfach entsprechend abändern und wie zuvor fortfahren. Ein brauchbarer, sorgfältig durchdachter Plan sollte flexibel genug sein, um notwendig werdenden Terminverschiebungen angepasst werden zu können. Leitprinzip ist: Halten Sie sich so fest wie möglich an Ihren ursprünglichen Zeitplan, doch wenn Ihnen wirklich viel daran gelegen ist, Ihr Ziel zu erreichen, sollten Sie Ihren Plan nicht fallen lassen, wenn Sie eventuell zu einer Abänderung von Fristen gezwungen sind.

Das gleiche Prinzip gilt, wenn sich ein Teil Ihres Planes als undurchführbar erweist. Wenn dies geschieht, verlieren manche Menschen das Vertrauen in den ganzen Plan und kommen zu dem Schluss, das Ziel sei eben nicht erreichbar. Die Schwierigkeit kann einfach darin liegen, dass sich die Teile nicht zum Ganzen fügen. Vielleicht muss der eine oder andere Teil umgearbeitet werden.

Es kann auch notwendig sein, dass Sie auf einen der bereits hinter Ihnen liegenden Schritte zurückkommen.

Wie viele andere Dinge in der *Beziehungskonferenz* verlangt auch die Planung persönlicher Leistungsfähigkeit Zeit, Nachdenken, Geduld und Ausdauer. Doch wenn Sie Verantwortung für Ihr Leben übernehmen und durch Ihr assertives Handeln Ziele erreichen, die Ihnen wichtige Bedürfnisse decken, kann das sehr lohnend sein.

Ein Credo für Ihre Beziehungen zu anderen

Wenn Sie Ihr Leben kontrollieren, lässt der Blick auf Vergangenheit wie auf die Zukunft eine klare Linie in Ihrem Leben erkennen – denn es ist Ihr Werk und gründet sich auf ein entschiedenes Bewusstsein und die klare Erkenntnis Ihrer selbst. Als allgemeine Theorie für Ihre persönliche Entwicklung und Ihre Beziehungen schlagen wir das folgende Credo vor:

Du und ich, wir stehen in einer Beziehung zueinander, die mir wichtig ist. Trotzdem sind wir zwei unabhängige Menschen mit eigenen Wertvorstellungen und Bedürfnissen.

Wir wollen in unserer Kommunikation immer offen und ehrlich sein, damit wir besser erkennen und verstehen, welche Wertvorstellungen und Bedürfnisse der andere hat.

Immer wenn ich durch dein Handeln daran gehindert werde, für meine Bedürfnisse zu sorgen, will ich dir ehrlich und ohne Vorwurf mitteilen, was mich stört, und dir so die Möglichkeit geben, dein Verhalten aus Rücksicht auf meine Bedürfnisse zu ändern. Und ich möchte, dass du mir gegenüber genauso offen bist, wenn mein Verhalten für dich nicht akzeptabel ist.

Wir wollen uns darauf einigen, dass wir jeden Konflikt, zu dem es in unserer Beziehung kommt, unter Verzicht auf Macht lösen, damit nicht einer auf Kosten des anderen gewinnt. Wir wollen stets nach einer Lösung suchen, die den Bedürfnissen von uns beiden gerecht wird – keiner wird verlieren, jeder wird gewinnen. Immer wenn dir in deinem Leben ein Problem begegnet, will ich versuchen, dir voll Anerkennung und Verständnis zuzuhören, um dir zu helfen, deine eigenen Lösungen zu finden, statt dir meine aufzudrängen. Und ich möchte, dass du mir zuhörst, wenn ich Lösungen für meine Probleme finden muss. Wir werden eine Beziehung unterhalten, die uns beiden erlaubt, zu werden, was wir zu sein vermögen. Deswegen wird uns daran gelegen sein, diese Beziehung fortzusetzen – mit Interesse, Sorge, Respekt und Achtung füreinander.

Anhang
Eine grundlegende Entspannungsübung

Es folgt ein verkürztes Verfahren zur Übung tiefer Muskelentspannung und Atmung. Die elf Schritte dauern normalerweise ungefähr zehn Minuten.

Sie können auf einem Stuhl sitzen oder auf dem Boden liegen. Zu Hause sollten Sie weite, bequeme Kleidung tragen, Ihre Schuhe ausziehen und einen Ort wählen, wo Sie vor größeren Ablenkungen sicher sind. Führen Sie die Übungen langsam aus. Lassen Sie die Körperempfindungen auf sich einwirken. Erfahren Sie, was Ihr Körper fühlt und wie er sich verhält. Nachdem Sie eine gewisse Übung in der Körperentspannung erworben haben, werden Sie vielleicht den Wunsch verspüren, die Technik auf eine weniger bequeme, private Umgebung auszudehnen, etwa indem Sie die Umgebung simulieren, in der Sie Ihre Unruhe tatsächlich erleben (die Übungen also im Sitzen oder Stehen ausführen).

Vielleicht besorgen Sie sich auch Bücher, Tonbänder oder Platten. Sie können auch einen Kurs besuchen, in dem solche und fortgeschrittene Techniken vermittelt werden.

1. *Vorbereiten (1 Minute).* Legen Sie sich auf den Rücken; entspannen Sie Füße und Hände; die Handflächen zeigen nach oben; die Füße sind leicht seitwärts gekehrt; lassen Sie Ihren Kopf langsam zur Seite rollen; sinken Sie in den Bo-

den, schließen Sie die Augen; entspannen Sie sich.

2. *Tiefes Atmen (2 Minuten).* Beginnen Sie Ihren ersten tiefen Atemzug damit, dass Sie Ihren Bauch weiten und mit Luft füllen, dann die Brust, dann Kehle und Nase; halten Sie die Luft an (ungefähr 5 Sekunden), lassen Sie Luft heraus, indem Sie den Bauch einziehen, dann Brust, Kehle und Nase leeren; Sie müssen spüren, wie entspannt Sie sind; beginnen Sie jetzt mit dem zweiten Atemzug; atmen Sie langsam und tief ein; atmen Sie aus; jetzt der dritte Atemzug; achten Sie darauf, wie gelöst und entspannt Sie sich fühlen.

3. *Zehen anspannen (1 Minute).* Jetzt krümmen Sie Ihre Zehen kräftig gegen den Fußboden; bleiben Sie so (10 Sekunden); locker lassen und entspannen; spreizen Sie die Zehen jetzt nach oben und auseinander; bleiben Sie so (10 Sekunden); locker lassen; entspannen Sie sich; achten Sie darauf, wie angenehm und warm sich Ihre Füße anfühlen.

4. *Beine anspannen (30 Sekunden).* Spannen Sie die Muskeln in beiden Beinen zugleich; bleiben Sie so (10 Sekunden); lockern Sie die Muskeln; entspannen Sie die Beine vollständig; lassen Sie sie in den Boden sinken; fahren Sie mit langsamer und tiefer Atmung fort (5 Sekunden).

5. *Hinterbacken anspannen (30 Sekunden).* Pressen Sie die Hinterbacken zusammen; bleiben Sie so (5 Sekunden); lassen Sie jetzt die Muskeln locker; lassen Sie Ihren Körper in den Bo-

den sinken; atmen Sie langsam und entspannen Sie sich.

6. *Bauch anspannen (30 Sekunden).* Spannen Sie den Bauch an; pressen Sie alle Spannung heraus, die sich dort befindet; bleiben Sie so (10 Sekunden); locker lassen; achten Sie auf das warme, entspannte Empfinden.

7. *Arme und Schultern anspannen (30 Sekunden).* Ziehen Sie die Schultern sehr hoch und spannen Sie Arme und Fäuste; so bleiben (10 Sekunden); locker lassen, in den Boden sinken; entspannen Sie sich und machen Sie's sich bequem.

8. *Körper anspannen (1 Minute).* Spannen Sie jetzt Ihren ganzen Körper an – jeden Muskel; legen Sie Ihr Gesicht in tiefe Falten; bleiben Sie so (10 Sekunden); lassen Sie alle Muskeln auf einmal locker; sinken Sie tief in den Boden; alle Muskeln sind weich, schlaff und entspannt; bleiben Sie so (10 Sekunden); lassen Sie alle Muskeln auf einmal locker; sinken Sie tief in den Boden; alle Muskeln sind weich, schlaff und entspannt; bleiben Sie einen Moment ruhig liegen.

9. *Auf das »dritte Auge« konzentrieren (30 Sekunden).* Lassen Sie Ihren Kopf jetzt leicht zur Seite rollen, entspannen Sie die Kiefermuskulatur; der Mund öffnet sich; halten Sie die Augen geschlossen und konzentrieren Sie sich auf den Raum zwischen Ihren Augen; lassen Sie Ihre Augen diesen Ort – das »dritte Auge« – aufsuchen und erblicken; konzentrieren Sie

sich darauf; atmen Sie langsam und tief; entspannen Sie sich; richten Sie alle Aufmerksamkeit, alles Denken und Fühlen auf Ihr drittes
Auge; sinken Sie in diesen Raum; Ihr Bewusstsein geht in ihm auf.

10. *Stellen Sie sich vor, Sie seien an einem schönen
    Ort (2 Minuten).* Sie sehen in Ihrem dritten
    Auge den schönsten Schauplatz, den Sie sich
    vorstellen können; das Bild gewinnt Konturen;
    lassen Sie sich Zeit; warten Sie, bis der Ort Ih-
    nen deutlich vor Augen steht (10 Sekunden);
    jetzt sehen Sie sich selbst an diesem Ort; Sie
    sind dort; Sie spüren, wie gut es tut, dort zu
    sein; Sie spüren, wie entspannt Sie sind, wie
    wohl Sie sich fühlen; bleiben Sie an diesem
    herrlichen Ort; atmen Sie langsam und tief,
    wie Sie es gelernt haben (60 Sekunden).

11. *Abschließen (60 Sekunden).* Lassen Sie nun das
    Bild des schönen Ortes langsam verblassen
    (15 Sekunden); öffnen Sie Ihre Augen; richten
    Sie sich langsam auf und schließen Sie die
    Übung ab.

Ein persönliches Nachwort

Die Beschäftigung mit Beziehungsfragen, die Entwicklung dieses Kurses und die Arbeit an diesem Buch waren und sind sehr anregende und interessante Erfahrungen für mich. Ich erlebe allmähliche Veränderungen an mir, die mir zusagen – bin weniger schüchtern und werde assertiver, ich gewinne mehr Zutrauen zu mir selbst, werde mir anderer Menschen bewusster, reagiere feinfühliger auf sie und kann meinen Ärger besser akzeptieren, da mir klar wird, dass er mir den Mut gibt, Dinge zu sagen und zu tun, an denen mir sehr gelegen ist.

Und es ist schön und befriedigend für mich, von den Erfahrungen anderer Menschen zu hören – wie sie in der Lage sind, unsere Theorien und Fertigkeiten nach ihrem Rhythmus und ihrer Weise in ihrem Leben zu verwirklichen.

Seit wir den Kurs im Januar 1978 erstmals angeboten haben, haben wir viele Zuschriften erhalten, in denen uns Menschen berichten, wie wichtig die Kurserfahrung für sie war. Für manche war es der erste Kurs. Andere berichten, dass ihnen erst jetzt bewusst geworden ist, wie restlos sie damit beschäftigt gewesen seien, für die Bedürfnisse anderer zu sorgen, und dass sie schon der Gedanke, einige ihrer Bedürfnisse zu befriedigen, viel Mut gekostet hätte. Manche schreiben, sie hätten sich allmählich verändert, andere, die Veränderungen seien plötzlich, ja dramatisch eingetreten.

Viele haben berichtet, dass ihre Partner, Kinder, Freunde oder Kollegen auf ihre vermehrte Assertivität und Selbstsicherheit positiv reagiert hätten. Doch auch von gegenteiligen Erfahrungen ist die Rede: Manchen der Menschen, zu denen vorher eine gute Beziehung bestanden hatte, hätten die beschriebenen Veränderungen missfallen.

Viele sagen, dass dieser Prozess nicht leicht gewesen sei, dass sie mehr Übung und Erfahrung bräuchten und dass die Modellierung und Betreuung der Kursleiter sehr wertvoll gewesen sei. Auch die Unterstützung durch andere Kursteilnehmer und durch Familie und Freunde sei hilfreich gewesen.

Wenn mir auch die Vorstellung nicht gefällt, zur Verbesserung zwischenmenschlicher Beziehungen »Fertigkeiten« heranzuziehen – Fertigkeiten haben etwas Mechanisches und Technisches –, sind wir doch auf kein besseres Mittel gestoßen, unsere Ideen so verständlich zu machen, dass sie in alltäglicher Praxis verwirklicht werden können. Und wir wissen, dass Menschen, die diese Fertigkeiten verwenden, häufig bedeutsame Verbesserungen in ihrem Privatleben und in ihren zwischenmenschlichen Beziehungen zu verzeichnen haben. Ich habe die Hoffnung, dass unsere Maßnahmen nur sehr kurz Fertigkeiten bleiben und dann so verinnerlicht werden, dass sie keine Fertigkeiten mehr sind, sondern ein Teil von Ihnen.

Leucadia, Kalifornien, Januar 1979   *Linda Adams*

Danksagung

Ich möchte den Menschen danken, die zu diesem Buch beigetragen haben:

Elinor Lenz, die mir in der Anfangsphase dieses Buches als Koautorin zur Seite stand.

Meiner Freundin und Kollegin Kathleen Cornelius, die geholfen hat, den Kurs zu entwickeln und heute eine so fähige Ausbilderin von Kursleitern ist.

Tony Zener, dem die endgültige Form der *Beziehungskonferenz* vieles verdankt.

Den Kursleitern – Frauen wie Männern –, die diese Kurse während des ersten Jahres so erfolgreich geleitet haben. All den Menschen, die unsere Kurse besucht haben und mir einige wirklich ergreifende Berichte zugeschickt haben, in denen sie von den Erfahrungen bei der Anwendung des Gelernten auf ihr Leben berichten.

Meiner Kollegin und Freundin Nancy Elkins, die mir unschätzbare Hilfe geleistet hat. Ich bin ihr nicht nur dafür zu Dank verpflichtet, dass sie die endgültige Fassung des Manuskripts getippt hat, sondern auch für ihre Begeisterung, ihre Kraft und ihre Ehrlichkeit.

Nancy Montgomery White, Diane Kraus, Stephanie Austin und Stephanie Stratman für ihre Hilfe bei der Schreibarbeit. Peter Wyden, der seine redaktionelle Erfahrung einbrachte.

Meinem Mann, Tom Gordon, der einige Kapitel dieses Buches redaktionell betreut hat, der aber vor allem mein Denken über gleichberechtigte Beziehungen in den letzten zehn Jahren nachhaltig geprägt hat. Dankbar bin ich ihm auch für das Vertrauen, das er in mich gesetzt hat, und für die ständige Unterstützung, die er mit geboten hat.

Meiner Tochter Michele, die mein Leben mit ihrer Ehrlichkeit, ihrem Witz, ihrer Fairness und ihrer Toleranz bereichert.

Und allen Menschen, die den Mut und die Einsicht hatten, Bücher über Frauen zu schreiben Simone de Beauvoir, Kate Millett, Jean Baker Miller, Mary Daly, um nur ein paar zu nennen.　　*L. A.*

Quellen der Kapitelmottos

Kapitel 1: Babylonischer Talmud
Kapitel 2: La Fontaine, *Fabeln*
Kapitel 3: Viola Spolin zitiert nach Barry Hyams,
             »Spolin Game Plan for Improvisational Theater«,
             Los Angeles Times, 26. Mai 1978
Kapitel 4: Martin Buber, *Das dialogische Prinzip*
Kapitel 5: Sidney Jourard, *The Transparent Self*
Kapitel 6: Erasmus, *Adagia*
Kapitel 7: Joyce Brothers, »When Your Husband's Affection
             Cools«; in: *Good Housekeeping*, Mai 1972
             Charlotte Painter, *Revelations: Diaries of Women*,
             mit Mary Jane Moffat
Kapitel 8: Rollo May, *The Meaning of Anxiety*
Kapitel 9: Jean Baker Miller, *Die Stärke weiblicher Schwäche*
Kapitel 10: Thomas Gordon, *Familienkonferenz*
Kapitel 11: Magaret Mead, *Geschlecht und Temperament in
             drei primitiven Gesellschaftsformen*
Kapitel 12: Seneca, *Ad Lucilium*
Kapitel 13: Charleszetta Waddles, zitiert nach Lee Edson,
             »Mother Waddles: Black Angel of the Poor«;
             in: *Reader's Digest*, Oktober 1972
Kapitel 14: Patricia McLaughlin, zitiert im *American Scholar*,
             August 1972

Bibliographie

Alberti, Robert E. und Emmons, Michael L., *Ich behaupte mich
    selbst*, Frankfurt 1979
Gordon, Thomas, *Familienkonferenz*, München [14]2001
Johnson, Paula, »Woman and Power: Toward a Theory of
    Effectiveness«, *Journal of Social Issues*, Ann Arbor 1976
Jourard, Sidney M., *The Transparent Self*, New York 1971
May, Rollo, *The Meaning of Anxiety*, New York [2]1996
Miller, Jean Baker, *Die Stärke weiblicher Schwäche*,
    Frankfurt 1979

Zusätzliche Hinweise

Bücher zur Frauenfrage

Beauvoir, Simone de, *Das andere Geschlecht*, Reinbek bei Hamburg 2000

Gornick, Vivian und Moran, Barbara (Hrsg.), *Woman in Sexist Society*, New York 1971

Greer, Germaine, *Der weibliche Eunuch*, München 2000

Horner, Martina, *The Feminine Personality in Conflict*, Belmont, Kalifornien 1971

Kanter, Rosabeth Moos, *Men and Woman of the Corporation*, New York [2]1993

Millet, Kate, *Sexus und Herrschaft*, München 1973

Morgan, Robin (Hrsg.), *Sisterhood Is Powerful*, New York 1970

Bücher zur Selbstbehauptung

Bloom, Lynn u. a., *Die selbstsichere Frau*, München 1977

Bower, Sharon und Bower, Gordon, *Asserting Yourself*, Reading, Massachusetts, [2]1991

Button, Alan DeWill, *The Authentic Child*, New York 1969

Lange, Arthur J. und Jakubowski, Patricia, *Responsible Assertive Behavior*, Champaign, Illinois, 1976

Phelps, Stanlee und Austin, Nancy, *The Assertive Woman*, San Luis Obispo, Kalifornien, [3]1984

Bücher zur Klärung von Wertvorstellungen, zur Zielsetzung und Lebensplanung

Bowles, Richard, *What Color Is Your Parachute?*, Berkeley 1972

Henning, Margaret und Jardim, Anne, *Frau und Karriere*, Reinbek bei Hamburg 1978

Jongeward, Dorothy und Scott, Dru, *Woman as Winners*, Reading, Massachusetts, 1976

Lenz, Elinor und Shaevitz, Marjorie H., *So You Want to Go Back to School*, New York 1977

Maslow, Abraham, *Psychologie des Seins*, München 1978

Progrebin, Letty Cottin, *Getting Yours*, New York 1975

Sheehy, Gail, *In der Mitte des Lebens*, München 1976

Simon, Sidney u. a., *Values Clarification*, New York 1972

Register

AKADEMIE für personzentrierte Psychologie GmbH

Dr. Karlpeter Breuer

... bietet zu diesem Buch exklusiv
für Deutschland an:

Gordon-Training

zur

Beziehungskonferenz